学校德育

一校一案 精选集

周凤林◎主编

华东师范大学出版社
·上海·

图书在版编目（CIP）数据

学校德育"一校一案"精选集 / 周凤林主编. —上海：华东师范大学出版社，2022
ISBN 978-7-5760-3432-5

Ⅰ.①学… Ⅱ.①周… Ⅲ.①德育-教案（教育）-中小学 Ⅳ.①G631

中国版本图书馆 CIP 数据核字（2022）第 240942 号

学校德育"一校一案"精选集

主　　编　周凤林
责任编辑　刘　佳
特约审读　李　鑫
责任校对　胡　静　时东明
装帧设计　卢晓红

出版发行　华东师范大学出版社
社　　址　上海市中山北路 3663 号　邮编 200062
网　　址　www.ecnupress.com.cn
电　　话　021-60821666　行政传真 021-62572105
客服电话　021-62865537　门市（邮购）电话 021-62869887
地　　址　上海市中山北路 3663 号华东师范大学校内先锋路口
网　　店　http://hdsdcbs.tmall.com

印 刷 者　上海商务联西印刷有限公司
开　　本　787 毫米×1092 毫米　1/16
印　　张　23.25
字　　数　359 千字
版　　次　2023 年 2 月第 1 版
印　　次　2025 年 11 月第 5 次
书　　号　ISBN 978-7-5760-3432-5
定　　价　88.00 元

出 版 人　王　焰

本书编委会

主　编　周凤林

副主编　李孝华　刘　京　谷　丰

知人而读书，方识书味！

（代序）

　　壬寅虎年，春节刚过，上海因新冠病毒肆虐，昔日繁华的"魔都"一下子变成了"默都"，全城静默了三个多月。我在每日足不出户的焦虑中，连大脑似乎也被封控了，竟连应允周凤林校长为其新书《学校德育"一校一案"精选集》作序的承诺也忘得一干二净。直到六月一日上海解封，全市百姓就像集体过儿童节般欢乐无比之际，我才想起这件事。然而，此时已是"花落流年度，春去佳期误"。好在周校长并没有嗔怪。

　　我和周校长认识十多年了。还记得第一次见到"周凤林"这个名字时，还以为是一名女性校长。直到那年中小学德育研究协会班主任专业委员会开年会，我们邀请周校长来做有关德育顶层设计整体架构的专题报告，才发现周校长竟然是个东北大男人。第一次见面，他便给我留下特别的印象：东北人的豪爽耿直、能言善侃，与南方人的温文儒雅、彬彬有礼在周校长身上竟能自然融合！更令我欣喜的是他对学校德育工作有着一往情深的执着追求。俗语言：缘在天定，份靠人为，天缘、地缘、人缘、时缘、话缘、知缘等让我从此与他开始深交。我们虽然不在一个单位，却在他"厚道做人，踏实做事"的为人之德感染下成了真正的好朋友，就是那种道义相规的净友、相互信赖的挚友和收获教诲的益友。多年来，我们一起组织培训活动，一起外出公益支教，一起开展课题研究，撰写论文专著……缘分让我们从浅识到深交，从相知到深知，我对周校长的认知已经远远不再是"南方东北人"的粗浅认识了。2012年他和我的双名基地的"德育一组"去东北支教，在飞机上果断出手制止了一起打架事件，"老英雄"之称随之产生。今天倘若要我介绍周凤林为何许人也？我的回答是：周校长是一位扎根学校、潜心办学、锐意改革,并充满浩然正气和侠义情结的"老英雄"。我认为这绝不仅是溢美之词,更是准确概括了周校长为人、为师和为长之德,凝结于"老英雄"的精气神上。

精——体现在周校长身上有一种精神:办校为民的初心、爱满天下的情怀、教育本原的执着追求和高远的教育境界。他始终认为校长也好,教师也罢,首先得是一个有道德的人,其核心就是本色、厚道、踏实。如凤凰之行"非梧桐不止,非练实不食,非醴泉不饮",亦如凤凰之形"首文曰德,翼文曰义,背文曰礼,膺文曰仁,腹文曰信。"他把教育工作看成是一种积淀思想、浸润素养、涵养精神、成长文化和发展生命的过程。而教育行为的成果往往是一种过程的孕育品或衍生品,是水到而渠成,瓜熟自蒂落,有也好,无也罢,不变的是一颗大爱的心。他追求的是一种"诗一样的事业"的境界,这种境界,集中表现为无痕则柔,无欲则刚,无私则天地宽,从追求功利价值转向追求教育对人的幸福和发展本原价值的尊重和回归。在这样的办学理念之下,他始终把学校德育工作摆在重中之重的位置,也用自己毕生的思考与实践经验引领着越来越多的青年德育工作者思考、建构起符合师生成长规律的德育顶层设计。

气——体现在周校长身上就是一种气质:修身养成的正气,读书养成的才气,勤奋养成的运气,宽厚养成的大气,澹泊养成的志气等,这些气质凝聚成了一种英雄气概:锐意改革、开拓创新,攻坚克难、永不言败;仰望星空又脚踏实地地务本求实、追求卓越。几十年来,他洗净名利的铅华,扫去浮夸的风气,不为功利所累,扎根学校,坚守讲台,守望学生,奉献事业,成为内心强大的自我;他爱岗敬业,锐意改革,勇于创新,形成了鲜明的特色和风格,在教书育人和为民办学领域竖起了一根标杆和一面旗帜。花甲之年,本是含饴弄孙尽享天伦之时,但他仍主动请缨参与新疆喀什支教工作,这种英雄气概在今天儿女情长、英雄气短,阳刚气不足、脂粉气有余的教育大背景下显得更为难能可贵。

神——体现在周校长身上就是一种神韵:用健康的价值观、高尚的道德情操和站在时代前头的学术水平,形成的一种不言之教的精神力量和润物细无声的人格魅力。从本质上讲,周校长堪称是一位有良知、有人品且深受传统价值观影响的文化人,但他又在这个基础上用自己的精神力量和人格魅力演绎了党和政府对教师的"四有"要求,即有理想信念、有道德情操、有扎实知识和有仁爱之心。他用关爱和公正、信任和宽容、真诚和激情、学识和能力，塑造了一个具有平等性、亲和力、宽容度和时尚感的、闪耀着师德光芒并为广大师生所喜爱的教师的理想形象。

总之，"老英雄"身上的"精气神"是一种时不我待的创新劲头、一种永不言败的开拓精神，一种蓬勃向上的学习朝气，一种积极忘我的奉献精神。这可以从周校长亲力亲为打造的"公民道德修身课"这个德育品牌上得到佐证。我曾经这样评价过这个课程：嘉定二中在周校长的亲自带领下，坚持10年开设公民道德修身课，在校园优美的人文环境、教师高尚的道德修养和学生丰富的社会实践体验的融合中，通过情景化的潜移、体验式的默化和浸润式的熏陶对学生进行道德教育，真可谓："咬定核心不放松，树人就在立德中。三尺讲台演春秋，十年一剑见真功。"如今，他的学生们都已经在各行各业崭露头角，但是提起高中时代对自己影响最深的老师，他们还是会想起周校长的课堂以及他的"道德"之说对当下的他们所产生的为人处世的重要影响。

我始终认为：书为人著，人为书魂，读其书必先知其人，方能读深悟透。周校长是上海学校德育顶层设计系统架构最早的一批研究者和践行人，成果颇丰，影响甚广，今天出版的这本新书是他诸多著作中的又一本。作为一位供职于郊区学校的基层校长，能经年累月地为学校德育发展和学生德性成长而孜孜以求、矢志不渝、初心永葆，着实难能可贵——这就是新书的魂之所在，也是我写序的初衷所在。我想，周凤林校长本身就是一本充满教育理想、信念和责任，闪耀着为师之德光芒的极好教材。

这本书已经是周校长"学校德育顶层设计"系列的第四本书了，集结了他所指导的又一批优秀德育管理者的育人之思、启人之慧。我相信，读者们能够从这本新书读出周校长和他的徒弟们的德育智慧，也能够更加深入地感悟到一个优秀德育管理者所给人以感动，启人以理性，催人以奋进的大智慧与大境界。

——是为序。

好友陈镇虎写于疫情尚未褪去却绿意盎然的壬寅仲夏
（陈镇虎：上海市德育特级教师、上海市中小学德育研究协会副会长。）

目 录

义务教育篇

高中教育篇

义务教育篇

建构"四善"德育体系　注重体验滋养成长

上海市嘉定区普通小学白银路分校德育顶层设计　文／蔡艳萍

⬤ 学校简介

嘉定区普通小学白银路分校位于嘉定新城核心区,是一所 2018 年刚开办的年轻学校。学校依托集团化办学的优势,汲取百年老校——普通小学深厚的办学内涵底蕴,坚持育人为本、德育为先,遵循"崇德至善,慧学致远"校训,关注学生核心素养,践行社会主义核心价值观,建构"四善"体验式德育体系,滋养学生生命自然成长,为学生提供感知、感觉、感悟丰富的学习生活经历,让学生在角色、情感、活动等体验中,形成人格雏形,塑造品德规范,遇见未来发展全面而有素养的自己。

■ 理性思考篇

"大学之道,在明明德,在亲民,在止于至善"是《大学》的开篇要义。善,是人性之根本;至善,就是要追求完美的境界。"性善论"的代表孟子认为,"善"是人的"良心"、是"天之所与我者",人的天性是善良为主,后天的教育,就是依靠道德的引导把人性之善开发出来,鼓励出来,彰显出来,践行出来。

著名教育家苏霍姆林斯基曾经说过："只有心地善良的人才能易于接受道德的熏陶。谁要是没有受到过善良的教育，没有感受过与人为善的那种快乐，谁就不能感觉到自己是真实而美好的事物的坚强勇敢的卫士，他就不可能成为集体的志同道合者。"

基于上述理论分析，我们提出"建构'四善'德育体系，注重体验滋养成长"的德育工作方略，具有积极的现实意义和实践价值。

一、善教育，传递传承精神力量

"善"理念是中国传统文化的瑰宝，是中华民族不竭的精神力量，"善"使人豁达高尚、品行美好；"与人为善"是一种美德，是引领人生幸福的一种大智慧。

善，不是空洞的口号，需要用实际行动加以深化。愿为善，靠的是人自我心中的取舍标准。善心是需要培育的，有了善心才能触发善行。作为一所新办学校，在起始阶段就以此为价值导向，拓宽德育渠道，着力培养学生"从善"的素养，让善念成为学生信念并伴随终身，实现真正意义上的"大写的人"。这种理念思考、实践举措不仅传递着精神力量，而且充满着物化功能，具有着极高的价值。

二、善教育，校本落实立德树人

2014 年教育部《关于全面深化课程改革落实立德树人根本任务的意见》提出"教育部将组织研究提出各学段学生发展核心素养体系，明确学生应具备的适应终身发展和社会发展需要的必备品格和关键能力"等一系列指标要求。

2017 年教育部印发的《中小学德育指南》指出："深入贯彻落实立德树人根本任务，始终坚持育人为本、德育为先，大力培育和践行社会主义核心价值观，以培养学生良好思想品德和健全人格为根本，以促进学生形成良好行为习惯为重点。"

正是在社会主义核心价值观"友善"理念指引下，"善"教育将德育与智育融为一体，成为一种特色化教育，是对"立德树人"通俗明了的新鲜解读，给"立德树人"赋予了更广阔的内涵。

三、善教育,育人立校扎实根基

一所学校有了属于自己的学校文化,就有了坚实牢固的办学根基,就有了迸发独有芬芳的百花园地,就有了学校持续发展的核心动力。

嘉定区普通小学白银路分校在梳理中华优秀文化传统的基础上,提出"建构'四善'德育体系,注重体验滋养成长"的德育工作方略,旨在通过对"善学、善思、善知、善行"的四大方面顶层整体设计和规划,培养学生良好的道德素养,促进学生健康成长。

"善"至少包含两层含义:一是把"善"理解为"善良",从德育视角考量,就是培育善良的人,引导学生从"向善"走向"从善",从"从善"达到"至善";二是把"善"解读为"善于",从智育的角度分析,就是培育善于学习的人,引导学生从"学会"走向"会学",从"会学"达到"善于学习"。

◆ **德育工作篇**

一、内容层级发展,目标指向明确

"善"教育源自孟子"五常"——仁、义、礼、智、信观念,学校根据时代特点对其进行诠释与创新,确立了学校的育人目标。

（一）图谱演绎目标（具体见下图 1-1）

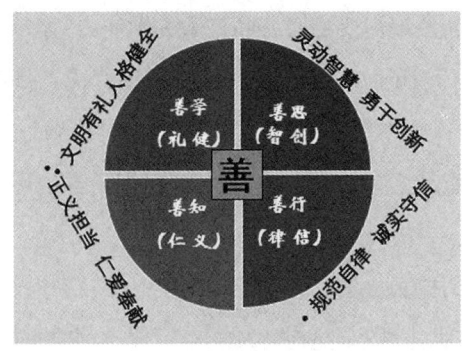

图 1-1　图谱演绎目标

(二)"四善"呈现轮廓

在我们看来,"善"教育必须遵循儿童道德认知发展规律,促进儿童道德情感和道德行为的养成,这样才能促进学生良好道德素养的养成,成为具有核心素养的全面发展的新时代接班人。

在"善"教育育人目标图谱中,"善"位于最内层,凸显其基础地位。中间层是"善"教育的4个培养点,即体现四个维度的内涵:文明有礼、人格健全,是为善学;灵动智慧、勇于创新,是为善思;正义担当、仁爱奉献,是为善知;规范自律,诚实守信,是为善行。

学校在德育勾勒设计规划中,以"善"为教育理念,引领并唤醒学生的自我创新、自我超越,培养学生知善向善至善,全面和谐发展。

(三)内容目标指向

表 1-1　不同年段培养目标

板　块	总目标	低年级段	中年级段	高年级段
善学 (礼、健)	文明有礼 人格健全	保护环境,爱惜资源,养成基本的文明行为习惯。	理解日常生活的道德规范和文明礼貌,初步形成规则意识和民主法治观念,养成良好生活和行为习惯,具备保护生态环境的意识。	理解基本的社会规范和道德规范,树立规则意识、法治观念,培养公民意识,掌握促进身心健康发展的途径和方法,养成热爱劳动、自主自立的生活态度。
善思 (智、创)	灵动智慧 勇于创新	有浓厚的学习兴趣,乐于参与各种课程活动。	有良好的学习习惯,善于倾听,主动学习,为自己确立适当的学习目标。	掌握正确的学习方法,善于思考,主动探究,有较丰富的想象力和一定的发散思维能力,有独特的见解和较强的思辨能力。
善知 (仁、义)	正义担当 仁爱奉献	爱党爱国爱人民,爱亲敬长、爱集体、爱家乡,初步了解生活中的自然、社会常识和有关祖国的知识。	爱党爱国爱人民,了解家乡发展变化和国家历史常识,了解中华优秀传统文化和党的光荣革命传统。	爱党爱国爱人民,认同中华文化,继承革命传统,弘扬民族精神。

续　表

板　块	总目标	低年级段	中年级段	高年级段
善行 （律、信）	规范自律 诚实守信	形成自信向上、诚实勇敢、有责任心等良好品质。	形成诚实守信、友爱宽容、自尊自律、乐观向上等良好品质。	形成尊重他人、乐于助人、善于合作、勇于创新等良好品质。

二、方法体验为主,路径六面协同

(一)"善"教育之方法：沉浸式体验

"体验"谓之"在实践中认识事物,亲身经历",即以"身"体之,用"心"验之,是一种能体现小学生生命色彩的学习方式。刘惊铎先生曾经这样描述:"体验包含个体人过去的生活阅历,当下生活场景中的感动和人生希冀的蓝图。"

"沉浸式"体验,就是把自己的身心沉浸于某种活动中,丰富自己的体验。杜威的"教育即生活""从做中学"的教育思想中,包含刘惊铎先生提出的三维体验的思想。

育人为本,德育为先,学校教育中真正发挥、实现和放大育人功能,离不开学生的亲身体验及感悟。

(二)"善"教育之路径：六面协同

1. 以课程建设为渠道,创新课程体系

根据小学生身心发展特点和成长规律,学校创造性地引进"时空轴"概念,即以时间、空间为主线,建构"善"教育课程。

"时空轴"分为纵轴和横轴。

纵轴是一种宏观的时间设计,从纵向角度整体规划小学五年的"善"教育课程。这条轴的两端分别是入学课程和毕业研学课程,中间则是儿童哲学课程;从"关爱式思维""协作式思维""批判式思维""创新式思维"的4C思维入手,聚焦"我与自己""我与他人""我与自然""我与社会"四个维度,开展主题式综合活动课程。

横轴是一种微观的时间设计,结合嘉定区域"幸福课程"和"爱赏嘉定"系列活动,将四季自然与学生校园活动融会贯通,开设"四季节语课程",开展"春之暖""夏之舞""秋之韵"和"冬之梦"四季系列活动。

2. 以文化建设为载体,凸显教育理念

学校创设非连续性文本的校园墙面文化,提供图片、实物、场馆等教育资源,满足学生不同的学习需求和多元选择,刺激学生的感官,增强学生的感性认识,营造浓郁的育德氛围。

时光隧道,启迪智慧、激发创新;四季节语,展示季节、呈现精彩;教育戏剧,感受经典、走近艺术;"普小白银号"轨交,模拟生活、体验实践;邮票文化,回顾历史、体验角色;红领巾演播室,直播互动、体现才能;梦想小舞台,发挥特长、凸显自信;"慧雅书房",与大师对话、与心灵沟通;"心灵驿站",敞开自我、悦纳自己。所有这些独具匠心的文化设施,以长廊或功能室的形式,展示着其特有的魅力,吸引学生眼球,温暖着学生的内心,发挥着"润物无声"的育人作用,引领学生浸润在育德的氛围中,向着"善"的方向发展。

3. 以体验活动为途径,丰富活动过程

一是角色体验。情境创设、角色扮演等方式,是丰富学生的情感体验,促进学习能力提升的行之有效的途径和方法。

学生在教师的指导下,通过角色扮演、虚拟情境等戏剧方式,培养注意力、想象力、创造力、表演力,达到德智美融通的教育目的,帮助学生树立正确的人生观和价值观,培养学生学会自信,坚定走好人生每一步;学会控制,独立思考,以更好的状态应对学习生活中的每一个挑战。

二是岗位体验。学校精心策划校内外实践活动,大胆改革值日中队制度,在一周值日工作中,利用五个下午开展岗位体验活动,形成具有学校特色的"Yin星火炬线"社会实践课程。周一,校内劳动实践齐参与;周二,轨交体验乐翻天;周三,图书馆里小当家;周四,魔力厨房显身手;周五,邮市人头攒动。学生在活动中增强才干,在活动中培养能力,在体验中积累、践行"四善"品质。

4. 以学科特性为基点,发挥育德功能

据上海市九年制义务教育小学课程分布图,在小学阶段,基础型课程占所有课程的80%,如何在基础型课程中开展立德树人教育,自然渗透德育,是学校需要重点思考的问题。学校要求教师充分利用学科教材资源,结合"慧雅阅读"项目,挖掘"育德"元素,统整教学内容,融"善"教育于基础型课程之中。

一是语文教学在经典中传承"善"。语文是育德的显性学科,在语文教材中有许多经典的诗词和篇章,这些教学资源是落实学科"善"教育的有效途径。学校整合教学资源,利用课前吟诵经典、课中感受经典、午间阅读经典来开展"与经典有个约会"活动,传承经典,滋养学生心灵。

二是数学教学在思维中张扬"善"。数学是一门严谨而理性的学科,教师将"善"教育融入到数学学科教学中,大力挖掘数学育德资源,如要求学生阅读科学家的故事,自觉收集数学普及读物报刊、做数学小报等;创造一切机会,让学生能真真实实地进行数学阅读。教师组织学生交流,体会科学家的刻苦钻研,规范学生的数学用语,增强数学语言的理解力,感受数学的"思维"美。

三是英语教学在视界中传播"善"。英语课上,学生接受视觉、听觉等多重感官刺激,拓展学生视野,如运用绘本、动画故事等为学生创设良好的阅读语境,学生用英语与故事结交朋友,愉悦身心。也可以尝试将教学内容以课本剧的形式让学生表演,学习短剧,编排短剧,演绎短剧,在故事剧情演绎中培养学生"善心",触发学生"善行"。

四是音乐教学,在诗剧中唱响"善"。高年级音乐教材中,有一些优秀的音乐剧片段值得欣赏。学生对《音乐之声》中《孤独的牧羊人》、《胡桃夹子》中《花的圆舞曲》等部分内容十分感兴趣,并且有进一步了解的愿望。课前,教师从学生的需求出发,搜集整理优秀的、适合学生认知的音乐剧作品供学生"悦读"、欣赏;课堂上,组织学生观看音乐剧,拓宽学生的艺术视野。通过视听结合,不仅提高学生的学习兴趣,内化学习内容,更丰富了学生的知识面,提升"善品"修养。

五是体育教学,在感悟中涵养"善"。教师集思广益,出谋划策,每个学期设置4节室内课,学习一些体育理论知识,了解一些体育名人的奋斗史。如"小巨人"姚明、羽毛球"超级丹"、网球李娜、"泳坛巨星"孙杨等。教师带领学生走近这些体育名人,在了解他们荣誉的同时,更感受到明星成长道路上的艰辛,激励学生坚定意志,"善行"在潜移默化中得到涵养。

六是美术教学,在彩墨中挥洒"善"。美术学科是"善"教育的重要学科之一。教师尝试将美术学科与语文学科中的古诗文统整,将古诗的意境与中国传统彩墨画的艺术表现形式相结合来创新教学,使诗歌的情感美、自然美与中国传统彩墨画的意境美、形式美水乳交融,情景画互为一体。学生在"悦读"中感受自然,感受古诗的韵律与意境,在彩墨挥洒中触碰传统艺术的脉络与智慧,激发学生去感受美、触碰美、创作美。

七是自然教学,在创造中绽放"善"。自然教学中,挖掘教材中的内核素材,结合自然教材中不同的学习主题,走进各个科学领域,引用科学家的故事,引领学生了解他们的贡献或者发明。而对于操作性很强的科普文章,如《科学读本》《未来科学家》中的"动手试一试"单元,教师则让学生利用身边的材料,用瓶瓶罐罐的进行探究,体验科学探究的乐趣,激发学生"善学"之能。

八是道德与法治教学,在责任中点燃"善"。小学道德与法治学科是一门培养学生具有社会主义公民基本素养的课程。学校致力于"品社教学中非连续性阅读文本选择与运用的策略研究",采用故事、儿歌、绘画、诗歌、调查、地图、年表、时间轴等形式进行教学,启发学生阅读,提升学生的阅读能力。通过这些形式的优化整合,可以大大丰富学生的知识,激发学生爱国情感,从而点燃学生心中的理想。

5. 以科学管理为目标,涵养队伍建设

科学有效的组织管理系统是夯实"善"教育的基础。学校建立全员育人的德育组织体系,并尝试制定各部门的岗位职责,明确各自的分工和职能。班主任队伍是学校"善"教育的主力军,学校通过建立"善"教育班主任工作坊,定期开展活动研究,提升"善"教育的能力。

6. 以共同参与为主旨,引导协同发展

学校充分发挥家庭、社会的教育功能,聚焦"四善",从校内走向校外、走向社会,构建学校、家庭、社会协同的开放式教育格局。积极开发家长教育资源,成立"家委会",主动邀请家长参与学校管理,开展"家长学校""家长义工""家长课程",营造良好的教育氛围。学校将社会实践活动纳入学校课程教育中,与快乐活动日和岗位实践体验相结合,让学生走进社区、轨交站、剧场和图书馆,在实践中学习掌握知识、学习遵守秩序、学习合作探究、学习诚实守信、学习仁爱奉献和责任担当。

三、过程管理多元评价

有效的评价,必须依托于"课程"。这里所指的"课程",并非传统意义上的教材,而是"生情"和"学情",所以学生自我组建、合作活动、产生创意、自我评价的各种场景和生成资源等都应该是课程。因此,学校通过学科内资源挖掘、学科间资源统整、"四季节语课程"资源融合等途径,为学生营造自由、多向、自然的成长世界,引导学生与国家课程、学校课程进行"对话",提供获取直接经验的展示机会,实现德育评价的多元化。

（一）积分评价,"白鸽"呈现童真童情童趣

基于学校课程评价,设计"'小白鸽'积分卡",学生人手一份,全校推广使用。在此基础上,开发伴随式"白鸽"成长评价系统,开展基于大数据技术的学生数字画像,从关注结果转向关注过程,进而关注表现,在内容上综合化,在评价上多元化,以数据为驱动,累计积分,发掘学生潜质、激发学生兴趣、指导学生学习。

（二）摘星评价,等第透盈成长足迹

对于国家课程,学校则遵循激励性、发展性、过程性、差异性、整合性等原则,实施学生课堂学习行为"摘星评价"制度,探索不同学科、不同年级学生课堂学习行为的目标与要求,关注学生的行为表现、情绪体验、过程参与、学习成果等因素。学生在课堂上的学习表现分为"课堂星""作业星"和"超越星"。学生根据自身表现在"'小白鸽'成长评价系统"上摘星,做到课课有评价、天天有小结、周周有反馈、月月有评选、年年有表彰。

（三）游园评价,分享快乐收获慧雅

根据市教委"基于课程标准的教学与评价"方案,切实改变原先通过一张考卷检测学生知识掌握程度的单一的认知评价,学校采用基于课标的即时性、过程性、表现性评价的"慧雅书童乐游园"评价方式,综合全面地反映学生学习成长状况。"慧雅书童乐游园"活动,创设学习情境,设置学习任务,关注学生表现,变考场为游乐园,使学生感到学习原来是很"有趣"的游戏活动。

丰富、立体的课程评价既是"建构'四善'德育体系,注重体验滋养成长"的组成部分,也是一种动态、变化、可持续发展的课程资源。

特色德育篇

教育戏剧,滋养儿童心灵

一、问题的提出

《中小学德育指南》指出:"深入贯彻落实立德树人根本任务,始终坚持育人为本、德育为先,大力培育和践行社会主义核心价值观,以培养学生良好思想品德和健全人格为根本。"

二、我们的做法

学校德育的最终目标就是将学生培养成一个完整的人,而道德品质、行为习惯、价值信念的养成和树立,终究是一个人自主建构的过程。怎样帮助其自我建构,正是德育工作关注的要点。

教育戏剧是一种融五育目标于一体的综合有效的教育模式,对培养学生的世界观、人生观、价值观,全方位培养能力具有独特的价值。学校尝试采用教育戏剧的方式,帮助学生唤醒内心深处"向善"的内因,用善心触发善行,帮助学生成为真正意义上的"大写的人"。

(一) 基础型课程的拓展与延伸,促进学生价值判断

在国家九年义务制小学教育中,基础型课程占了所有课程的80%左右,可见基础型课程的重要性。学校尝试在基础型课程中,运用教育戏剧的方法,实现学科育德。

如,《巨人的花园》是人教版四年级语文上册的一篇课文,讲述了这样一个故事:一个巨人拥有一个美丽的花园,但当他看见孩子们在里面玩时很生气,把孩子们都赶了出去,他的自私换来了花园的寒冬,后来经一个男孩的提示,巨人发现了自己的自私和冷漠,他把花园送给了孩子们。

这是一篇剧情有冲突,非常适合学生演出的课文,教师采用戏剧手法进行教学。活动开始前,让学生进行戏剧暖身游戏,排除外界干扰,全身心地投入到阅读学习中;"定格塑像,构建花园",为学生创设情境,为后期的活动打下铺垫;"教师入戏,遇见巨人",让学生相信"真实的世界"的存在,并在其中扮演、体验、感悟;"脑力激荡,说服巨人",学生换位思考,在情境中体验,通过台词、表情、动作将内心的情感表达出来,也是学生反省自我、理解他人、完善人格的过程;"焦点访谈,走近巨人",这是情节的高潮,也是学生思维碰撞形成正确道德认知的关键环节;"反思评价,再看巨人",此时,文章的主旨"爱,可以疗伤;爱可以让巨人忘却昨日的怨恨;爱可以净化一个人的心灵;爱可以感化世间万物!"不需要教师的答案,学生心中已有了自己正确的价值判断和道德情感。

(二)主题式跨学科综合活动,面向学生真实生活世界

成功的学校德育,其学习内容必定是能引起学生学习兴趣的,其学习方式必定是要基于儿童心理需求的。

《幸福课程》是我区的区本德育课程,这是一门促进学生个性发展和社会化发展的综合性课程,注重以学生为中心,是学生进行自我探索、实践体验、团队互助的过程。依据区本德育课程,结合学校"善"教育理念,从"我与自己""我与他人""我与自然""我与社会"四个维度,面向学生真实的生活世界,开展主题式跨学科综合活动。

教师研究一年级基础型课程,发现语文学科"综合活动"中指导学生学会在不同场合用不同的音量,"道德与法治"中也有相关内容,于是,教师将两门学科知识点与学生的德育行为规范要求有机结合,形成了一门主题课程——《好习惯伴我快乐成长》。

班主任利用班会课,挖掘学生的行为习惯养成要求,以戏剧元素为载体,将道德认知、能力培养和行为训练结合起来,通过"演一演"和"聊一聊"的方式,让学生在参与中体验,在体验中感悟,让行规教育渗透于学生的生活,在潜移默化中促进学生从知到行的自觉内化,从而达到知行合一的境界。

(三)建构情境中的角色扮演,提升学生正确道德认知

苏霍姆林斯基告诉我们:"道德准则,只有当它们被学生自己去追求、获得和亲自体验过的时候,只有当它们变成学生独立的个人信念的时候,才能真正成为学生的精神财富。"

教育戏剧注重体验与过程，教师利用戏剧设置道德情境，模拟日常生活中面临道德抉择的真实情境，使学生在其中获得切身的道德体验，进而激发学生的道德情感，学生在道德情感的陶冶中养成道德的敏感性。

例如，针对校园欺凌，教育戏剧及时回应，构建相应的场景和故事情境，让学生轮流扮演欺凌事件中的角色，对受害者造成的伤害，相对于口头说教，更能感同身受，也能激发学生的正义感，既不当欺凌者，也不对欺凌行为冷眼旁观。

教育戏剧就是通过情境创设，让学生通过扮演他人角色来设身处地地感知他人的情绪，让学生借用他人的立场来看待问题，进而学会理解他人和关怀他人，从而实现道德认知、道德行为和道德情感的统一协调发展。

三、我们的思考

学校教育的目的是培育全面发展的人，教育戏剧的目的也是致力于人性的发展和完善。教育戏剧是"教育"与"戏剧"的交集。它不以学习戏剧知识和表演技能为目的，而是运用戏剧的元素设计各种体验渗透到教育中，让身边的每一个地方都成为一个小小"舞台"，让每一个学生都成为自己心目中的小小"演员"。学生在教师有计划的指导下，通过角色扮演、虚拟情境等戏剧方式，培养注意力、想象力、创造力和表演力，达到五育融通的教育目的，帮助学生树立正确的世界观、人生观、价值观，培养学生学会自信，坚定走好人生每一步。

专家点评

人类关于"善"的本质及"善行"的认识和理解具有悠久的历史。从春秋战国时期的"可欲之谓善"到苏格拉底"一种关于人的利益的学问"，再到今天社会主义核心价值观中的"友善"，其实都昭示着德育的主要目的就是使人和事都能达到"善"的理想境界。

嘉定区普通小学白银路分校蔡艳萍校长从认识论的角度系统建构校本德育课程体系,在中华优秀传统文化滋养及学校长期思考实践的基础上,颇有见地地提出了"建构'四善'德育体系,注重体验滋养成长"的德育工作主张,这既是一种对教育经验的传承,更是遵行教育规律的创新。整篇文章架构清晰,"理性思考篇"是古今中外对"善文化"的理解和对"善教育"的梳理,恰似"抬头看天",是德育工作不至于偏离航向的重要保障;"德育工作篇"是落脚到嘉定区普通小学白银路分校的现实思考和做法,正是"低头走路",也是德育研究最硬核的基础;"特色德育篇"实际是具体至学校富有特色的"教育戏剧,滋养儿童心灵"的项目,犹如"聚焦微观",更是德育实践中最令人眼前一亮的地方。

文章中最吸引人的应该就在于"善教育"指引下的学校育人目标的图谱呈现,以"善"为核心,以"善学""善思""善知""善行"等四个维度和"智""创""礼""健""仁""义""律""信"等八个角度尽可能地穷尽学生道德养成的关键因素,可谓用心良苦。"课程建设""文化建设""体验活动""学科特性""队伍建设""协同发展"等六面协同也较好地将学校各项工作做了主题式归纳和梳理。教育中最难的就是评价,文章也在"德育工作篇"的后半部分用"积分评价""摘星评价""游园评价"等富有童趣的方式对"善教育"的实践行为进行了评价,亦属难能可贵。

整体来说,此文对本校工作是一次较为系统的梳理,也将会对广大德育同行给予启发。如能进一步挖掘善文化与善教育的内涵,分析教育行为与教育效果之间的内在因果,将教育经验上升为教育范式,当有更重大的意义。

（点评专家：上海市松江一中特级教师　郭宁伟）

"勤·诚"并重 "行"以养德

上海市嘉定区普通小学德育顶层设计 文/张 勤

⬤ 学校简介

上海市嘉定区普通小学前身为普通学社,清光绪二十七年(1901)创办于嘉定西门外大街,创始人黄世荣(文惠)。学校是嘉定区教育局直属的公办小学,全国百所百年名校之一。目前有两个校区,占地3.11公顷,建筑面积14 010平方米,现有43个教学班,1 915名学生,126名教职工。

一百多年来,学校沿袭百年普通办学传统,传承"勤诚"校训文化,倡导以"传承勤诚文化、崇尚绿色科技"为特征的"尚教育"办学理念,开展"五尚并举、多元发展"教育实践,用快乐课程(FUN课程)架构学生在校的全部学习生活,培育普小学生"新五个会",即会游泳、会乒乓、会种植、会书法、会乐器等,校园主题节、快乐活动周、民歌民舞、绿色科技、游泳乒乓、创情彩墨、翰墨书法等成为学校办学品牌,在嘉定百姓心目中享有"普通小学不普通"的美誉。

⬛ 理性思考篇

2017年9月《中小学德育工作指南》的出台,进一步为中小学德育工作指明了方向。嘉定区普通小学的德育工作在继承与发展中,在与《指南》的对标中,重新审视自己,梳理困惑,寻找不足,然后在"规范"上下功夫,从"漏洞"中明方向,从"短板"上寻出路。

一、审视现状

首先,时空"堵塞"。随着知识的发展,分科愈来愈细,以小学一年级为例:课程标准要求周课时 32 节,可按教育行政部门下发的文件精神,要求以课的形式落实的包括基础型课程 25 课时,再加上拓展型及探究型课程的 7 课时,校本德育活动似乎只能零敲碎打、见缝插针地开展。

其次,主线"失联"。多年的积累沉淀,使学校逐渐形成了许多德育特色活动,少先队的"快乐活动周"、家庭教育指导的"家长微型课程"、养成教育的"摘星评价制度"……这些活动在各个领域都有其示范引领性,但它们如同散落在各处的珍珠般,缺乏系统的梳理,无法将之串成一根璀璨的珍珠项链。

第三,主体"偏离"。社会、家庭、学校的"功利性教育"使学生更偏重于各学科的学习,对于和成绩无关的其他能力则有较大的缺失。

第四,主导"慢热"。现代学校要求教师"一专多能",繁重的教学任务、紧张的工作环境使教师疲于应付,慢慢消耗了对育人这个首要任务的追求。

二、寻求出路

(一) 开发学科综合实践活动,着力破解"两张皮"现象

学科德育必定是德育的主阵地。新课程理念提倡"课内教学向课外实践延伸,要用丰富多彩的课外活动来充实学生的课余生活、扩展学生的知识视野、发展学生的个性特长,同时,培养学生热爱祖国、热爱家乡、热爱社会主义的感情,促进他们树立正确的人生观和价值观,培养良好的思想品质和健康的生活情趣,提高他们的实践能力和创新能力"。试想:如果学科教师能在课内将三维目标一一落实,课外组织学生开展与学科相关的综合实践活动,将三维目标逐渐内化,这样发挥的育人功效是不言而喻的。

因此,学科德育的落实应该表现为"两手抓":一手抓课堂"情感态度价值观"的无痕渗透;一手抓学科综合实践活动的有效开展。如此双管齐下,提倡课内间

接经验和课外直接经验完美融合,才会使课内外教育知性与德性高度统一。

(二) 挖掘"勤诚"校训内涵,着力解决"无重力"现状

嘉定区普通小学百年前的教育要求很值得品味:"拿个人做单位,适合现在的环境,预备将来的应用",其中所表达的"个性化""现实性""前瞻性"至今仍是教育所孜孜以求的境界。而校训仅有简单朴实的"勤诚"二字,一百年前就有了明确的释义:"随时随地十分用心,衣服器用在在清洁,为己为人处处出力,发言答语均无虚伪,研究学术精益求精,有过则改均不讳饰。"这校训看似很普通,很生活,可就在朴实无华中透射出了为人为学的最深感悟和最真追求。结合当前学生实际,我们将学校的育人目标定位为培养具有"负责、仁爱、诚信、好学"品质的勤诚之生。并以此培养目标为中心,开展各类德育活动。

(三) 开展"实践体验式"德育,着力改善"空对空"现象

学生道德认识的提高往往取决于自身的道德体验,当学生的心灵受到震撼时,德育才是成功而有效的。从这个角度上来说,社会实践活动在学生核心素养的培育上,是与课堂教学并驾齐驱的学校教育系统的另一主干。但是目前学校、家庭"两点一线"的日常学习生活,使学生缺乏体验感悟的时间和空间。

学校德育应该是鲜活的、有血有肉的,这种生命力首先来自于学校实践课程的设计,将学生的课堂搬至大自然、博物馆、艺术院,甚至体育馆、大卖场、菜市场,真正打破校园围墙,打开校门办教育;其次,来自于体验岗位的精心设计,学生走进社会,不仅仅是看一看、说一说、写一写,而且为学生设定"岗位",在博物馆当小讲解员,在大卖场当理货员,在马路上当清洁工……这样的"实践体验式"的德育才是真正有灵魂的。

(四) 唤醒育德意识与育德能力,着力修正"唯分数论"现象

小学教育是基础教育,同时也是学生养成良好的生活习惯和道德品质的最佳时期。当前,学生见多识广、信息获取渠道广泛、情感早熟。作为学生成长过程中的重要他人,教师只有具有敏锐的育德意识,并能采用多元化的育德策略,才能适应新时代背景下学生的健康成长和学校的长远发展。

因此,在日常教育教学工作中,教师应见微知著,拥有一双慧眼,善于发现学生身上发生的细微变化;拥有一颗慧心,做学生的知心好友;拥有一颗慧脑,将教育难题化解于无形。

德育工作篇

"勤·诚"是学校的校训,也是德育工作的核心,"行以养德"的提出,则是源于《易经》中的"蒙以养正"。我们认为在小学阶段,开展"实践体验式"德育是最有效的方式。

一、目标与内容

(一)育人目标

以"四心四会"为核心,培养"有仁爱心会感恩、有责任心会自律、有好学心会学习、有诚信心会交往"的普小学子。

(二)目标列举

表2-1　嘉定区普通小学育人总目标、分年级目标

总目标	年　段	分年级目标(螺旋上升)
有仁爱心会感恩 有责任心会自律 有好学心会学习 有诚信心会交往	低年级	接纳伙伴乐分享、自己事情乐承担、惜时自觉乐学习、敢于表达乐交流;
	中年级	关爱他人乐行动、集体事务乐担当、爱上阅读勤动笔、热情交流有自信;
	高年级	尊重生命重体验、爱我中华知行合、主动学习爱思考、真诚交友展个性。

二、途径与方法

在目标的引领下,我们对校本德育课程体系"童年365课程"(3,包括童心课程、游童课程、童蒙课程;6,指乐童主题节,包括三月魅力语文节、四月创意科技节、五月缤纷艺术节、十月阳光体育节、十一月趣味数学节、十二月多彩英语节;5,指童年五部曲,包括"开笔礼""入队礼""成长礼""收获礼""毕业礼")全面升级,使之与《中小学德育工作指南》六大途径、五大内容更为契合。

（一）夯实常规，提炼品牌，打造积极向上的"童心课程"

童心课程着力打造"乐悦家"心育特色品牌。

1. 科学化解读"乐悦家"内涵

"乐悦"为培育目标："乐"，即"乐己"，培养学生调节自己的情绪，保持阳光积极心态的能力。"悦"，即"悦人"，培养学生在与他人相处的过程中，让别人感受到愉悦的能力。"家"为特色培育形式："家"，即"家庭"，通过一系列有针对性的亲子活动，形成家校合力，达到心育的目标。

2. 系列化设置"乐悦"课程

一至四年级每学期开设两节"乐悦"课程。课程中，针对"乐""悦"两个方面各开设两节课，培育学生自信乐观的心态，培养人际交往能力。课程内容设置如下：

表 2-2　嘉定区普通小学"乐悦"课程内容表

年级 ＼ 课程	"乐"课程	"悦"课程
一年级	开开心心去上学	欢欢喜喜交朋友
二年级	我会管理愤怒	我会处理冲突
三年级	我想变得更自信	我想拥有同理心
四年级	我能面对失败	我能原谅别人

3. 个性化推进"乐悦家"活动

利用十一月家庭教育月，定期开设亲子沙龙活动，针对学生的年段心理特点制定活动主题，邀请学生和家长参与，培育家长心理自助能力，从而形成家庭合力，提升家庭心理自助能力。

（二）悦行走，阅嘉定，打造有意义有意思的"游童课程"

学校形成了五大社会实践活动板块：三大特色板块（家乡文化寻访系列＋社区志愿活动系列＋中国传统节庆系列）、区域板块（素质教育实践系列）、其他板块（其他社会实践系列）。

1. 三大特色板块设置说明

"嚓城乡情，做嘉定人"——家乡文化寻访系列主要以家乡寻访活动为载体，通过访嘉定名人、寻嘉定古迹、探嘉定文化、讲嘉定历史，从易到难，循序渐进引导学生体验感悟,并转化为爱家乡的实际行动。

"热心服务,做社会人"——社区志愿活动系列注重节假日让学生通过走进敬老院、家庭(特困家庭、军烈属家庭、孤老家庭)、社区、欧尚超市,感恩社会、服务社区,真正体现"奉献、友爱、互助、进步"的志愿者精神。

"过传统节,做中国人"——传统节庆系列主要为了让传统文化在学生心中生根发芽。从立足课堂引领,延伸课外实践入手,向学生介绍各种传统节日中蕴涵的知识与传统,让学生在校园内外"红红火火过节、开开心心学习"。

2. 实践活动课时安排

一至五年级学生每学年安排二次素质教育实践活动。

三至五年级学生每学年安排二周校园实践活动。

一至二年级学生寒暑假安排大约 10 个半天的社会实践活动;三至五年级学生寒暑假安排大约 14 个半天的社会实践活动。

表 2-3　实践板块设置与课时安排(一学年)

实践模块	活动主题	适合年级	课时安排	组织形式	学分评定	资源配合
"春秋实践,做普小人"——素质教育实践系列	毕业游学长见闻	五年级	2个半天	年级	10	新迎园餐饮集团、光机所、毛桥集市、启良中学等
	机动	一至五年级	二天	校级	10	机动
"嚜城乡情,做嘉定人"——家乡文化寻访系列	传精髓抒情怀讲嘉定历史	一年级	1个半天	班级	5	嘉定博物馆
	树榜样立志向访嘉定名人	二年级	2个半天	班级	5	顾维钧陈列馆陆俨少艺术馆
	赏建筑会审美寻嘉定古迹	三年级	2个半天	班级	5	法华塔秋霞圃韩天衡美术馆
	通古今知仁礼探嘉定文化	四年级	2个半天	班级	5	嘉定竹刻馆嘉定孔庙
	懂规则讲安全传嘉定之风	五年级	2个半天	班级	5	交通安全馆

实践模块	活动主题	适合年级	课时安排	组织形式	学分评定	资　源　配　合
"热心服务，做社会人"——社区志愿活动系列	敬老爱老助老涵养大爱胸襟	一至五年级	2个半天	班级	5	嘉定福利院
	温馨传递关爱和谐携手成长	一至五年级	寒假2个半天；暑假6个半天	班级小队	5	秋霞社区、州桥社区、塔城社区、汇龙潭社区、李园一村社区、欧尚超市
	净化美化绿化社区实践体验				10	
"过传统节，做中国人"——中国传统节庆系列	春风得意贺元宵	一至五年级	一天	校级	5	校园食堂快乐学习家庭苑
	追忆先烈迎清明	二、四年级	一天	年级	5	嘉定烈士陵园
	粽叶飘香庆端午	一至五年级	一天	校级	5	快乐学习苑家庭
其他社会实践活动	禁毒、高雅艺术、电影行、文教结合等活动	机动	20课时	年级	机动	禁毒馆、电影院、保利大剧院等

（三）课内渗透，课外浸润，打造知性与德性兼备的"FUN 课程"

学校在打造充满个性、展示自我的"SHOW"课堂之余，着力开展直接经验与间接经验互为补充的"乐童六大主题节"。

"乐童六大主题节"是一类展示型课程，以"节"为载体，凸显学科特征的主题性活动，主要涉及语文节、数学节、英语节、艺术节、体育节、自然节六大类。以"展示"作为评价手段，将展示过程中的参与态度、过程体验、团队意识、隐性感受、自尊自信以及发展潜力作为评价的准则。

具体操作有三步：

第一步：梳理学科本质中的德育内涵，为主题节定主基调

根据学科自身的结构和体系，确定具有学科特点的活动目标。

第二步：整合主题中的多学科德育内涵，为主题节定主旋律

确定乐童六大主题节主题后，各学科围绕主题，调整学科教学内容，挖掘德育内涵，形成"活页教材"。

第三步：通过展示性活动进行过程性评价，为主题节掌握节拍

以活动过程中的参与态度、行为习惯、团队意识、隐性感受、自尊自信以及发展潜力作为评价的准则，通过摘星评价方式，体现评价的过程性发展，促进学生全面发展。

（四）注重内涵，不断完善，打造触及心灵深处的"童年五部曲"

著名教育家朱永新教授曾说："学校文化一旦走向成熟完善，都会拥有美妙优雅的仪式、节日和庆典。这是学校文化传统的活标本，也是学校生命中最值得关注的重要时刻。"因此，学校对仪式教育的校本课程《童年五步曲》做进一步的探索。具体安排如下：

表2-4　嘉定区普通小学"童年五步曲"安排表

时间	活动主题	活 动 目 标
九月	启蒙启智"开笔礼"	培养学生对知识及传统文化的神圣感情
五月	神圣光荣"入队礼"	培养学生爱党爱国的朴素感情，教育学生了解革命文化
六月	感恩感悟"成长礼"	让学生感悟生命的精彩，珍爱身边的真情
六月	懂得担当"收获礼"	帮助学生坚定只有努力勤奋，凡事才能成功的信念
七月	迎风起航"毕业礼"	帮助学生树立理想，鼓励他们勇往直前

（五）共同学习，共同分享，打造互信互助的"成长共同体"

"成长共同体"是极具普小特色的家庭教育品牌，它有深厚的根基和丰富的内涵。"家庭共同体"注重理顺家庭内部的关系，营造和谐亲子关系，以"家长沙龙"为载体，关注家庭教育的个别化指导，问题共论；"家家共同体"注重家庭之间的相互影响和带动，以"快乐家庭学习苑"为主要载体，家庭之间形成团队，资源共享，互助合作，带动家长间的交流和互动；"家校共同体"以"家长微型课程"为主要载体，以促进全体学生的终身发展为目标，是学校校本特色课程的重要组成部分，依托家长资源优势开设短小精悍的微型课程，通过家长参与共研的形式，为学生提供更加丰富多元的课程，大力推进学校课程改革。

"成长共同体"的打造以"家庭共同体"为实施基础，以"家家共同体"为动力源泉，同时注重"家校共同体"的内涵发展，三者相互联系，又相互依存，同时目

标明确,各有侧重。

三、管理与评价

学校致力于教育教学评价变革,尝试打造"摘星评价"体系,以评价引领品质提升。所谓摘星评价是一项针对学生个体发展与行为养成的评价制度,是一项以"星星"为替代物,以"摘星"为激励手段,以"摘星多少"为衡量学生个体发展状况的即时性、激励性、过程性评价制度,是实现小学生品德评价与基础型课程学业评价整合的基本保障制度。其评价的内容包括学生课内与课外所有品德状况与学习状况;评价的方式是自评与互评相结合,过程与结果相结合;载体是学生人手一份的摘星卡。要求课课有评价,天天有小结,周周有反馈,月月有评选,年年有表彰。

摘星评价制度的基本操作流程和制度要求如下图 2-1:

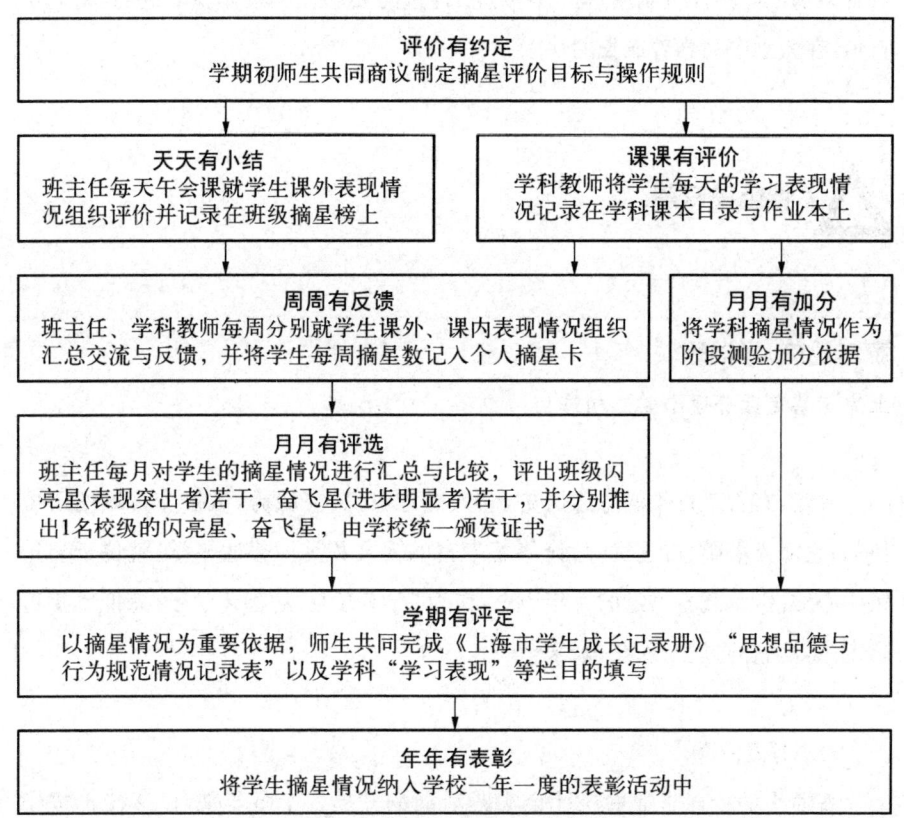

图 2-1 嘉定区普通小学摘星评价制度的基本操作流程和制度要求

从摘星评价制度的操作流程图中可以看出,这是一项全员参与的即时性评价制度。班主任从班级管理的角度对学生的品德行为及时给予评价,学科教师从学科教学的角度对学生的学习态度、方法、过程、效果及时给予评价。这是一项体现小学生品德评价与基础型课程学业评价整合的评价制度。学科的学习表现过程情况成为德育评选和表彰的依据之一,成为学业评价的加分依据,成为学生综合素质评价的重要依据之一。这是一项注重过程性的评价制度,从品德评价的角度讲,这种注重平时表现的量化评价,弥补了师生凭印象评价有失客观公正的缺陷。从学业评价的角度讲,克服了以往只重测验分数结果不重学习过程,只重知识技能不重过程与方法以及情感、态度、价值观,以一个尺子量学生,不能体现个别差异的发展性的缺陷;这是一项具有导向功能的评价制度,开学伊始,师生共同商议制定摘星评价目标的过程就是导向的过程;这是一项具有激励功能的评价制度,每一次奖星、评选与表彰让学生体验了成功,树立了自信,在激励中品尝着成长的快乐。

特色德育篇

童年足迹,寻根嘤城

上海市嘉定区普通小学　胡炜烨

嘉定,有着八百年的悠悠历史,它人杰地灵,钟灵毓秀,散发着古城的历史风韵;它潭光塔影,古迹犹存,诠释着丰富的人文积淀。普通小学,就位于嘉定镇中心城区,承载着嘉定的百年历史,作为"百年普通"的嘉定学子,怎能不走近嘉定,了解它的过去、现在、未来……

一、开发意图

普通小学一直非常重视社会实践活动的开展。十多年来,已逐步形成了"春秋实践,做普小人""嘤城乡情,做嘉定人""热心服务,做社会人""过传统节,做中国人"四大板块系列活动。但是,如何将这些系列课程精品化,一直是我们在思考的问题。正值嘉定建县八百周年,我们以"疁城乡情,做嘉定人"板块为切入口,打通时空限制,秉持丰富"学"的实践、丰厚"人"的内涵、丰盈"家"的故事三个理念,打造了《童年足迹,寻根疁城》社会实践活动精品课程。

二、课程资源

充分利用地域优势,开发乡土资源。普通小学地处嘉定中心城区,有着得天独厚的乡土文化资源,周边有嘉定孔庙、竹刻馆等六大校外实践场馆。这些资源有嘉定的名人(顾维钧、陆俨少)、有嘉定的古建筑(孔庙、法华塔)、有嘉定的文化(竹文化、科举文化)……他们本身就是沉甸甸的文化遗产,可以引导学生感悟,使其体会到民族精神的表现力。

广泛寻求家长支持,开发社会资源。一年级新生在进入普小学习时,家长会如实填写自己的兴趣、特长、工作专业等资源情况,通过班主任的进一步挖掘,学校建立了"家长教育资源库"。这样,韩天衡美术馆、汽车博物馆等专业场所就都有机会向普小学子开放,达到家长参与实践课程开发、实践资源共享的效果。

充分整合各方资源,形成课程"资源群"。为了使《童年足迹,寻根疁城》课程资源更为系统化,学校多次组织课程教师、家长辅导团代表、基地负责人实地考察。根据这些场馆的特点,对可用的区域资源进行了梳理,形成了"树榜样立志向访嘉定名人""赏建筑会审美寻嘉定古迹""通古今知仁礼探嘉定文化""传精髓抒情怀讲嘉定历史"四大课程"资源群"。

三、特色创新

(一) 设置精致的课程内容

《童年足迹,寻根疁城》的课程实施,离不开精致的校本教材内容。为此,学校组织青年教师到每一个"课程资源群"所在地进行实地探访,并根据探访经历,选择有意思、有意义的实践要素编写入册,形成了校本特色实践护照。护照以"学校活动篇"和"小队活动篇"为主要形式,以"实践小任务、实践微报告、实践留足印、实践乐活星"为主要内容,让教师能根据实践内容的不同进行有针对性的辅导,也让学生的实践活动不再走马观花,而是行有所获、行有所得。

(二)创设精巧的实践模式

1. 确立一个实践活动日——让学生有时间走进社会实践基地

社会实践活动组织形式有校级、年级的,这些组织形式由于人多,往往只是走一走、看一看,很难将家乡文化场馆中呈现出来的丰富的教育内涵深入到学生的心灵中。所以,学校通过智慧调整课时安排,确立值日中队每周二为社会实践活动日,开展创新实践活动,在五年内学生可以走遍嘉定十个具有代表性的文化场馆。

除此以外,学校还发动家长以"快乐家庭学习苑"为活动载体,带领孩子更深入地了解嘉定文化。

2. 采用1+1课程辅导模式——让更多的学科教师、家长参与社会实践辅导

社会实践活动除了班主任上好一次启动课、组织一次基地考察活动、做好一次总结评价以外,我们主动上门联系,分别与区博物馆与陆俨少艺术馆建立共建单位,签订共建协议,邀请学科教师、不同职业的家长成立资源开发小组,一起参与项目的开展。

3. 注重多种形式展示——让社会实践活动的内涵更加丰富

在每次社会实践活动总结阶段,各班都将引导学生将活动成果、学习收获通过作品展示、汇报表演、竞赛评优等不同方式进行交流展示。在此基础上,学校又将一批对家乡文化感兴趣的学生组织起来,成立了一支"少年义务讲解队",双休日、节假日,他们活跃于嘉定法华塔、嘉定孔庙……向游人介绍家乡的名胜古迹。

(三)注重精细的过程管理

主要有四个阶段:

第一阶段,宣传发动阶段。

从家长、学生、班主任三方面,通过印发《告家长书》、召开家长会,举办家教专题讲座、主题班(队)会等形式,转变教育观念,全面支持配合学生的实践体验活动。

第二阶段,培训辅导阶段。

颁发聘书,交流情感。每周星期二的启动课上,值日中队的学生与课程辅导员、家长义工见面认识,班主任为课程辅导员颁发聘书,并且向学生提出希望和要求。

提出要求,明确任务。学生根据兴趣爱好,自由组合,挑选岗位。根据项目要求,组建小队,课程辅导员布置实践课程的具体要求、分配人员,让学生以小队合作的形式完成护照上的实践小任务。

落实内容,投身实践。课程辅导员带领学生认识寻访内容,熟悉环境,根据社会实践方案要求,准备实践体验。

第三阶段,实践体验阶段。

周二下午1:00—3:00,学生跟随班主任、课程辅导员、家长义工到实践基地实践体验。在实践体验中引导学生努力做到看、听、想结合,充分调动各种潜能,使其能力充分施展,并使他们从中有所收益。

第四阶段,总结反馈阶段。

(1)周二下午3:30—4:00,由班主任组织学生总结当天家乡寻访活动情况。

(2)及时反馈,做好记录。

(3)畅谈家乡寻访活动的感受与收获。

(4)周末撰写实践微体验、制作活动小报。

四、实施效果

1.社会实践活动的"时空畅通"。学校以"课程为重点,学科为依托,活动为载体"的家乡寻访活动,基本形成了组织规范化、内容序列化、形式多样化、资源社会化、运作多样化、服务人性化的开放型校外教育实施体系,给学生提供了体验的时间和空间。

2.社会实践活动的"内容系统"。社会实践护照的编写,最大程度挖掘文化场馆的特色,提倡"一地一得",引导学生通过调查、走访等方式自己习得知识,了解家乡。

3.社会实践活动的"收获丰厚"。在家乡寻访实践活动的基础上,学校建立的"疁城少年讲解队"薪火相传,以社团活动的形式向学生普及家乡文化、训练讲解技巧、提高沟通能力。普小学子也以自己所学,为那些走进家乡、了解嘉定的人们服务着……

"路漫漫其修远兮,吾将上下而求索。"普小在"尚"教育理念下,将继续完善和开拓社会实践课程体系,进一步寻找、利用、整合各种校内外资源,为学生丰富"学"的实践,以此来丰厚学生"人"的内涵,为他们点亮精彩的人生!

专家点评

党和政府高度重视未成年人的思想道德建设,学校也在德育方面投入了较多的实践和精力,但当前学校德育面临着诸多困境,如学业压力下的德育时空之限、知性德育下的知行脱节、学校分工下的德智"两张皮"现象等。这些问题导致学校的德育实效不尽如人意。

嘉定区普通小学基于顶层设计理念对学校的教育教学进行了整体规划,有效地破解了学校面临的这些困境,取得了很好的育人效果。

首先,学校有着清晰的育人目标。当前,很多学校的德育都是满足于完成教育行政部门布置的任务,满足于做过了,而对于为什么要做、做得怎么样等问题缺乏意识和反思的习惯。习近平总书记指出,教育首先是"培养什么人"的问题。如果学校缺乏目标意识,其所有的活动都会由于失去价值导向而沦为一种应付式的工作。普通小学基于"勤·诚"校训,充分挖掘校训的新时期内涵,以"四心四会"为核心,培养"有仁爱心会感恩、有责任心会自律、有好学心会学习、有诚信心会交往"的普小学子为主目标,通过螺旋上升式的分年级目标设置,将教育教学工作始终置于育人目标的统领之下,工作思路清晰、育人成效显著。

其次,学校以"3课""6节"和"5礼"为主要内容的"童年365"校本德育课程体系的建设和实施为载体,以"行以养德"为核心理念的"实践体验式"德育方式来落实育人目标。一方面,通过德育课程方式将《中小学德育工作指南》指出的课程育人、文化育人、实践育人、活动育人、管理育人和协同育人进行整合,形成各途径的育人合力;另一方面针对德育"做中学"的本质特征和当下学生知行脱节的主要问题,将实践作为德育的主要方式,使学生的道德学习源于生活并回归生活,在践行中感受和认同道德于人于己的价值和意义,促进学生的德性成长。

学校创新了德育的评价体系。由于道德的内隐性,德育评价成为一个世界难题。但学校认识到学生是一个发展中的人,德育评价应该具有一种发展性功能,不仅要以发展的眼光评价学生,更要使评价作为一种教育手段来促进学生的发展。鉴于此,学校构建了"摘星评价"体系,制定了即时性、激励性、过程性评价制度,并且形成了将学生品德评价与基础型课程学业评价整合的基本保障制度。在评价方式上,采用自评与互评相结合、过程与结果相结合的方式,并通过"课课有评价,天天有小结,周周有反馈,月月有评选,年年有表彰"的反馈机制将学生的道德成长变成看得见、摸得着、能激励、促完善的教育过程。

在清晰育人的目标下,对学校的德育内容、形式、评价和保障进行一体化考量的顶层设计理念是对当前学校德育碎片式、盲目性、形式化等问题的纠正,也是未来学校德育的发展方向。嘉定区普通小学的前瞻性思考和开创性实践为我们提供了范例,值得上海中小学学习和借鉴!

（点评专家：上海市徐汇区教育学院德育正高级教师　张鲁川）

中小学生"自能"教育实践

上海市宜川中学附属学校德育顶层设计　文/于　芩

 学校简介

上海市宜川中学附属学校是一所九年一贯制公办学校。2003 年由上海市实验性示范性高中宜川中学承办。

学校环境清新雅致,教育教学设施齐全、功能先进。在办学实践中,以"京剧教育"为特色、"涉台教育"为品牌,科技、阅读、体锻、红十字等名片课程蓬勃发展。2018 年,学校被列为上海市"强校工程"实验校之一。学校聚焦学生发展核心素养、教师发展核心能力和学校发展核心竞争力,探索"四自"人格教育实践,激发学生内在潜力,破解质量瓶颈,进一步提高了学校教育教学质量和办学水平。

学校先后获得了全国红十字模范单位、上海市家庭教育示范校、上海市金爱心集体、上海市安全文明校园、普陀区文明单位、普陀区教育科研先进单位、普陀区素质教育先进校、普陀区中小学行为规范五星校、普陀区体育传统项目学校等市、区级以上荣誉。宜川附校人始终坚持"自强不息,精彩生活每一天"的学校精神,以"为每一个学生提供适合发展的教育,培养'四自四能'好少年"为使命,努力办"学生喜爱、家长满意、社会认可,充满生活乐趣"的优质公办学校。

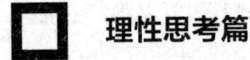

理性思考篇

中小学生"自能"教育实践

一、提出背景

(一) 基于国家教育方针

2018 年，习近平总书记在全国教育大会上强调，全面贯彻党的教育方针，立足基本国情，遵循教育规律，以凝聚人心、完善人格、开发人力、培育人才、造福人民为工作目标，培养德智体美劳全面发展的社会主义建设者和接班人。

(二) 基于学生发展需求

人格的形成靠先天遗传和后天环境的教育和培养，中小学阶段是人的心理和行为方式形成的敏感期、关键期，学校教育作为影响人格发展的关键因素，在促进学生健全人格的形成与发展中起着非常重要的作用。

(三) 基于校情

立足学校实践和学情，构建形成基于"四自"人格教育的学校教育哲学观、学生培养目标体系、校本课程框架体系以及课程和学生评价体系，是学校落实"立德树人"的具体要求。

二、"自能"教育

"自能"教育的提出源于学校的办学理念：自主能动，快乐学习。

叶圣陶先生曾说："学习是学生自己的事，如果不调动他们的主动性、积极性，那是无论如何也学不好的。"所以，办学理念的提出是我们对教育应基于生命发展这一崇高事业本质的理解。我们坚信：教育的生命活力源于人的自主性、能动性与创造性；教育的根本使命在于人的健康、快乐、全面发展。

"自主能动，快乐学习"将指导我们创设整体的自我教育机制，建立让学习主体自主能动的教学文化，让学生充分展示生命的主体性，积累学习生活经验，感悟学习生活乐趣，健全人格，最终成为德、智、体、美、劳和谐发展的人才。

"自能"教育以哲学、生理学、心理学、教育学等学科为理论基石，本质上突显了主体性人格教育在学校教育中的价值和意义，既是基础，又是归宿，要求我们更加强调教育对象在整个教育实践活动中的自主性、能动性、创造性以及体验学习的快乐。

三、育人目标

（一）学校育人目标

培养"四自四能"好少年，既是学校的办学使命，也是育人目标。"四自"，即具备自立、自信、自尊和自强的人格特质；"四能"，即具有认知能力、合作能力、创新能力和职业能力。

（二）"四自"人格特质的校本涵义

学校"四自"人格教育，是指依据人格教育的基本原则，从教育哲学，教育目标、内容、途径和方法以及评价等方面系统地设计，培育和生成个体"四自"人格特质的实践活动。

● 自立——自己的事情自己做！

① 有生涯规划的意识和能力，过有目的、有意义的学习生活；

② 有广泛的兴趣，对自己感兴趣的事物能主动选择，有较强的求知欲；

③ 逐步形成不需别人的督促和帮助，就能独立处理学习生活事务的本领，具备一定的适应环境和社会的能力。

● 自信——相信自己，能做得更好！

④ 喜欢阅读，善于倾听和思考，并能坚持自己的想法和观点；

⑤ 具备一定的语言交流和人际沟通能力，能勇敢、准确地表达自己的观点；

⑥ 善于接受挑战和心理调适，对待困难和挫折，坚信"我能行""我能做得更好"，有一定的健康意识和创新能力。

● 自尊——爱己、爱人、爱集体、爱国家！

⑦ 爱护自己，正确认识自己的优缺点，能扬长避短，有切合实际的志向和阶段目标，坚信自己能成为对社会有用的人；

⑧ 爱护他人、集体和国家，具有同理心和感恩心态，能以正面的眼光看待他人和评价他人，有良好的人际关系和团队精神；

⑨ 保持一个健康、文明、得体的自我形象，与人交往中做到诚实守信、有礼

有节,不爱慕虚荣、不背信弃义、不执拗孤僻、不做庸俗卑贱的事情。

● 自强——超越自我,不轻言放弃!

⑩ 具有一定的竞争意识和超越自我的欲望;

⑪ 面对诱惑,能自律、自制,有稳定、合理的学习生活习惯;

⑫ 面对困难和逆境,不轻言放弃,具有坚忍不拔的精神以及自我反思、自我实现的能力。

 德育工作篇

一、德育工作目标

基于育人目标,学校德育工作目标确定为:培养学生理解和认同社会主义核心价值观,形成信仰自觉、道德自律、文化自信、生态自然的观念和意识,能以辩证的观念和积极的态度对待世界、他人与自己,对待过去、现在与未来,对待顺境与逆境,做一个自立、自信、自尊、自强的,幸福的进取者。如图3-1。

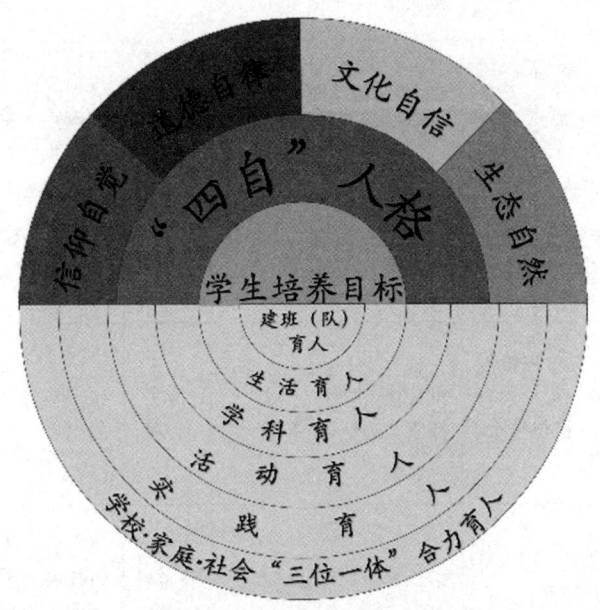

图3-1 上海市宜川中学附属学校德育目标与育人途径

二、学校德育活动内容和养成教育体系

(一) 学校德育活动内容体系

表 3-1　上海市宜川中学附属学校德育活动内容

目标分解 ＼ 教育领域		专题教育	学科教学	综合实践活动
理解和认同社会主义核心价值观		社会主义核心价值观校本课程(学工匠、学伟人、学时代精神)	道法 语文	社会主义核心价值观系列实践活动(学雷活动、志愿者活动等)
初步形成信仰自觉、道德自律、文化自信、生态自然的观念和意识	信仰自觉	队前教育课 队长学校 团课 红色传承	道法 历史 语文	换戴领巾活动(一、二、六、八年级) 领巾在行动(队长学校冬令营) 贵州研学活动
	道德自律	我心中的道德典范(道德典范价值探析) 古今中外道德小故事(道德典范故事、道德典范人物、道德楷模)	道法 语文	研学课程(崇明、贵州等地研学旅行活动) 今天我当家(自管队) 护绿行动
	文化自信	《中华传统文化读本》 《国学经典诵读》	语文 历史 艺术	传统文化节庆活动 阅读名片课程 京剧名片课程
	生态自然	让城市更美好(垃圾分类专题系列活动)	科学 自然 地理	崇明生态研学 变废为宝
能以辩证的观念和积极的态度对待世界、他人与自己,对待过去、现在与未来,对待顺境与逆境		辩证法(讲座) 探索人道法(拓展课)	道法 心理	红十字名片课程 思想节
做一个自立、自信、自尊、自强的,幸福的进取者		扬长补短公约行动	心理 各学科 (七会)	体锻名片课程 科技名片课程 职业体验活动

(二) 养成教育体系

细化学校德育课程目标,遵循各学段学生心理特征、道德认知、行为表现和思想意识的特点和规律,按照"整体设计、分段强化;贴近生活、突出实效"的原则,形成学生养成教育体系。

表3-2 "四自"人格养成教育主题

年 级	成长阶段	主 题	核心要点（关键词）
一年级	适应期	做一名合格的小学生	尊敬师长　诚实守信
二年级三年级	发展期	做一名有爱心的小学生	心怀感恩　乐观向上
四年级	调整期	做一名有修养的小学生	乐于助人　知错能改
五年级	冲刺期	做一名有自信的小学生	善于学习　团结互助
六年级	适应期	做一名合格的中学生	主动学习　规则意识
七年级	发展期	做一名文明的中学生	关爱生命　理解博爱
八年级	调整期	做一名自强的中学生	责任担当　积极进取
九年级	冲刺期	做一名优秀的中学生	勤奋刻苦　理想信念

三、德育工作实施

学校人格教育养成主要是通过六大途径实现的:建班育人、生活育人、学科育人、活动育人、实践育人和"三位一体"协同育人,强调人格教育必须要充分关照个体的自我意识,必须要把自我发展作为出发点和归宿点。

(一) 注重管理育人过程,强化师生自主能动

1. 加强班主任专业发展,提升建班育人能力

(1) 主题式学习,夯实基本功。每学年制定《班主任专业能力提升计划》,以"五个一"学习行动为引领开展培训:每学年一个主题,读一本建班育人相关书籍,做一次交流发言,开一节主题教育课,写一份育人案例。每学期末开设"自能教育"班主任论坛,共享建班育人智慧。

（2）以赛促练，磨砺育人能力。学校定期开展育德能力比赛，磨练基本功，提升班主任集体育人和活动设计能力。学校搭建展示平台，让骨干班主任学有所成；成立小工作坊，助力青年班主任快速成长。

2. 培养自主管理能力，突出学生主人翁意识

（1）发挥团队引领作用，建立自管机制。由团队牵头负责建立学生自管机制，在组织创新和阵地建设上抓住管理的每一个环节，建立不同任务的自管队，注重激发学生主体意识，锻炼学生的自管能力。

（2）完善"小组互助"式班级管理模式。各班按照"同组异质、组间同质"组成若干互助小组，每个学生在组内都有岗位角色、职责，倡导团队精神，通过"比、学、赶、帮、超"来参与班级事务和活动，在日常学习生活中提升学生主人翁意识。

（3）推进"扬长补短"班级公约行动。依据班级和学生的实际情况，从"影响班集体发展的问题"入手，寻找出"非解决不可的问题"作为制定班级公约的基点，师生共同制定目标和举措。同时，每个学生有针对性地自拟阶段性"扬长补短"小目标，学会反思自省，让自我教育从被动走向主动。

（二）关注校园生活细节，创设文化育人氛围

1. 开展"四自季"主题活动，打造"自能"文化

围绕学校育人目标，将一学年分为"四自季"即"自立季""自信季""自尊季""自强季"。聚焦季主题，强化"自能"教育理念，师生共同营造"自能"文化氛围，培育"四自四能"好少年如图3-2。

2. 创建班级文化特色，提高精神境界

坚持推动"特色班级文化"建设，加强班级文化建设在学校文化中沉浸的力度。各班积极开展具有自身班级特色的文化建设，潜移默化地影响学生，从心灵深处塑造学生。

3. 倡导自主"学友"文化，提升责任意识

积极倡导以自主、责任、超越为核心的"学友"文化。为学生搭建展示成果、树立典型的平台，让"小组互助"体现在学习生活的方方面面，发挥德育细节的力量，让自主、责任、超越的价值观深入人心，提升学生责任感。

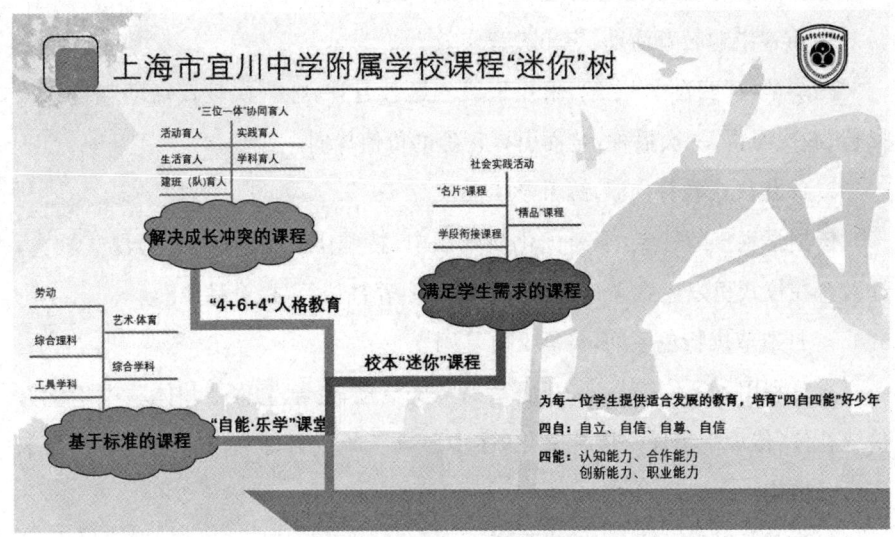

图3-2　上海市宜川中学附属学校课程"迷你"树

(三) 完善学校课程体系,提升学科育人价值

1. 构建以"育人"为核心的课程体系

基于育人目标,学校构建了"生活·多元·和谐"课程体系,分为三个部分:基于标准的国家课程群;满足学生需求的校本课程群;立足于学生现实和未来学习生活需要,解决"成长冲突"的活动课程群。三个部分既有各自的功能定位,又相互关联,相辅相成。此外,纵深推进"京剧·雅趣生活""科技·创意生活""涉台·研学生活""体锻·健康生活""阅读·书香生活""红十字·有尊严的生活"等六张"名片"课程,突出课程特色和育人内涵,丰富学生学习经历,形成有利于终身发展的精神气质。

2. 固牢思政主阵地,形成学科育人策略

充分发挥课堂教学的主渠道作用,凸显思政元素。加强学生思想道德建设,提高学生思辨能力。学校在"四自七会"课堂多元评价机制的基础上,逐步形成学科育人策略:一是找准学科德育的风向标;二是找准学科德育切入点;三是提高学科德育目标的表现度;四是在学科德育过程的设计上注重操作性。引导教师从学科教学的上位整体要求着眼,结合学科教学内容和学生特征分析,将学科德育融入课堂教学。

(四) 丰富学生活动内涵,塑造"四自"人格

1. 重视主题教育活动,突出教育实效

围绕学校"四自季"主题,聚焦班级主题教育课,让一次教育活动就是一次操行、一次习得、一次播种,全面引导正确的价值导向。

2. 深化仪式教育内涵,提升学生品质

依据学生年龄特点,不断优化换戴领巾、特殊生日、毕业典礼等仪式教育,让教育在仪式里发生意义,内外兼修,助学生养性修行,提升品质。

3. 打造节庆特色系列,传承文化基因

充分利用各个传统节日,开展系列节庆活动,让学生感受和体验中华优秀传统礼仪,传承中华优秀传统文化,逐步形成各年段目标和内容递进的系列节庆活动结构。

4. 做精传统"五节"活动,搭建展示平台

做精做强思想节、读书节、体育节、科技节和美育节,不断延伸内涵、创新形式,增强影响力,为学生搭建展现自信的舞台。

5. 开发社团活动资源,激发创造潜能

不断开发精品社团,拓展艺术、体育、科技、非遗文化等多个领域,丰富社团活动内涵,提高学生学习兴趣,拓宽视野,激发学生创造潜能。

(五) 优化实践课程群,聚焦"四能"培养

学校社会实践活动主要围绕三个维度(自然、社会、自我)、三条路径(主题研学、参观考察、春秋游活动)、六大主题(红色记忆、国际理解、自然生态、国情民意、户外淬炼、深度领悟)进行设计。

1. 春秋游社会实践布点红色学堂,厚植学生爱国情怀

结合春秋游社会实践活动,各年级布点红色基地:小学生步入红色学堂,学习、了解中国革命文化;中学生结合国家公祭日,开展祭英烈活动,学习革命传统。通过开展红色系列活动,让学生成为爱国主义精神的传播者。

2. 研学课程群勾画绿色路线,提高学生生态素养

打造"锦绣河湾·普陀行""前卫生态·上海行""美丽长江·中国行""一带一路·世界行"研学课程群,聚焦绿色生态,开展研学探究活动,引导学生树立尊重自然、保护自然的发展理念,提高学生综合学习能力,提升其劳动素养和生态素养。

3. 职业体验融合志愿者服务,增强学生社会责任感

学校职业体验活动旨在体验一个项目,了解一门职业,感受一种文化。引发学生对职业的兴趣,从学业规划逐步走向生涯规划。同时融入志愿者活动,培养学生的社会责任感、创新精神和实践能力,形成正确的劳动观和人生志向。

4. 安全实训重视常规演练,提升学生生命意识

学校组织开展各类安全实训体验活动,让学生学习交通安全、消防安全、防震减灾等相关知识,掌握应急避险的基本逃生技能,加强学生自我防护意识和自救互救能力,学会敬畏生命、珍爱生命。

(六) 建立协同育人机制,助力学生可持续发展

学校积极争取家庭、社会力量的支持,充分挖掘社会教育资源,共同营造齐抓共管的良好氛围。

1. 构建"三级帮教"机制

学校从学生学业、行规、心理等多维度进行分析、汇总,构建三级帮教机制:指导教师进行"学情综合分析",掌握学生情况;实施"班主任教师联席会",研究对策;家校互动及时,合力育人育心。

2. 加强家庭教育指导

明确学校家长委员会的职责,发挥其积极作用。学校坚持通过家长学校、家访、校园开放日等各种渠道,宣传家庭教育理念和科学的育子方法,帮助家长提高家庭教育水平。学校定期开展学生评教、家长评教,认真听取家长意见和建议,相互尊重理解,营造和谐互助的良好氛围。

3. 形成社会共育局面

加强与社区的合作,发挥"社区理事会"职能,拓宽学生社会实践的时空。建立联席联动机制,定期召开专题研讨会。拓展教育渠道,搭建社会育人平台,助力学生健康、可持续成长。

四、保障与评价

(一) 加强组织领导,确保思想统一

1. 加强组织领导

学校建立党支部主导、校长负责、教代会和工会等组织参与,家庭、社会联

动的德育工作机制,确保思想统一。党支部充分发挥政治核心作用,加强对德育工作的领导,校长制定规划、整体部署,分管校长制定和落实年度工作,把加强和改进德育工作摆在突出位置。

2. 发挥团队作用

完善党建带团建机制,加强共青团、少先队建设,在学校德育工作中发挥其思想性、先进性、自主性等优势。

(二)加强条件保障,提供必要支持

1. 经费保障

将德育工作经费纳入年度预算,为保证各项工作落实、活动开展、德育队伍专业成长提供必要的经费支持。

2. 物质保障

为德育工作提供必需的场所、设施、设备,为德育干部和班主任订阅必备的学习资料;完善优化教育手段,配齐德育工作需要的现代化信息技术系统。

3. 时间保障

保证德育课程、班团队活动、班(午)会、社会实践、研学旅行等的时间,不可挤占和挪用。

(三)优化评价机制,提升工作效能

学校从学生、班级、队伍建设等方面实施多元评价,提升德育工作实效。

1. 学生综合素质评价

对学生综合素质评价工作进行实践研究,与学生的德育活动进行整合和优化。将客观评价和主观发展相结合,真实反映学生德智体美劳全面发展情况和个性特长。

2. 班集体评价

学校实施班集体评价机制,针对班级日常管理的各个环节进行考核评价。日常考核评价凸显学校系统教育质量观、过程教育质量观和行为教育质量观,促进班集体建设,使班集体成为自主能动的学习共同体。

3. 班主任考核评价

学校每月发放班主任岗位津贴,另设置骨干班主任津贴,每学年进行考核评价。学校鼓励具有个人建班风格或特色的班主任参加评定"自能品牌"教师,享受更高奖励津贴。

学校通过制定系列激励保障机制,调动班主任工作积极性和创造性,营造从事德育工作光荣的氛围,形成德育队伍相对稳定的良性循环机制。

 特色德育篇

中小学"四自"人格养成教育"迷你"创意活动设计

一、背景和意义

(一) 活动背景

基于校情,我们认为:在人格养成教育过程中,我们要充分关注主体对象——学生。设计"迷你"创意活动是实施人格养成教育的一条蹊径,即以课程建构的方式来建立"四自"人格教育的目标体系、内容结构、活动方案及评价体系。

(二) 活动意义

人格教育的养成必须重视学生的内化。我们要求在活动设计中突出学生的自我教育过程,这个过程就是学生进行反思、内化的过程,实现从他律转向自律,从被动走向主动,提高人格教育养成的实效性。

二、活动目标

1. 为学生创设自我教育、主动发展的机制,让道德成长成为主体的内在自觉,促进健全的人格形成和发展。

2. 转变教师的教育观念,提高教师教育活动设计能力和实施能力。

三、实施方法

"迷你"创意活动设计是在学校教育教学活动各个领域中提取一些关键性事件进行创意设计,让学生在情境中进行角色扮演,提供人格教育实践的机会,激活道德思维,发展学生的道德判断力,促进自我进步。

(一) 理解学校"四自"人格特质的校本涵义,在活动中逐步形成学校"四自"人格养成教育的目标分解框架体系

"四自"人格特质的校本涵义:

- 自立——自己的事情自己做:计划性好,主动性好,独立性好
- 自信——相信自己,能做得更好:善于倾听,善于表达,善于调适
- 自尊——爱己、爱人、爱集体、爱国家:乐业,乐群,乐美
- 自强——超越自我,不轻言放弃:有竞争意识,有自律意识,有反省意识

(二) 明确学校"四自"人格养成教育"迷你"创意活动设计"4+4+4"范式

1. 第一个"4",即"四自"人格目标:自立、自信、自尊、自强。

2. 第二个"4",即校园生活修养、学习品质提升、社会实践感悟和引导家庭教育四个领域,做到全员、全程、全方位育人。

3. 第三个"4",即运行模式上实施"认识""体验""研究"和"反思"四个策略,在尊重学生个性差异的基础上,通过创意活动促进学生自我认识、自我管理、自我反思、自我进步。

(三) 构建"四自季"主题创意活动,营造良好的校园文化

围绕学校"四自季"主题进行创意活动设计,发挥导向功能和激励功能,为学生"四自"人格养成教育营造积极向上的校园氛围,提供展示自信的舞台,促进学生"四自"人格养成。

四、实施内容及建议

(一) 围绕校园生活四个领域进行创意设计主题系列活动:

表3-3　上海市宜川中学附属学校"四自"人格养成教育"迷你"创意活动

主　题	目　标	内　容
1. 学校生活修养系列——自主管理	通过营造自治环境和实施自我管理,增强学生公民主体意识,促使学生成为"四自四能"好少年。	A. "礼仪"文化 B. "饮食"文化 C. "学友"文化 D. "课间文明休闲"文化 E. "校园阳光健身"文化 F. "理性使用手机"文化

主　题	目　标	内　容
2. 学习品质提升系列——自主学习	深化"一页纸教学法"实验成果,师生共同培育"教师主动导、学生主动学"的教学生态,让学生体验学习生活的乐趣。	A. 我是怎样进行"预学习"的 B. "听、说、读、写、思"促学活动中展示自我特长 C. 塑造"小组互助"中的你我他角色 D. "阶梯式"学业规划伴我成长
3. 社会实践感悟系列——自主参与	通过创设丰富多彩的社会实践和班队特色活动,促使学生"能以积极的态度对待世界、他人与自己,过去、现在与未来,顺境与逆境,做一个自立、自信、自尊、自强的,幸福的进取者。"	A. 校园"五节"创意活动 B. "八大学堂"创意实践活动 C. 班队特色创意活动
4. 引导家庭教育系列——协同育人	通过创设家校合作的平台,提高家庭教育和学校教育协同性,合力育人。	A. "小小读书郎"家庭评选创意活动 B. "校园公开日""一、六年级月开放日"创意活动 C. "六一"亲子创意活动

（二）教师要转变教育观念,抓住细节育人,撬动学生人格发展

教师开展创意活动设计,要抓住校园生活各个领域中的一些关键事件进行。教师的一个创意不仅能调动学生积极性,更多的是给我们习以为常的日常活动重新赋予新的意义和价值,撬动学生自主能动的杠杆,对促进学生良好行为习惯和"四自"人格的养成起到积极的推动作用。

专家点评

于芩老师的文章《中小学生"自能"教育实践》,围绕立德树人的教育根本任务,坚持顶层设计、系统架构和分段实施的科学思想,立足

"自主能动,快乐学习"的办学理念和"四自四能"的育人目标,给我们生动描述了上海市宜川中学附属学校开展"自能"教育的实践探索和理论思考,呈现出如下四大特点,具有很高的辐射意义和应用价值,提供了"可以攻玉"的"他山之石"。

1. 坚持依据意识和综合站位,克服随意化倾向,体现了"思政性"。主要反映在上接法规政策依据(天线),坚定政治方向,提升政治站位;中接理论依据(桥梁),强化理论支撑,提升学术站位;下接现实依据(地气),聚焦问题和需求,提升实践站位。

2. 坚持顶层设计和整体架构,克服碎片化倾向,体现了"系统性"。主要反映在遵循纵向衔接、横线贯通、分层递进和螺旋上升的原则,建立和完善学校德育的目标内容、方法途径、评价管理和组织保障等体系。

3. 坚持以问题和需求为引领,克服突击化倾向,体现了"实践性"。主要反映在一切从教育实际和学生主体出发,用问题建立目标,让问题驱动探索,把问题转化为需求,从问题中寻找答案,进而给出理论与实践相结合的解惑之道和可借鉴与可操作相融合的克难之招。

4. 坚持与时俱进和守正创新,克服因袭化倾向,体现了"时代性"。主要反映在面对新时代的新要求、面临形势发展的新挑战、面向学生变化的新特点和改革创新的新任务,本文无论是理论阐述还是实践操作,都坚持立足一个"新"字,着眼一个"转"字,强调转型、创新、发展,凸显了时代性的特点。

（点评专家：上海市特级教师　陈镇虎）

以"沉浸式"德育为引领培育精彩少年

上海外国语大学嘉定外国语学校德育顶层设计　文／邱　弦

● 学校简介

上海外国语大学嘉定外国语学校创建于 2013 年,是一所年轻而富有朝气的九年一贯制学校。学校以"一花一世界"为办学理念,其核心是"尊重生命的个别差异;欣赏生命的多姿多彩;成就生命的独特个性"。同时具有"公平、悦纳、发展、多元"的四个基本特征,着力打造"让自己更精彩"的办学目标,将学校打造成生态花园、智慧学园、温馨家园、多彩乐园。让个人、学校、家庭能够健康、快乐、自信、可持续发展,个性发展,让不一样的生命,成就不一样的精彩。

■ 理性思考篇

一、什么是"沉浸式"德育

"沉浸"的意思是:浸泡,浸入水中,多比喻完全处于某种境界或思想活动中,专注于某种事物。而"沉浸式"理论基础,是在语言教学实践中,运用一种国际流行多年并有许多成功范例的语言培训方法:沉浸式外语培训模式。即在一个相对封闭的环境中,要求学生衣食住行全方位、全时间段只能使用目标语言,从而阻断母语的干扰,在短时间内形成目标语言的思维习惯,达到灵活运用该语言的目的。

而如今,沉浸式的表达及应用已经发展为一种给人们逼真感受的体验方式,是指人们短暂地与外界隔绝,完全沉浸并享受环境所营造的全方位的超级体验中,如沉浸式剧场、沉浸式展馆、沉浸式演出等。除此之外,沉浸式的方式还被应用到手机和电脑中,被称作"沉浸式程序"。沉浸式方式的实现和在各个行业的广泛应用不仅得益于科技的不断进步,更体现了科技回归自然,符合人性本质的趋势。

由此可见,"沉浸式"的关键词就是融合、体验。学校德育重在体验,要从教育的每一个细节入手,形成完整的德育体验体系,实现德育目标。"沉浸式"德育在德育体验中始终强调德育与学生的现实生活相结合,与感情体验相结合,与人文和文化相结合。在文化浸润中落实德育,涵养学生的道德并逐步形成"沉浸式德育"体系。

二、学校"沉浸式"德育体系的保障机制

(一)"沉浸式"体验中心建设

"文化传媒信息中心""外语情景体验中心""科学创新实验中心""艺术文化训练中心""心理健康辅导中心""文化传媒信息中心""图书阅览学习中心"六大体验中心的打造,为学生提供了充分的体验环境。

(二)名师发展室引领

为了更好地将优秀教师的德育实践智慧进行提炼与转化,并借助一定形式进行辐射与推广,从而带动更多教师的德育专业素养提升,学校创立了"德育名师发展室",将有着共同研究方向和合作愿景的教师组成合作共同体。聚焦德育研究目标,解决实际问题;发挥团队力量,共享实践智慧;重视技术应用,开设"德育名师讲堂",实现资源共享。

(三)德育教研组建设

以"沉浸式"德育体系为引领,构建班主任教研组团队,定期开展讲座、沙龙研讨、"模拟课堂"、教研组专题论坛等活动,共同就班主任工作基本规范、学生心理健康教育指导、班队活动的设计与组织、班集体建设和管理、教育政策法律

法规等相关知识进行学习,从而助力青年班主任的发展。

(四) 师资队伍建设

打造全员育德氛围。开发完善"全员育德微课程",在全校教师会议上,开展10分钟专题培训,例如:搭班教师岗位职责、全员育德考核指标、我代一日班主任、校园伤害事故处理、与家长沟通的艺术,等等。通过系列培训,让每一个教师明确人人都是德育工作者,校园文明有序的生活需要每一位教职员工的一同努力。

(五) 沉浸式家校联盟

以"沉浸式家校联盟"为生长点构建新型家委会工作模式。打造校级家委会六大职能部,明确工作流程。进一步发挥班级、年级、校级三级家委会的作用,形成学校家委会管理制度,以及学校、家庭、社会一体化的教育体系。进一步完善爱心爸妈护导、爱心爸妈驻校办公、爱心爸妈互助看护、爱心爸妈校园讲堂、爱心爸妈家庭学习苑等活动。

三、"沉浸式德育"体系的实施内容

(一) 目标

坚持"一花一世界"办学理念,坚持立德树人导向,明确德育目标,丰富德育内容,创新形式与载体,培养世界公民。遵循社会发展需求和学生成长规律,努力打造"沉浸式"德育体系,形成处处是德育环境,时时是德育契机,事事是德育载体,人人是德育工作者的全方位、全过程、全员育人新局面。

(二) 措施

1. "沉浸式"德育体系目标明确化

各处室、年级段细化育人目标,使学校德育工作成为一条管理链,打造科学、系统、立体的"沉浸式"德育模式。实施"三全三中心"的德育途径。"三全":全员,学校中的每一位教职员工,人人肩负育德的职责和义务;全程:德育贯穿于整个教育过程之中,覆盖学习、活动、生活的各个环节;全方位:学校、家庭、社会形成合力。"三中心":以学生为中心,让学生亲自动手设计、筹划和准备活动;以体验为中心,让学生走出课堂、体验生活、体验社会、体验人生,从中获得道德感悟;以实践为中心,在实践中养成规范,在实践中提升认识,在实践中提升文明素养。

2."沉浸式"德育体系内容创新化

体现四个贴近,即"贴近时代、贴近生活、贴近学校、贴近学生"。梳理学校的特色活动,开展德育课程建设。把培育社会主义核心价值观融入学校活动全过程,结合学校实际,贴近学生成长需求,创造体验、实践、感悟的过程,让学生在各类活动中内化价值观,提升综合素质,实现育人目标。

3."沉浸式"德育体系措施精细化

牢固树立德育无小事,人人都是德育工作者的责任意识。加强全员育德建设:通过学习、培训、研讨,使全体教职员工具有先进的德育理念并能在学校德育实践活动中发挥积极的育人作用。加强班主任队伍建设,提高班级管理能力,提高德育课程开发实施能力。发挥三级家长委员会的作用,保障家长对学校教育的知情权、评议权、监督权和参与决策权。加强家校之间的沟通,促进家校和谐发展。

4."沉浸式"德育体系机制联动化

创造合力教育的良好氛围和运行机制,调动师生、家长、社会各方的积极性,使其协调、互补,发挥整体效应;开发校友、家长、学生、社区、国际等多种教育资源,不断拓展合力教育新领域;增强学生选择性,丰富德育内容,完善德育载体,提高德育实效。

 **德育工作篇**

一、"沉浸式"校园环境营造

六大体验中心模拟真实的社会环境,让学生沉浸其中,潜移默化地影响和感染身在其中的每一个学生。以英语情景中心为例:通过创设一个机场的情境,为学生构建一个真实的语用空间,包括机场大厅、机场超市、机舱、环幕体验空间四个部分。通过模拟体验自主办理票务、问询、托运、通关、安检、购物、就餐、登机、享用飞机餐、紧急逃生乃至就医等一系列活动,为学生提供必要的学习和生活经历。在实践体验中强化学习能力,识别各类常见图形标识;对各类信息进行分类概括以及辨析和评判,提升思维品质。

二、"沉浸式"德育课程建设

（一）分级段课程目标

培养目标是通过课程目标去达成的，因此，为了实现培养目标，我们把"规则意识、合作境界、民族情怀、国际视野"这四个培养目标进行细化，形成低中高年段的课程：

表4-1 上外嘉定外国语学校分级段课程目标

年级 项目	1—3年级	4—6年级	7—9年级
规则意识	掌握低年段课程标准规定的要求，培养良好学习及生活习惯，自己的事情自己做。学会观察自己的生活环境，爱护环境，不乱扔垃圾，注意个人卫生。形成爱班级、爱学校、爱父母、爱教师的真实情感，有礼貌讲文明的学习氛围。	懂得基本的做人道理，掌握必要的处事能力。养成良好的行为习惯，培养审美观点，并学会鉴赏。关心社会环境，能处理好个人与环境的关系，保护自然。交往得体，学会礼貌待人，使用基本礼貌用语。学会微笑，养成对自己、对班级的责任感。树立较强的自信，形成爱学校、爱社区的情感。	懂得为人处事的基本准则，树立正确的人生观、价值观。明确人生的价值、意义，处理好个人与集体、社会的关系。举止文明大方，与同伴友好相处。具有基础的环保意识，认识人类与自然的相互依存关系。拥有强烈的社会责任感，具有诚实、守信的品格，培养言行一致的风格，养成10条良好的行为习惯。形成较强的自信心，充满活力，充满智慧，充满创造力。具有爱家乡、爱社会、爱国家的情感。
合作境界	乐于动脑，掌握低年段文化课程标准规定的要求。基本养成听说读写的良好习惯。培养勤复习，早预习的学习习惯。能小组合作学习，初步学会交流、沟通、分享。 热爱生活，敢于从日常生活中发现问题，提出问题，并能尝试去探究问题的答案。掌握基本学习方法，对问题有自己独特的看法与见解。	乐于动脑，掌握中年级课程标准规定的要求，培养浓厚的学习兴趣。进一步养成听说读写的良好习惯，能注重联系实际，初步会将所学的知识与技能运用于生活。 热爱生活，能对自然界现象等生活中的现象提出疑问，既能独立思考、表达自己的感受、有解决问题的方法与策略，又能和同伴积极合作，共同研究，探究问题的答案。	乐于动脑，保持浓厚学习兴趣。掌握课程标准规定的要求，养成听说读写的良好习惯。能熟练将所学运用于实践，学有所长。养成动脑、动手、动笔的学习习惯，培养坚韧的学习毅力。热爱生活，学习积极主动，有自信，能独立思考，能表达自己的感受，表达有力的观点，有独特的解决问题的方法与策略。从生活经验出发，形成正确科学的学习方法，形成一定的质疑精神和创新能力。 有共同学习的伙伴，有合作学习的方法，形成合作学习的策略，并达到学习高效。

项目\年级	1—3年级	4—6年级	7—9年级
民族情怀	会唱民歌,会跳民舞,感受到民族文化给自己生活带来的乐趣。精力充沛,对生活充满热情与信心。会玩1—2项民间体育类游戏活动。	参加各类传统节日,阅读各类经典古诗词,走进中国历史,感受民族文化。继续学唱民歌,学跳民舞,积极参与体育运动,会玩各种民间游戏,培养积极乐观、坚强自信的生活态度。	阅读更多经典诗词和古典作品,感受中华民族的文化和历史。在艺术类和健身类活动中,感受各民族的文化特色。
国际视野	掌握常用的英语对话,英语发音标准、对话规范。参加学校举办的各类英语活动,对英语学习有浓厚兴趣。	能主动用双语进行对话,有用英语的意识和习惯,能主动探究世界,了解各民族的文化。能参加或承担各类英语活动。	英语对话流利准确,能阅读各类英语原版书籍和观看影视作品,策划组织各类英语活动,参加海外游学。

(二) 特色德育课程

1. 自主管理课程

明确"自主管理"目标,引导学生树立"四种意识"。"主人意识"——学习的主人,成长的主人,班级的主人,学校的主人。"责任意识"——对自己负责。"民主意识"——在班级建设和学校发展中享有话语权、建议权、监管权、决策权、执行权。"荣誉意识"——为自己争荣誉,为班级添光彩,为学校树形象。在此基础上形成校园秩序自治、校园卫生自治、安全检查自治、文明就餐自治。开设大队职能课程、红领巾值勤岗课程、班级小岗位课程、一六年级礼仪牵手课程、家庭礼仪训练课程。

2. 爱赏嘉定课程

嘉定区着力打造"教化嘉定、人文嘉定、科技嘉定、汽车嘉定",我们开设了爱赏嘉定课程。包括"爱赏嘉定·传承教化"文化科技寻访课程、"爱赏嘉定·走进博物馆"参观体验课程、"爱赏嘉定·科技创新"实践体验课程。

3. 仪式教育课程

根据不同年级,我们开设了相应的仪式教育课程。

一年级:"我是祖国好苗苗"——小学生入学仪式

二年级:"领巾召唤我前进"——少先队入队仪式

三年级:"感恩十年成长路"——十岁集体生日仪式

四年级:"牵手弟妹共成长"——友谊中队结对仪式

五年级:"难忘母校谢师恩"——小学毕业典礼仪式

六年级:"扬帆起航新征程"——中学队集体组建仪式

七年级:"换戴领巾添责任"——少先队换红领巾仪式

八年级:"迈向青春第一步"——十四岁集体生日仪式

九年级:"胸怀理想展翅飞"——中学毕业典礼暨少先队离队仪式

4. 幸福课程

作为《嘉定区学生幸福课程》项目三"学生积极特质评估"的重点领衔校,将幸福课程融入学校精彩课程图谱,研究幸福课程实施的基本途径、形式和方法,完善评价方式和机制保障。以幸福课程过程性评价项目为抓手,建立幸福课程过程性测评方案,依托"校内外 APP"平台,建立学生思想道德培育区域协同机制,整合学校、家庭力量,共同推进《学生幸福课程》的全面实施,着力提高德育工作的有效性。

5. 教育戏剧德育课程

以区级课题《运用"教育戏剧"引导学生构建道德意识与行为的实践研究》为引领,开展教育戏剧德育课程的实践与研究。将"身份""关系""抉择"作为品格修养的三大核心概念,针对学生身份认知、自我管理、关系建立、行为抉择、品格塑造等方面,进行主题设计,开展教育戏剧德育课的课程实践。

三、"沉浸式"德育活动开展

以"沉浸式行规教育"为突破点构建学生行规教育新模式。

(一) 以"礼仪项目"的承包牵手制开展新生行规教育

六年级新生在军训中研究"学校行为规范条例",如中午就餐、课间休息、校园问候等,以项目承包机制,每 4—6 位学生承包一个点,形成培训方案和 PPT。开学后,在第一个月的学习准备期,给一年级新生进行实践培训。

（二）以"礼仪展演"的体验活动开展年级行规教育

一、六年级进出校园礼仪展演；二、七年级用餐礼仪展演；三、八年级校园礼仪英语对话展演；四年级课间休息礼仪展演；五年级击鼓传花礼仪大考验十分钟队会。

（三）以"礼仪场景"的绘画活动开展以微见真的行规教育

与学校美术组合作，让学生观察、理解校园礼仪，用手中的画笔画一画校园礼仪的各个细微真实的场景，让学生在自我构建中形成优良品德。

（四）以"礼仪现场"图书馆礼仪课程进行礼仪教育

学习图书馆电子课程，七年级学生根据不同地点与功能撰写中英文解说词，并进行现场礼仪训练，在迎接参观访察时进行礼仪接待。

四、"沉浸式"社会实践活动

结合学校外国语特色，我们以"让世界走进学校，让学生走向世界"为落脚点，融合爱嘉学子五大行动，从立足学校，走入社区，走近嘉定，走向全国到走向世界，用心践行学校办学目标和育人目标。

（一）立足学校

"爱心爸妈去哪儿"作为学校的品牌活动，通过家长和孩子的眼睛来发现服务的内容。在"爱心爸妈去哪儿·校园安全管理"活动中，家长同孩子一起用发现的眼光来认识校园，用独特的眼光来寻找可以为学校服务的点，并由爸妈和孩子共同来制定具体的服务内容。我们先后开展了"爱心爸妈去哪儿·将阅读进行到底""爱心爸妈去哪儿·与课程共成长"等系列活动。

（二）走入社区

为了让学生有更多融入社会实践体验的机会，我们主动出击，开发实践基地，学校目前共建单位有墨玉社区、安亭敬老院、安亭消防救援站、长安墓园、安亭社区卫生中心、安亭派出所、嘉由农业园林等。

（三）走近嘉定

我们生活在具有 800 年历史的嘉定。在爱赏嘉定活动中，我们通过学校组织、爱心爸妈家庭组团开展"科技文化之旅、传承教化寻访活动"，让学生通过系列互动，真切感受到"魅力嘉定"。

（四）走向全国

表4-2 国内研学课程

年 级	名 人 足 迹
六年级	绍兴寻根——与文化齐长
七年级	金陵探史——与历史同行
八年级	齐鲁有约——与民族共荣

（五）走向世界

表4-3 境外研学课程

年 级	境 外 研 学
六年级	澳大利亚海外课堂
七年级	英国海外课堂
八年级	美国海外课堂

　　每一次研学活动都记录着学生学习探究的点点滴滴，承载着学生的美好回忆，见证着学校和家庭给学生提供的成长空间。

 特色德育篇

世界在我眼里　我在世界怀里

上海外国语大学嘉定外国语学校　黄丽峰

　　学校创办之始，就践行"一花一世界"的办学理念，启动了"读行天下"研学课程的建设，让学生走出校门，接触社会，了解国情，甚至将眼光投向世界。因为我们相信：书本不是世界，世界才是我们的书本。行有道，在社会的大课堂里学习规则;达天下,在丰富的历练中提升自我。

学校的研学课程分为五个层面,从立足学校、走入社区、走近嘉定,到走向全国、迈向世界。学校希望通过研学课程让学生无论在哪个国家,或是去哪个历史名城,都能从自然、地理、历史、文学、艺术、建筑、人文、政治等多样的维度解读当地文化,用自己的双眼去观察,用自己的双脚去丈量,做一个跨文化的交流者。

我们的研学课程在做好"纳入学校课程规划、加强研学课程开发、规范研学组织管理、建立安全责任体系"等工作的基础上进行创新,"增强学科融合感、关注信息立体感、注重过程仪式感、提升活动沉浸感",让学生有更多的获得感。

一、增强学科融合感

研学课程是基于研学资源而形成的课程,而研学资源又具有综合性的特点。研学课程作为综合实践育人的有效途径,通过统筹协调、整合资源,根据不同年级、不同学科的教育目标,创造性地进行多学科融合、跨学科设计。例如:山东研学有涉及"物理、数学、地理"三个学科的探究任务"登上泰山,掂量泰山的重量",最终形成微报告:估算泰山有多重;有涉及"语文、美术、历史、音乐、英语"五个学科的探究任务"采撷风采,见证文化繁荣",最终完成双语采访视频;有涉及"美术、探究、信息、语文"四个学科的探究任务"装帧设计,封存创意灵感",最终为研学手册设计书籍装帧。学校为每个探究小组配备一名导师和多名助力导师,跟踪辅导学生的学习过程。

二、关注信息立体感

为了每一次的走出去不仅仅带回几张照片,而是带回满满的体验,我们的研学课程关注活动前的信息获得、活动中的信息体验、活动后的信息提升。具体做法:

其一,数字课程资源让信息充实

研学前,我们注重数字资源课程的建设与推送。以英国研学为例,去英国研学前,关于大英博物馆,教师推送给学生 2 个课程资源、4 个视频资源。关于莎士比亚,教师推送给学生 11 个课程资源。关于哈利波特,教师推送给学生9个课程资源。要求去英国的学生在出发前都要对其中的课程进行网上学习。

通过线上的学习,让学生获得的信息不再是冰冷的、片面的、孤立的、零散的。当虚拟与现实真实对接时,学生面前的异国景物,会变成亲切的、鲜活的、浸润的、全景的。所有前期习得的信息自然而然变成了学生的内在感知。数字资源课程就是一座桥梁,链接了未知与已知,结合研学活动,学生深深地建构了对世界某一角落的认识。

其二,社会实践活动记录本让信息留痕

如何让学生在活动中有更多的收获?为了不让研学活动成为走马观花式的一日游或几日游,我们借鉴旅行设计中的关键词"做攻略"。每一届新生入校时,班主任教师都会和学生一起讨论设计社会实践记录本的总体要求。"活动前"学生对将要研学的目的地进行相关知识的收集,并提出自己要注意的礼仪要点,预设问题。"活动中"学生用心聆听,认真记录,体现了上外嘉外学生良好的素质和涵养。"活动后"学生做好感想交流和爸妈留言等。最后德研部组织学生自主管理委员会成员进行活动评价。这样一本小小的记录本,记录着学生信息获取的点点滴滴,承载着学生的美好回忆。

其三,研学成果集让信息提升

研学后,学校将整个研学过程中的精彩部分,特别是学生在探究作业中的成果收集成册,力求做到每一个参与研学的学生都能在成果集中找到自己的成果。每年一套国内外研学成果集,见证着学校给学生学习提供的成长空间。

三、注重过程仪式感

《小王子》里有句话是这样说的:"仪式感,就是使某一天与其他日子不同,使某一时刻与其他时刻不同。"仪式不是形式主义,仪式是会让平凡日子发光的魔法。研学课程中,我们努力创设更多的仪式。在鲁迅的百草园里,学生齐声背诵《从百草园到三味书屋》片段。此时此刻,短短的泥墙根、光滑的石井栏、高大的皂荚树……课文中的一切都显得那么的情切与真实。在南京的雨花台烈士纪念牌前,当学生敬献花圈后,学生代表介绍英雄事迹,纪念碑前的人物瞬间立体了起来,可以感受到他们传递出来的坚毅、力量与信念。在泰山脚下,望着高耸入云的泰山如一条巨龙横卧齐鲁大地,学生齐诵诗人杜甫的《望岳》,他们用铿锵有力、慷慨激昂的朗诵来感受"登泰山而小天下"的气势,体会"会当凌绝顶,一览众山小"的美妙意境和深刻含义。那种骄傲、那种得意、那种气韵让在场的每一个人都深深地被感动和折服! 在莎翁故居的后院小表演台上,学生们轮流上台演绎不同的"To be or not to be, it is a question!"体验莎翁戏剧的无限魅力。有仪式感的研学课程留给学生更多的回忆与感悟。

四、提升活动沉浸感

学校的研学课程努力打破"走一走看一看"的研学现状,无论是参观一个博物馆、认识一所新学校,还是漫游剑桥大学、寻访牛津小镇,我们的课程都以探索活动为支撑,让学生带着任务去参观、学习。

在英国牛津小镇上,我们的学生与英国学生混编组队,采访小镇居民,了解当代英国人对莎翁的认识,并记录在任务单上。学生迈出了羞涩的第一步,与当地人进行交流,了解当地的文化。

来到偌大的剑桥大学城,我们的课程组织者给了学生几个重要景点的图片和地图,让学生根据这些信息,找到景点,写下景点特点,并在景点留影,完成任务后,再返回集合点。这又是一次能力的考验,你要会看英文地图,会策划最近的参观路线,还要会开口询问。这种类型的课程设计,让研学更具参与性、探索性、自主性。

研学行程中博物馆资源丰富,能够拓展学生的学习知识。但是我们往往看到的是学生在博物馆的某一个角落里三五成群地玩手机游戏。如何运用好博物馆资源,打破学习空间和时间的界限? 在中国三大博物馆之一——南京博物馆的活动设计中,课程开发团队事先进行踩点,设计博物馆闯关卡。在活动现场,学生分成六人小组,合作完成任务卡中的题目。通过这样的形式,学生从走马观花到积极探究,从孤军奋战到小组协作,沉浸感十足,对南京的历史有了更为深入的了解。

这些看似不起眼的点点滴滴,正是上外嘉外人用实际行动对"一花一世界"的生动诠释。

专家点评

　　所谓"沉浸",原意为浸泡,浸入水中,多比喻完全处于某种境界或思想活动中,全神贯注于某种事物,而"沉浸式"主要用于语言教学实践,也强调与外界的相对隔绝,全时段使用目标语言,从而达到灵活运用该语言的目的。上海外国语大学嘉定外国语学校将"沉浸式"迁移到德育工作领域,提出构建"沉浸式德育体系"的目标,具有一定的原创性,难能可贵。

　　在"理性思考篇"中,作者从"沉浸式德育"的概念、"沉浸式德育"体系的保障机制、"沉浸式德育"体系的实施内容三个方面进行了较为完整的阐述。"沉浸式"体验中心、德育教研组、"沉浸式"家校联盟等颇有创造性的机构设置本身就是学校立足校情、特色发展、主动担当的体现,这也为"沉浸式德育"体系的构建提供了机构保障和制度保障。"全员全过程全方位""以学生为中心,以体验为中心,以实践为中心"的"三全三中心"既有对上位教育文件的积极回应,也有体察师生实际的理念支撑;"五个坚持"都是"以小见大",很好地体现了学生身心发展的规律。"德育工作篇"明显是对"理性思考篇"的落实落细落小,从"沉浸式"校园环境的改造,到"沉浸式"德育课程的建设,再到"沉浸式"德育活动的开展……即使是在"特色德育篇"《世界在我眼里,我在世界怀里》案例呈现中也是对"沉浸式德育"的很好印证。学校似乎找到了一本打通德育任督二脉的"武功秘笈",无处不"沉浸",无处不德育,一通百通,许多无法归类的教育行为都可以在"沉浸式德育"中找到归属。这显然对学校各项德育工作的顶层设计与落地实施大有裨益。

但是,凡事都有利有弊。德育是一个繁杂的系统工程,很难找到一个放之四海皆准的模式将所有内容包罗进去。这就需要顶层设计者拥有包容和辨析两种能力,既不排它又要有所甄别,这才是对德育工作正确的打开方式。期待上海外国语大学嘉定外国语学校能够及时总结"沉浸式德育 1.0 版",并进而形成更加有特色的"沉浸式德育 2.0 版"。

（点评专家：上海市松江一中,德育特级教师　郭宁伟）

共植"鸿鹄"志趣　齐扬学子优长

上海市子长学校德育顶层设计　文/谷　丰

⬤ 学校简介

　　上海市子长学校坐落于普陀区甘泉新村,是一所九年一贯制公办学校。学校秉承"人人会学习,个个求发展"的办学理念,确立"扬子之长,协同生长"的教育哲学,形成"科技教育启智慧,协同学习促发展,艺术教育润人生"三大办学优势,致力于将每一位学生培养成"爱生活、勤锻炼、善学习、会合作、能创新"的社会主义建设者和接班人。

　　学校先后被评为全国书法示范学校、全国美育实验学校、全国学校美育先进单位、全国学校美育教学实践基地、全国未成年人生态道德教育先进单位、上海市科技教育特色示范学校、上海市健康促进学校、上海市花园单位、上海市绿色学校普陀区新优质学校等。

⬛ 理性思考

　　学校德育工作顶层设计,首先明晰背景与基础,其次把握方向和原则。

一、背景与基础

将宏观的党和国家的教育方针及相关政策,中观的学校新阶段的办学规划,微观的学生的现存问题与发展需求作为学校德育工作整体设计,包括确定方向和把握原则的背景与基础。

(一)国家要求

1. 培育志存高远的思想境界

党的十九大、全国教育大会,以及《中小学德育指南》《中小学生守则》等大会及文件中,都对新时代中国特色社会主义的教育提出了纲领性意见。如教育要坚持落实"立德树人"根本任务,培养德智体美劳全面发展的社会主义建设者和接班人,为实现中华民族伟大复兴——中国梦服务。

2. 培养健康向上的审美趣味

《国务院办公厅关于全面加强和改进学校美育工作的意见》这份具有里程碑意义的文件郑重指出:根植中华优秀传统文化深厚土壤,培养学生健康向上的审美趣味、审美格调、审美理想。要以戏曲、书法、篆刻、剪纸等中华优秀传统文化艺术为重点,形成本地本校的特色和传统。

3. 培植遵循规律的科学态度

《全民科学素质行动计划纲要实施方案》《关于进一步加强中小学科技教育工作的意见》等文件就加强中小学科技教育工作提出如下重要意见:通过开展科技教育,使学生形成科学世界观、价值观和科学道德,树立科学态度和精神,掌握基本科学技术方法。营造中小学生科技创新活动蓬勃开展的良好环境。

4. 培壅团结互助的协同素养

《新时代爱国主义教育实施纲要》《新时代公民道德建设纲要》《中小学德育指南》《中小学综合实践活动课程指导纲要》《中小学生守则》都从不同角度进行了类似表述:构筑人类、中华民族命运共同体;加强交往交流交融;崇尚和合、合作共赢;统一、团结;互助、和谐;培养合作能力;乐于助人、善于合作;整体协同,等等。

(二)学校规划

学校新阶段发展规划提出:推动"扬子之长,协同生长"教育哲学发展,弘扬"求知求是,学有特长"学风,创建三大办学特色,致力于让每个生命更精彩。

1. 教育哲学

（1）扬子之长

"扬子之长"，是通过挖掘学生潜能，培养学生特长，从而增强学生自信，促使学生全面主动发展，在"扬长"中走向成才和成功之路的教育。"扬子之长"的思想核心是以人为本，它是一种尊重学生生命主体的教育策略。通常指以赏识、激励为主要手段的教育方法。

（2）协同生长

"协同生长"，是通过教育共同体的创建，使学生之间协同探究，齐步成长；教师之间协同研修，比肩发展；家、校、社区协同教导，联袂收获。"协同生长"，为学生发展创设了优质的教育生态环境，能引导学生学会与人合作，善于沟通，增强社会生存能力和协调能力，在协同中走向社会性成长。

2. 办学特色

（1）探索科学教育规律，完善自然教育中心的建设与应用，让学生在动植物培养、观察、实验、记录、分析等过程中，提高动手实践能力和创新精神。

（2）以书法等艺术特色创建为基础，创建教育平台，提高书法建设水平。

（3）以学习共同体的探索为基础，营造富有吸引力的教育环境，有效地开展协同学习共同体的实践，创建学习共同体国际交流平台，提高办学整体水平。

（三）学生现状

学生从一年级到九年级，跨度较大。

一到五年级的少年儿童心理发展水平相对较低，虽思维形式由形象思维向抽象思维发展，但形象思维仍占优势地位。好奇心、模仿力强，情感、理智水平较低，言行易受情绪和情境影响。自我意识发展较快，个人评价易受他人评价的影响。

六到九年级的青少年处在人生发展的关键期，是从不成熟的自我逐步走向成熟的自我转变的过程。逐步具备抽象思维能力，多能自由思考、推理与判断，但有时会陷入不切实际的幻想。这一时期最常见的问题包括：情绪不稳定，缺乏安全感，不知如何与异性相处，理想与现实不符的困惑，自我意识的高涨所引发的对家庭和学校及社会的不满，批评和反抗等。

学校德育工作领导小组通过现场观察、问卷调查、座谈交流等方式，诊断学生成长中存在的共性问题是"厌学、孤独和自卑",了解到他们对自我发展的普遍需求有"自我实现、社交和尊重"。

二、方向和原则

(一) 明方向,定主题

学校德育工作的方向是:引导每一位学生树立高远志向、培植高尚情趣,在协同的实践体验中,培养特长、展示优长,自信、积极、健康地成长。提炼关键词"志、趣、协同、扬长",确定"共植'鸿鹄'志趣　齐扬学子优长"为学校德育工作主题。

(二) 抓关键,秉原则

学校德育工作的基本原则是:坚持正确导向,坚持遵循规律,坚持协同配合,坚持扬长补短,坚持知行统一,坚持学段衔接。

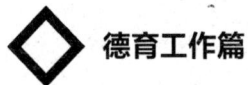 **德育工作篇**

一、目标与内容

(一) 目标

1. 学校德育工作总体目标

紧紧围绕学校德育工作主题"共植'鸿鹄'志趣　齐扬学子优长",引导学生树立"勤奋学习,成为社会主义建设者和接班人"的远大志向,培养符合自身兴趣爱好、能力特长和个性特征的高雅情趣,组织学生在协同开展的各类实践体验中弘扬优长,提升自我调控、人际交往和社会适应能力,促使他们形成积极自信、健康向上的个性品质,为一生成长奠定坚实的思想道德和行为习惯的基础。

2. 学生优长培育分级目标

倡导学生通过九年努力,逐步达成分年级的优长培育目标,争当"子长'鸿鹄'好少年"。

九年级:挖掘潜能;八年级:弘扬优长;七年级:实施策略;六年级:树立志

向；五年级：改进不足；四年级：培养情趣；三年级：管理时间；二年级：学习协同；一年级：遵守规则。

（二）内容

1. 理想信念教育

理想信念教育，与教育"培养什么人""为谁培养人"这些根本问题关联。具体有：哲理基础教育、"四史"精神教育、立志笃志教育等。

2. 社会主义核心价值观教育

社会主义核心价值观教育，关键是要将社会主义核心价值观内化于心、外化于行。具体有：国家认同教育、社会理解教育和公民意识教育等。

3. 中华优秀传统文化教育

中华优秀传统文化教育，既使民族文化精粹得到传承，也能帮助学生树立民族自信，增强民族归属感。具体有：民族历史教育、传统美德教育和典艺人文教育等。

4. 生态文明教育

生态文明教育能促进学生热爱科学、相信科学，形成健康文明的生活方式。具体有：节约资源教育、环境保护教育和劳动创造教育等。

5. 心理健康教育

心理健康教育旨在培养学生健全的人格、积极的心态和良好的个性心理品质。具体有：生涯发展教育、珍爱生命教育和协同成长教育。

二、途径与方法

（一）课程育人

1. 在各科教学中挖掘育德要素

课堂教学是在向学生传授知识的同时进行德育的最有效的途径，对提高学生的政治思想道德素质具有重要的作用。根据各科教学大纲及学校德育要求，遵循各科教学规律，自觉地、有机地在课堂教学中渗透思想、政治、道德和心理教育。

2. 编制、应用校本育德学案

运用名人榜样、情感陶冶、自我教育、实践体验等多种德育方法，编制、应用校本的育德学案，为凸显办学文化、实现育人目标开拓新途径。例如：《妙句书法》学案和《纬午德馨》学案。

《妙句书法·名言警句》学案,是围绕各年级的优长培育目标,各搜集 3 句相关的名言警句。每一"妙句",均按照"锦囊妙句、迎词而解、通句达理、追本溯源、奇思趣玩、闻香挥墨"六个板块,编写出一课时的学案。而每一课时的学案,都要包括图文并茂的纸质稿、PPT 和微视频三部分。如此,每个年级有三课时的学案,九个年级共有二十七课时的学案。

《纬午德馨》学案,是组建了一支由各条线骨干组成的专题教育讲师团。每周定一个中午,利用校园电视台及直播设备,面向全校各班学生,开展专题教育。因为"纬"有"编制、串联"之意,"纬午德馨"寓意:通过日积月累的午间专题教育,助力子长学生拥有君子的美好品德。学案围绕学校德育重点内容,结合校情生情,精心组织文字、图片、音频和视频等素材,编制出兼顾九个年段学生认知水平与心理需求的演讲稿和反馈问卷。问卷以课后即时抽取学号的方式,检测各班学习情况,并将评价结果纳入每月"凌云班队"考核指标。

(二) 文化育人

1. 建设校园文化

浸润学校办学文化,培养学生热爱学校的情感,树立"人人为学校增光添彩"的价值观;明晰学校德育文化,在校园里营造"共植'鸿鹄'志趣 齐扬学子优长"的浓郁氛围;善用现代宣教媒介,不断规范、优化学校"'鸿鹄'之声"广播台、"'鸿鹄'翼云"电视台,创新形式、丰富内容,及时报道校内新闻,开展各项专题教育。通过宣传学校立德树人工作,树立学校阳光形象,提升学校办学声誉,激励师生个性化发展。

2. 建设班级文化

发挥学生的主观能动性,引导他们根据办学文化、德育文化,并结合本班学生的特点与志趣,共同设计班名、班训、班歌、班徽、班级口号和班级公约等,增强学生间的协同意识和集体凝聚力。指导学生布置"图书屋""自然角""宣传栏""班级板报""学习园地"等小阵地,鼓励学生展示他们自己创作的作品,并定期更换,培养学生自主管理的能力和主人翁精神,激发创造力。

(三) 活动育人

实施德育的主要载体是寓教于乐、富有强烈感染力的活动。

1. 节庆纪念日活动

传统文化节庆日,可开展文化探究、民俗体验等活动,传承中华民族优秀传统文化;民族精神纪念日,可追本溯源,学习榜样,传承中华民族伟大精神;生命教育主题日,可以开展相关主题教育活动,引导学生尊重自然、热爱生命。

2. 成长仪式教育活动

抓住九年义务教育阶段学生成长的关键期,如入学仪式、毕业仪式,入队、入团仪式,十岁生日仪式、十四岁生日仪式,及每周一的升旗仪式等,通过庄严神圣且不断创新的过程感染学生,发挥思想政治引领和道德价值引领作用。

3. 校园专题节会活动

每学年举办一次科技节、艺术节和运动会、读书会等节会活动,充实、活跃校园生活,为学生提供一展所长的舞台,增添学生校园生活的情趣,提高校园生活的品质。

4. 社团活动

为实现"一生一长,一生多能",规范、完善、优化学生社团活动,使学生在丰富的科技、艺术等课外活动,如环保、自然实验、校园植物辨识,合唱、舞蹈、器乐演奏,书法、绘画、篆刻等社团活动中,发展个性特长,培养道德情操、意志品质和生活情趣,提高审美能力,身心健康发展。

(四) 实践育人

贯彻落实中考改革、学生综合素质评价改革等重要教育改革精神,从内容、形式和效果三个维度,精心设计、缜密安排、加强激励,广泛开展有益于学生身心发展的实践活动,不断增强学生的社会责任感、创新精神和实践能力。

1. 参观学习

围绕学校分年级优长培育目标,精选、挖掘爱国主义教育基地、公益性文化设施、公共机构、企事业单位、各类校外活动场所、专题教育社会实践基地等资源,用观摩、体验、交流等方式,开展不同主题的实践活动,拓宽学生视野,增广学生见闻,使他们化校园内的理性认知为对社会的感性体验。

2. 劳动创造

根据不同的年龄层次,指导学生学会自我服务性劳动和必要的家务劳动,并结合各年级学生的实践基地,进一步开拓资源,组织学生参加一定的生产劳动和公益劳动,培养学生热爱劳动、热爱劳动人民、珍惜劳动成果的思想感情、行为习惯,树立艰苦奋斗的作风。可分为校内公益劳动、社会志愿服务和家庭自理劳动等。

3. 研学旅行

根据不同学段学生的身心发展特点和能力,安排适合学生年龄特征的研学旅行(在防疫期间安排"云上研学"),有针对性地开展自然类、人文类、体验类等多种类型的研学旅行活动,使学生开阔眼界,认识国情社情,加强国际理解,把理论和实践结合起来,增强思辨能力。如书法研学、异域研学等。

(五) 协同育人

积极争取家庭、社会共同参与和支持学校德育工作,引导家长注重家庭、注重家教、注重家风,营造积极向上的良好社会氛围。学校教育与家庭教育、社会教育要相互配合,学校应起主导作用。

1. 加强家庭教育指导

学校建立健全家庭教育工作机制,统筹家长委员会、家长学校、家长会、家访、家长开放日、家长接待日等各种家校沟通渠道,及时了解、沟通和反馈学生思想状况及行为表现。认真听取家长对学校的意见和建议,促进家长了解学校办学理念、教育教学改进措施。了解家长对子女进行教育的情况,宣传和普及教育子女的知识,推广家长教育子女的成功经验,鼓励、支持家长努力为子女的健康成长提供良好的家庭环境。

2. 构建社会共育机制

主动联系上级宣传、综治、公安、司法、民政、文化、共青团、妇联、关工委、卫计委等部门和组织,注重发挥党政机关和企事业单位领导干部、专家学者的引领教育作用,以及革命老前辈、战斗英雄、劳动模范、科学家、企业家等的榜样示范作用,建立多方联动机制,实现社会资源共享共建,创造良好的育人环境,助力学生健康成长。

三、管理与评价

(一) 管理

积极推进学校治理现代化,将《中小学德育指南》的要求贯穿于学校管理制度的每一个细节之中。

1. 构建学校德育管理网络

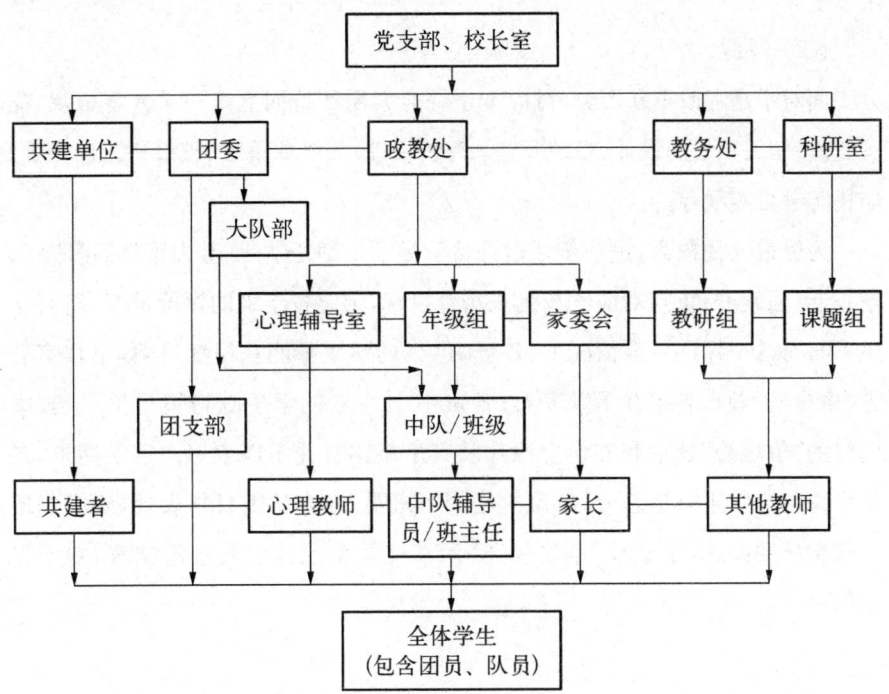

图 5-1 子长学校德育管理网络

党支部书记、校长对德育工作负有领导责任,带领具体管理德育工作的分管副校长,构建学校德育工作网络,充分发挥德育骨干力量的作用,领导协调校内各条教育途径的工作,指导全体教职工言传身教、教书育人,指导家庭教育,争取社会有关力量的支持。

2. 加强班主任队伍建设

班主任队伍建设同样注重因材施"教",针对不同年龄、资历的班主任,分层设立培养目标,制定评价标准,通过外请专家、内部交流、项目孵化、实践提高等方式,促进整体及个人扬长补短。

3. 促进所有成员自我管理

健全"岗位职责承诺制""电子工作手册导航制""每周/月工作报告制";以德育师训工作为抓手,确立主题、设计方案,通过项目培训引领全体教职员工提高全员育人的自觉性;针对学生现状,制定、完善相关校规校纪制度,制定学生特殊行为、异常心理的应对和处置预案。促进成员自我管理,提升学校德育管理水平。

(二)评价

面对中高考改革新形势,对应学生综合素质评价网上统一录入各板块,完善、加强相关项目的设计、组织开展和评价反馈,如雏鹰争章、校级科艺比赛、国防民防学习实践等。

为促进立德树人,进一步通过评价引导学生勤奋学习、努力锻炼,正三观、增技能、强素养,重点对应学校优长培育目标,制定各年级的评价量规,所有学生参与每月一评。一般情况下,各班100％的学生都能获得红星奖,于教室后方"争星榜"颁布名单并予以表彰;各班10％左右的学生获得银星奖,于教室门口的"争星榜"公示获奖学生照片及其争星铭言并予以表彰。每学期末,各班汇总每个学生争星总分,由班主任带领班委,综合学生日常表现,确定每班一名金星奖人选,于学校"争星榜"公示获奖学生照片及其争星铭言,并予以表彰。

 特色德育篇

书法育心,以美育德
——上海市子长学校《妙句书法》课程开发实施案例

上海市子长学校　吴海燕

一、案例背景

《普陀区中长期教育改革和发展规划纲要(2010—2020年)》和《普陀区教育事业发展"十三五"规划》将"提升每一个学生的学习生活品质"作为一个核心理念,致力于办好普陀人民满意的教育。因此,学校开发、实施《妙句书法》课程,一方面是学校可持续发展和校园文化建设的需要,一方面是提高学生素养、培养全面发展的人的需要。书法是一种文化传承,书法艺术中的意志、品格、学养,乃至创造性,都对学生的道德情操有很大的影响。该课程旨在通过经典佳句与书法教育的结合,引导学生感受美、欣赏美、表现美、创造美,在一系列实际活动中培养美的人。

二、研究意义

《妙句书法》美育课程将通过引领学生理解这些富含人生哲理的汉语妙句,在对它们的内涵认同并内化的基础上,激发学习书法技艺、书写美丽汉字的兴趣和热情,进一步落实学校"书道育人,以字启智"的书法教育理念。通过《妙句书法》课程实现校园与家校互动协同育人,形成以"崇道尚美,学生共进"为宗旨,以"德美科一体化"为核心的"书法育人"的特色。

三、实施方法

《妙句书法》校本课程项目由校长室领衔,课程开发组成员分别由班主任、心理教师、学科教师、技术人员等组成。项目主要通过制定计划、招募人员、学材编制审议、微视频制作、课程实践、案例撰写、项目总结、实验课程、课程普及推广等阶段开展。

（一）实施步骤

第一阶段：成立研究领导小组、工作小组；撰写研究方案。

第二阶段：编写学材、课件的文字脚本；制作微视频课件；撰写中期报告。

第三阶段：实验课程《不以规矩不成方圆》；阿基米德普陀区名师 E 课宣传；课程实施普及推广。

（二）实施过程

1. 根据各年段优长培育目标确定各年段育人妙句

课题组制定了校本教材的总体方案,从课程定位,到课程理念,再到设计思路,按照年级进行了课程结构的设置,明确总目标。该教材有着清晰的定位,坚持以人为本,根据每个学段的学生年龄特点以及认知水平的差异,各年段围绕本年段"核心素养突破点",确定育人妙句。旨在利用名言警句与谚语丰富的人文内涵、巨大的审美价值和潜在的育人功能,指导学生明道理、知科学,通过书艺养身心。

2. 编写各年段文字教材样本

本着"以美育德"的理念,学校贯彻"以人为本"的原则,优化创新教学策略,立足各年级学生身心发展实际,精心编选妙句书法校本教材,切实做到使学生学习有"本"可依。

每年段的学材主题划分为:锦囊妙句、迎词而解、通句达理、追本溯源、奇思趣玩、闻香挥墨、家长手迹、亲子感悟八个板块。学材结合书法特色,让学生与家长通过相关主题的书法练习,激发自身学习书法技艺、书写美丽汉字的兴趣和热情,培养高雅的审美情趣。通过这种潜移默化的教育方式,提升学生的人文底蕴,丰富其精神世界,最终增强其综合素质和责任担当意识,并形成健康人格。

3. 制作微视频样本

课题组又精心制作了微视频,通过图片、文字、声音、视频给学生带来丰富的精神食粮,给学生带来更愉悦的精神享受。

4. 课程普及推广

该课程普及推广主要利用班队课进行微视频收看、师生互动交流,课后亲子习字共赏等多角度互交形式,帮助学生理解富含人生哲理、揭示自然规律的汉语妙句,在认同并内化其含义的过程中,加深其对本学段"优长培育目标"的理解,为良好行为的内化奠定认知基础,获取正确的人生观、价值观。

目前,课程通过阿基米德普陀区名师 E 课进行宣传,分别就课程介绍、课程概述、课程实施与学材介绍、学习效果及作品点评四个方面进行讲解。听众们对《妙句书法》课程给予高度认同和赞扬。该课程的亲子感悟部分得到了家长们的赞同,这也体现了家校互动、协同育人的办学理念。从而进一步落实学校"书道育人,以字启智"的书法教育理念,凸显"德美科诸育融合"的育德宗旨。

四、案例成效与反思

目前,学校已开发完成一至九年级九个年段,每个年段各三课时,合计二十七课时的课程资源包。资源包中有供学生使用的分年段的学材,也有供教师指导用的分年段、分课时的微视频课件。

课程把美育、德育和科技教育等融汇在具体集中的课程学习中,多元互动,激发思维,创造出最大限度还原生活的学习空间。重视发挥对学生家庭、教育环境创设、教育氛围营造和教育实施、教育成效等方面的作用;拓展时空,联动家长合作使用课程内容,保持教育中家校思想、口径高度一致,形成合力。

我们参与学案研究,致力于学材开发,迈出坚定的德育改革步伐,期望通过众人的努力,能够于师生、学校发展有益,于亲子、家庭幸福有益,把"提升每一位学生的学习品质"的口号落到实处。

专家点评

子长学校德育的顶层设计定位准确,理念科学,具有清晰的育人立场,能从宏观角度对接党和国家的教育方针及相关政策,从中观角度体现学校新阶段的办学规划,从微观角度回应学生的现存问题与发展需求,充分体现了学校德育在社会性功能、教育性功能和个体性功能三个层面上的统一。

学校德育顶层设计系统性较强。首先,确立了特色鲜明的德育工作主题,"共植鸿鹄志趣　齐扬学子优长"的主题体现了学校的办学文化与特色;其次,目标架构清晰,围绕主题及学生身心成长规律和发展现状,制订德育工作的目标和学生优长培育分级目标,体现分层分类的原则;另外德育内容丰富,能围绕《中小学德育工作指南》的内容板块进行设计,同时将"四史"教育、节约资源教育、劳动教育、协同成长教育等内容纳入其中,凸显了德育内容的时代性;最后,德育工作途径落实完备,对于课程育人、文化育人、活动育人、实践育人和协同育人都有校本化的思考,尤其在课程育人环节,有学校特色课程支撑。

学校德育的保障支持系统比较完备,组织管理网络清晰,职责明确,积极构建学校、家庭、社区联动的德育网络和协作机制,努力搭建"育人共同体",促进学校、家庭和社会"三位一体"的教育合力的形成。

学校勇于在德育的难点问题上进行突破,积极开发评价工具,确立各年级学生每月争"星"的突破点,制作各年级学生每月争"星"的评价量规,通过评价引导学生勤奋学习、努力锻炼,正三观、增技能、强素养,落实学校优长培育目标。

整体设计体现了教育理念、教育目标、教育内容和方法途径的一致性、完整性,为未来德育工作提供了较好的行动蓝图。

(点评专家:普陀区教育学院　上海市特级教师　王　萍)

弘扬"五四"精神 筑梦新时代

上海市黄浦学校德育顶层设计 文/顾涵明

⭕ 学校简介

上海市黄浦学校的前身是创办于 1850 年的上海市最早的女子教会学校——裨文女塾,2003 年 9 月,黄浦区人民政府为探索体教结合办学模式,将当时的上海市第九学校、沪南体育中心、浦西中学、蓬莱中学合并成上海市黄浦学校,是位于上海中心城区的一所九年一贯制学校。

上海市黄浦学校选址原沪南体育场所在地,其前身是全国最早的中国人自建的公共体育场。从"五四运动"开始,以"五四烽火""五卅怒火""抗战烈火"等"五把火"而载入史册。黄浦学校也由此拥有了光辉的革命历史和光荣传统,成为上海市爱国主义教育基地。

学校以"先人后己"为校训,以创办"管理规范,文化浸润,学生喜欢"的学校为办学目标,努力为每一个学生提供优质、均衡的学习与发展机会,为学生的终身发展和幸福奠基。

学校是"上海市心理健康教育示范校""上海市健康城市建设优秀健康单位""上海市体育工作先进单位""上海市安全文明学校""上海市绿色学校",是上海市首批新优质学校,被黄浦区人民政府推荐为"家门口的好学校",2018 年 7 月成为上海市"百强工程"项目学校。

理性思考篇

一、弘扬"五四"精神的必要性

(一)历史传承的需要

黄浦学校的校训"先人后己"出自《礼记·坊记》:"子云:'君子贵人而贱己,先人而后己。'"意指首先考虑别人,然后想到自己。先人后己,提倡的是严于律己,并学会用同理心进行换位思考,体谅他人。"先人后己"校训秉承"先天下之忧而忧,后天下之乐而乐"的家国忧民情怀,培养师生心怀天下的博大胸襟,培育师生良好的义利观,担当责任,奉献社会。黄浦学校校址所在地曾是"五四"运动的上海声援地,黄浦学校把继承和发扬"五四"精神作为学校的使命和责任,提炼出与时俱进的"五四精神"新内涵——爱国的奉献精神、科学的务实精神、民主的责任意识、进步的发展意识。

(二)时代发展的需要

在经济全球化、信息化的大潮中,多元文化的渗透与价值观念的冲突、交流,使学校德育工作面临前所未有的问题和困惑。面对国内国际形势的变化,青少年思想道德建设面临严峻挑战,迫切需要民族文化滋润心灵、陶冶情操。在新时代,"先人后己"校训有着新的寓意,围绕培育和践行社会主义核心价值观、弘扬中华优秀传统文化的主要任务,深刻挖掘"五四"校本德育资源,塑造青少年健康心理品质,注重实效,形成特色,"五四"精神的弘扬和培育在学校发展和人才培养方面有着不可替代的作用。

(三)德育一体化建设的需要

习近平总书记指出:"要把立德树人融入思想道德教育、文化知识教育、社会实践教育各环节,贯穿基础教育、职业教育、高等教育各领域,学科体系、教学体系、教材体系、管理体系要围绕这个目标来设计,教师要围绕这个目标来教,学生要围绕这个目标来学。凡是不利于实现这个目标的做法都要坚决改过来。"积极构建大中小幼一体化德育体系,是解决育人根本问题、落实立德树人根本任务、培养德智体美劳全面发展的社会主义建设者和接班人的战略选择。黄浦学校作为一所九年一贯制学校,学生在学校受教育时间长、跨度大,使学校可以围绕德育培养目标,按照一定的计划对学生的品格和个性进行科学、持续地影响,从而保证义务教育阶段人才培养目标的同一性和连续性,便于学校从教育一体化和规模集聚效应的角度来探索学校的德育发展模式与实践路径,达成"传承'五四'精神,传递'五四'薪火,培养'明于心、察于眼、慧于术、亮于行'的新时代少年"德育总目标。

二、弘扬"五四"精神遵循的原则

(一) 横向贯通,纵向衔接

德育在实施层面存在着"千人一面、学段割裂、内容庞杂、难以操作、效果不彰"等问题,因此顶层设计在德育内容上突出学段纵向衔接,在教育方法途径和课程资源支持方面突出横向贯通,遵循德育体系建设的科学性和规律性要求。德育顶层设计更加注重育人规律,符合青少年身心发展需求和年龄阶段特点,强调循循善诱、螺旋上升。德育顶层设计针对不同年龄段学生,科学定位德育目标,合理设计德育内容、途径、方法,使德育层层深入、有机衔接,推进社会主义核心价值观内化于心、外化于行,努力建设学段贯通、有机衔接、相互协调、科学合理的九年一贯德育体系。

(二) 整体设计,分段推进

九年一贯制学校德育顶层设计的核心在育人,关键在整体,通过分段目标的达成最终促进学生在九年义务教育阶段更好地实现德智体美劳的全面发展。九年一贯制学校的小学和初中是"一个整体",一年级到九年级是"一个整体",义务教育的实施更是"一个整体"。德育顶层设计在整体育人的视角下分段推进,关注各个学段之间德育课程的目标、内容以及方法等的连续性、衔接性,避免课程体系的碎片化和分割化,学校从整体上规划未来的发展方向与分阶段培养目标,避免了小学与初中教育"两张皮"现象,保证义务教育阶段培养目标的整体性和一致性,确保黄浦学生的全面发展、全体发展及可持续发展。

(三) 渠道多元,注重实践

单靠学校的力量,德育工作并不能满足学生的发展需求,学校须为学生开拓学校以外的第二课堂,为学生拓展德育体验渠道。学校顶层设计拓展和创新学生的德育体验渠道,增强学生德育体验的效果,促进学生德育知识的内化。在顶层设计中打造家校一体、校内外一体、线上线下一体,真正实现家庭、学校和社会三方协作,合力为学生的德育出谋划策,让学生在活动中陶冶道德情操、锻炼品德意志、增强道德情感,增加学生内在德育情感体验,真正发挥德育的价值引导作用,凸显学生的主体地位,焕发德育活力。

 **德育工作篇**

一、德育工作目标

学校的德育目标是:传承"五四"精神,传递"五四"薪火,培养"明于心、察于眼、慧于术、亮于行"的新时代少年。

——明于心:爱家国,懂感恩。热爱祖国、热爱家乡,每人都应怀揣一颗感恩之心,感谢国家、感谢父母、感谢师长、感谢朋友,传承爱国和感恩的传统美德,逐步形成爱国的奉献精神。

——察于眼:雅情趣,懂审美。见多识广,有广阔的心胸,具有健康的个性和良好的身心素质,提高艺术修养,陶冶情操,养成健康的审美情趣和生活方式,逐步形成进步的发展意识。

——慧于术:乐学习,爱探索。培养学习的兴趣,养成良好的学习习惯,掌握科学的学习方法,有强烈的求知欲望,逐步养成科学的务实精神。

——亮于行:健身心,喜实践。锻炼身体,增强体质,有强健的体魄。热爱劳动,自己的事自己做,养成良好的劳动习惯,做一个勤劳的人,逐步提高责任意识。

表6-1 黄浦学校各年级德育主题及目标

年　级	主题词	分　层　目　标
一年级	友善　适应	认识学校和班集体,学习并遵守校纪班规,尊敬师长,友善对待同学;认真完成各项学习任务,逐步适应小学生活。

年　级	主题词	分　层　目　标
二年级	独立　欣赏	喜欢学校和班集体,遵守校纪班规,愿意为集体服务;尊敬教师,孝敬长辈,欣赏同伴;自己的事情自己做,并能承担力所能及的家务;喜欢学习,不懂就问,做勤学、会思的小学生。
三年级	文明　尊重	了解学校的历史和发展,积极参与班级共同体建设;遵守社会公德和校纪班规,尊重他人,家里的事情帮着做,提高劳动能力。
四年级	交往　自信	宣传学校的发展,积极参与班级共同体建设,尊敬师长,尊重他人,热爱学习,认真思考,拥有自信的心理品质和活泼开朗的性格。
五年级	担当　合作	维护学校荣誉,主动参与班级建设,集体的事情一起干,拥有自信开朗的性格和善思、勤奋、合作等良好品质;尊敬师长,以诚待人;热爱学习,不畏困难,为升入初中作好学习准备,为形成健全人格打好基础。
六年级	文明　悦纳	养成文明行为习惯,顺利适应中学生活;喜欢班级,参与班级建设,具有良好的道德、心理品质与交往能力。
七年级	乐观　沟通	热爱班级,喜欢学校,善于沟通,具有团结合作、乐观向上的道德品质;遵纪守法,明辨是非,初步具有公民意识。
八年级	感恩　理解	尊重、理解他人,爱护集体荣誉,常怀感恩之心;积极进取,发展个性,学会感恩,展现青春风采,树立正确的人生观、价值观、世界观。
九年级	责任　耐挫	树立理想,勤奋学习,自觉遵守社会公德,提高耐挫心理,健全人格,做合格的初中毕业生。

二、德育途径和方法

在教育中我们努力实现"五四"精神教育的"四个结合"。即:坚持弘扬"五四"精神与课堂教学相结合;与社会实践活动相结合;与校园文化建设相结合;与网络教育相结合。

(一) 弘扬"五四"精神与课堂教学相结合

课堂是对学生进行思想政治教育的主渠道,学校十分注重对道德与法治课、社会课、历史等基础型课程教材内容加以补充与调整,通过系统教学,引导学生学习"五四"运动的历史,了解"五四"精神,厚植爱国情怀。在理科教学中让学生领悟科学的发展历程和科学家严谨、刻苦努力、求真求实的治学精神。

此外,我们还积极探索开发德育的拓展型课程和探究型课程,如将集邮活动纳入拓展型课程,让学生在学习掌握集邮基本知识与技能的同时了解集邮背后的故事,弘扬民族文化。在以主题教育与拓展型课程及探究型课程相结合的实施过程中,我们注重学生在学习过程中的实践体验和创新思维的培养和激发,把学科教学与"课程育人"融为一体。

(二) 弘扬"五四"精神与社会实践活动相结合

中华民族伟大复兴要靠革命事业和红色基因代代相传,中华民族伟大复兴将在今天的青少年一代手中实现,我们把学生社会实践纳入学校教育教学总体规划,探索社会实践与课堂学习相结合、与服务社会相结合的有效途径。每个年级在分年级教育目标的引领下,各班级确立探究课题。每年学校都开展学军、学工等活动,下社区街道为老人、残疾人服务,为他们送去黄浦学子的一份爱心与真诚。成立假日探究性学习小组,通过走访革命老干部、老前辈,上网查寻有关资料,组织部分学生赴北京考察等,走进"五四",了解"五四",传承"五四"精神,争做黄浦好少年。学生在实践中受教育、长才干、作贡献,进一步增强社会责任感。

(三) 弘扬"五四"精神与校园文化建设相结合

校园文化的人文环境建设是一种具有特殊功能的德育工作,我们以学生的全面发展为目标,以追求真理,以天下为己任,不畏牺牲,不懈奋斗的"五四"精神为重要内容,营造一种浓烈持久的精神氛围。学校通过建立校址校史展、"五四"烽火纪念碑、"五四"时期革命人物的相片与字画、师生话"五四"等活动,使置身于这种精神氛围中的学生受到潜移默化的影响、教育和熏陶,并通过报告会、演讲比赛、主题论坛等形式,结合传统节庆日、重大事件,利用开学典礼、升旗仪式等时机,通过丰富多彩、特色鲜明、吸引力强的"五四"精神教育的校园文化活动,使"五四"精神深入人心。

(四) 弘扬"五四"精神与网络教育相结合

互联网作为德育工作的一个新的阵地,越来越成为学生获取知识和信息的重要渠道,并对学生学习、生活乃至思想观念产生着广泛和深刻的影响。我们通过建设融思想性、知识性、趣味性、服务性于一体的校本"五四"精神教育专题网站,拍摄"五四在这里"的资料宣传片,让学生重温那段波澜壮阔的历史,随时感受"五四"运动，宣传"五四"运动，领略"五四"运动的精神内涵和魅力。

三、德育工作实施

只有不断挖掘和深化"五四"精神、丰富学校文化，使其保持先进性，才能使德育工作发挥积极的作用。我们从学校教育实际出发，不断开拓新思路，按照时代要求，在观念、形式、方法、机制上，创造出富有特色又十分有效的新经验和新做法，以推动"五四"精神教育工作深入持久地开展。围绕《中小学德育工作指南》《新时代公民道德建设纲要》《新时代爱国主义教育实施纲要》，从健全组织制度入手，加强德育队伍建设，增强班主任育德能力；以班级共同体建设为主线，通过丰富多彩的主题教育、行为规范教育、心理健康教育、艺科体活动的开展，培养学生良好的道德品质、学习能力与实践能力，营造有利于学生成长的伙伴、师生、家校氛围，落实社会主义核心价值观教育，提炼出与时俱进的"五四"精神新内涵，形成"爱国的奉献精神、科学的务实精神、民主的责任意识、进步的发展意识"。

（一）以主题教育为重点

《中小学德育指南》在活动育人中提到："要精心设计、组织开展主题明确、内容丰富、形式多样、吸引力强的教育活动，以鲜明正确的价值导向引导学生，以积极向上的力量激励学生，促进学生形成良好的思想品德和行为习惯。"学校依据学生认知实际，制定了内容衔接、有序递进的德育综合活动教育目标，构建了爱国、养成、生存、感恩四大教育板块，落实社会主义核心价值观教育，并贯穿于每月一主题中，努力做到贴近学生、贴近生活、贴近社会，使德育层层深入、有机衔接，使各年段的德育目标内化于心、外化于行。

表6-2 黄浦学校各年级主题教育

年级	爱 国	养 成	生 存	感 恩
一年级	祖国，我爱你	我是小学生啦	我们都是好朋友	教师，你好
二年级	我爱你中国	我学我秀	珍爱生命，自我防护	妈妈，我爱你

续　表

年级	爱　国	养　成	生　存	感　恩
三年级	舞动的红领巾	夸夸我们的小巧手	大家手拉手	欢乐一家亲
四年级	我是学校小主人	我自信，我能行	美好明天在召唤	有你真好
五年级	领巾和国旗共飘扬	雏鹰振翅追逐梦想	走向美好的明天	团结合作力量大
六年级	校园最美一景	学习一定有高招	定"规矩"成"方圆"	我爱我的新集体
七年级	我爱我校	自信与成功	别说不可能	致敬，敬爱的教师
八年级	青春，人生最宝贵的年华	自信自律让我们的步伐更坚定	男孩，女孩	感动我的人和事
九年级	"五四精神"薪火相传	温故知新话复习	信念铸就梦想	同窗情深共勉励

(二) 以行为规范教育为抓手

《中小学德育指南》提出："细化学生行为规范，落实《中小学生守则(2015年修订)》，鼓励结合实际制订小学生日常行为规范、中学生日常行为规范，教育引导学生熟知学习生活中的基本行为规范，践行每一项要求。"学校重视并加强学生行规教育，德育室大力宣传《中小学生行为规范》和《黄浦学校学子形象标准》，各班围绕德育工作要求加强学生行规教育，明确每月行规重点教育、训练内容，从生活习惯、学习习惯、交往礼仪、在校集体规范、家庭行为规范和社会公共规范六个角度细化落实，引导学生养成良好的行为习惯、健康人格。学校被评为黄浦区行为规范星级示范校。

(三) 以心理教育为辅助

《中小学德育指南》提出："开展认识自我、尊重生命、学会学习、人际交往、情绪调适、升学择业、人生规划以及适应社会生活等方面教育，引导学生增强调控心理、自主自助、应对挫折、适应环境的能力，培养学生健全的人格、积极的心态和良好的个性心理品质。"作为上海市首批心理健康教育示范校，"阳光＋运动＋合作＝身心健康"是学校心理工作的特色。我们依托学校的场馆资源，提高青少年身心健康水平，促进学生社会适应能力的提高。学校城市少年宫和沪南青少年俱乐部合作每年举办冬、夏令营,开设足球、排球、游泳、轮滑球、篮球、羽毛球、游泳、舞蹈和车模制作等项目。学校充分利用"田园心世界"设施资源和志愿者队伍,开展个别咨询团体活动、家庭教育指导和心理健康教育活动,建立学生个别辅导和心理干预机制,提供优质的心理咨询服务,关心社区学生的心理健康。我们为全体教师、班主任作培训,如危机干预、认识情绪,学会心理疏导、对多动障碍的辨识等。5月是学校心理健康活动月,通过开展团体心理辅导、心理情景剧排演、心理小报、心理四格漫画、心情脸谱、情绪时钟等活动,让学生在体验中表达、宣泄、明理。

(四) 以班级共同体建设为载体

基于学生成长发展的需要、班集体建设现状的需要、学校办学目标的需要,在建设"温馨教室"的基础上,提出了"班级共同体建设"新模式。学校通过创建"班级共同体",发挥各方教育合力,努力为学生创设良好的在校学习、生活的环境。"班级共同体"是建立在班集体基础上,有着鲜明共同愿景的,由班主任负责的本班学生、教师、家长乃至学校多方利益的共同体。通过我的班级我的家、我的班级我来管、我为班级争荣誉、我的舞台我创造等工作的推进,构建、达成班级共同愿景。班级共同体不仅是学校德育实施的载体,也是教育质量保障落实的的载体,通过对学生品德修养的培养和教学质量的落实,追求教育过程和结果的最优化,进一步促进学生的可持续发展。在班级共同体建设中,我们关注学生的学习品质和学业水平的提升。班级共同体建设探索着文化育人、活动育人、实践育人、协同育人,为实现学校的可持续发展奠定基础。

(五) 以绿色指标为观测点

古希腊哲学家柏拉图曾说过:"教育非它,乃是心灵的转向。"在学校教育中,关注学生的心灵成长就需要关注教育过程中学生的态度、情绪、情感和信念,发展他们的自我情感调控能力,促使他们对学习、生活和周围的一切产生积极的情感体验,促进学生的全面发展。学校是学生身心健康成长的重要场所,学校成功的标志在于学生的成长而不是学生的"成果"。在制定学校德育目标时,我们引入绿色指标评价,以学生核心素养和学校内涵发展为切入口,通过品德行为指数、师生关系指数、学习动力指数、身心健康指数等指标引导教师评价,改善评价方式,多角度关注学生的成长。

学生对道德规范、道德原则认同和接纳的过程,是一个具有浓厚情感色彩的内化过程。教育的最高境界是让学生快乐成长,生命成长的最高境界是学生幸福愉快地自我成长。

 特色德育篇

上海市黄浦学校"道德风尚"人物评选方案

一、活动背景及目的

为培养学生良好的道德品质,弘扬积极向上的精神风貌,展现学校新优质教育的和谐氛围,学校将举行"道德风尚"人物评选,引导学生积极践行社会主义核心价值观,弘扬王瑞兰老校长"心系教育,无私奉献"的精神,以身边的榜样激励学生成长成才。

二、评选范围

黄浦学校三至九年级在校学生

三、奖项设置和评选标准

基本标准:遵纪守法,诚实守信,品行端正,学习勤奋,综合素质良好。

具体标准:在以下某个或几个具体方面,表现突出,有着较强的示范性和一定的影响力。

表6-3 黄浦学校道德风尚人物评选标准

奖项名称	评 选 标 准
自强不息奖	1. 面对家庭的贫困,不抱怨,有积极向上的状态与行为。 2. 面对自身的疾病或学习生活上的重大挫折,勇于面对,不消沉或自暴自弃,自觉地努力向上,永不松懈。

奖项名称	评　选　标　准
阳光 自信奖	1. 有积极正向的自我评价,了解自我,悦纳自我。 2. 情绪稳定,能适度地表达和控制情绪,保持积极的心情状态。 3. 尊重他人,乐于交往,善于与他人保持良好的人际关系。 4. 个性阳光、乐观,爱好广泛,积极参加各项活动。
勤劳 俭朴奖	1. 热爱劳动,积极、认真做好班级卫生工作。 2. 爱惜学校公物,对他人的损坏行为能进行劝阻。 3. 勤俭节约,不盲目攀比,珍惜学习生活中的各种资源。 4. 合理使用零用钱,树立正确的消费观念,有一定的理财意识。
孝心 感恩奖	1. 在家庭,尊老爱亲,孝敬长辈,能主动做力所能及的事情,为父母长辈分担辛劳。 2. 在学校,尊敬师长,感恩老师的辛勤付出。 3. 在社会,尊重、帮助身边的老人或孩子,尽自己之力解决他们的困难。
得力 助手奖	1. 在班级中担任班干部、课代表等工作,能认真履行相关职责,具有较强的进取心和主动精神。 2. 具有一定的领导力和影响力,能对不规范行为进行劝阻,有效开展班级管理工作。 3. 积极主动地开展班级活动,努力营造良好的班级氛围,做老师的好助手。
爱心 助人奖	1. 在学习、生活中真诚待人,乐于帮助他人,关心身边的小伙伴。 2. 积极参与志愿服务,能定期付诸行动,并坚持不懈。 3. 在公共场所规范遵守社会公德,有拾金不昧、见义智为等典型事例。 4. 热心公益事业,有爱心助人之举。
团结 奉献奖	1. 热爱集体,有主动为集体出谋划策、服务的意愿和能力。 2. 组织并带领同学积极参加学校开展的各项活动,有显著成绩。 3. 团结班级同学推进或开发班级阵地建设,营造良好班风。 4. 在班级"学习能量传递链"活动中表现突出,能集大家之力帮助学习、行为有困难的同学,并见一定成效。
健康 向上奖	1. 制定合理的学习计划,安排好学习、体育锻炼、休息和娱乐时间,养成良好的作息习惯。 2. 积极参与校内外体育训练,在某一领域有展示和收获。 3. 合理利用网络学习,上网合理有度,提高网络信息辨别能力。

奖项名称	评 选 标 准
环保 达人奖	1. 有较强的环保意识,节约用水用电、爱护花草树木,保护自然环境。 2. 能将校内垃圾分类的理念和行为向社区或家庭延伸,积极尝试宣传及推广工作,有一些成效。 3. 珍惜各种资源,能变废为宝制作环保小制作,践行环保理念。 4. 能参加社区或公益组织的环保活动,在环保方面有好方法、金点子。
勤奋 乐学奖	1. 快乐学习,善于思考,各科成绩保持优良。 2. 学习态度端正,能梳理总结适合自己的学习方法,学习成绩稳中有升。 3. 爱好广泛,并能根据自身实际参加学科或艺术、科技、体育等方面的学习。能做到合理安排时间,坚持不懈,全面发展。 4. 积极参与市、区、校各类比赛活动,并获得优异成绩。

四、评选操作程序

1. 制定工作方案(11 月上旬)

2. 宣传动员(11 月中旬——12 月上旬)

3. 推荐(自荐)申报(12 月中旬)

4. 选拔评审(12 月中下旬)

5. 颁奖表彰(结业式)

附颁奖词:

王海铭——"爱心助人奖"颁奖词

阳光之所以带给人温暖,是因为播撒无私的爱;天使的存在,是在证明爱飞翔的痕迹。她是一位爱心小天使,当得知贵州大山深处的小伙伴因为贫困面临辍学时,她毅然伸出热情之手,用压岁钱助圆吴美的求学之路。平凡生活中,看到年长老人她会搀扶一把,同学遇到难题她会答疑解惑,她说:"幸福不是一个人的享乐,而是把爱传递给更多的人。""爱心助人"让寒冷的冬日有着春天的温暖。

夏玉倩——"健康向上奖"颁奖词

举枪、瞄准、击发,这样简单而又最基本的动作,她重复了六年。妈妈的一句话:"一个半途而废的人是永远不会取得成功的",给了她坚持的勇气,不管刮风下雨,寒假暑假,她用古铜色的皮肤、灿烂的笑脸、优异的成绩,展示她健康向上的形象。简单的事情重复做,你就是专家;重复的事情用心做,你就是赢家。

专家点评

　　世界正面临百年未有之大变局,教育也面临前所未有的机遇和挑战。教育要如何落实立德树人的根本任务? 如何使学校德育的各层次、各环节和各要素注入育人价值,让学生获得适合的教育,促进学生终身可持续发展,是每个学校必须面对的问题。因此,学校不得不思考基于教育规律和学生认知规律研究的、能够诠释学校办学方向和育人理念的、运用顶层设计理念整体设计的学校德育。

　　上海市黄浦学校在这方面的实践和探索,为学校德育顶层设计提供了可供借鉴的经验与做法。顾涵明老师"弘扬'五四'精神　筑梦新时代"的文章,深入分析了学校以弘扬"五四"精神为切入口进行德育顶层设计的必要性,全面介绍了学校德育工作整体思路和从高处着眼的自上而下的顶层设计。总体呈现以下几个方面的亮点:

　　1. 教育内容凸显系统性和完整性

　　学校德育顶层设计是一种基于学校德育的系统思考而做的一种高端设计。

　　学校围绕德育培养目标,坚持"纵向衔接、横向贯通、分层递进、螺旋上升"的整体性原则,按照不同年级的活动设计,形成全校教育的整体序列,保证了义务教育阶段人才培养目标的同一性和连续性。

　　2. 教育形式注重实践性和体验性

　　实践体验的作用不仅在于加深学生对书本知识的理解和掌握,更在于它是实践操作能力和综合运用能力的提升过程。黄浦学校坚持实践作为学生成长的主要体验方式,德育顶层设计以主题教育为重点,以行为规范教育为抓手,以心理教育为辅助,以班级共同体建设为载体,以绿色指标为观测点,通过系列化设计的、分年级螺旋上升的德育活动,使得德育工作更加生动有效,为学生可持续发展奠定了坚实的基础。

3. 教育过程具有独特性和创新性

教育的过程是主体自我实践的过程,也是主体自我实现的过程。在全面分析学校资源和优势的基础上,黄浦学校为"五四精神"赋予了时代新内涵,并在教育过程中坚持弘扬"五四"精神与课堂教学相结合、与社会实践相结合、与校园文化相结合、与网络教育相结合。黄浦学校德育顶层设计,强调在执行中实施精细化的过程管理和全面的质量管理,注重各环节之间的互动与衔接,使学校德育目标落实细化到教育教学的每个环节,层层深入,内化于心,外化于行。

(点评专家:同济大学附属第二中学　李　岩)

少年怀志　善学励行

上海嘉定区怀少学校德育顶层设计　文/张瀚文

⬤ 学校简介

上海嘉定区怀少学校是一所九年一贯制民办学校,坐落于历史悠久的上海古镇南翔,有浓郁的文化气息和学术氛围。学校现有教学班 27 个,学生 1 000 名左右,教职工 100 名。怀少学校前身是教养兼施的私立怀少教育院,建于1941 年,期间曾是公办小学、转制学校,2006 年学校正式由转制学校变为民办,命名为"上海嘉定区怀少学校"。

学校以"关注每一个孩子的成长,成就每一位学生的发展"为办学思想,在德育、艺术和体育及课程建设方面发挥教育优势。以自主管理为抓手,实行"卫生免检""作业诚信""免监考班"的争创活动,以诚信特色教育锻造学生美德人生。以"艺术社团"为抓手,先后成立尚弦乐队、天籁合唱队、鹤之灵舞蹈队等社团,为学生自主成长搭建舞台,培养审美情操,挖掘艺术潜能。以乒乓球为体育特色项目,尊重学生个性发展,提高学生身体素质。学校还致力于通过课程改革来打造教育品牌,已开发具有育人文化氛围和人文特色的"涟漪式课程模式"。

学校曾荣获"上海市中小学日常行为规范示范校""上海市安全文明校园""上海市平安单位""嘉定区文明单位"、嘉定区教育系统"优秀单位""嘉定区乒乓项目布点学校""嘉定区家长委员会工作先进集体""嘉定区语言文字规范化示范校""嘉定区教育学会会员单位"、嘉定区群众体育先进集体、嘉定区青少年"民族文化优秀传承项目(民舞)"、十佳"教工明星团队"、区教育系统特色团支部、嘉定区少先队"红旗大队"等多项荣誉称号,有良好的办学成效和社会声誉。

▣ 理性思考篇

一、"少年怀志,善学励行"的界定

(一) 少年怀志

"少年怀志"的思想是怀少学校自 1941 年建校之初,名为"怀少教育院"时就已形成的核心办学思想,典出于《论语》中"少者怀之"。随着时代的发展,如今我们将"少者怀之"解释为两个层面的涵义:其一,心怀学生,关心每个学生的成长;其二,少儿怀志,弘扬中华民族的正气。

春秋·孔子《论语·公冶长》中"老者安之,朋友信之,少者怀之"的大意是:对于年老的人,使他得到安乐;对于朋友,就信任他;对于年少的人,就关怀他。老年人老有所安,朋友间赤诚相待,少年人得到关怀,那么社会就是一片淳穆和谐之风,体现的是我们中华民族敬老爱幼的传统美德。

(二) 善学

"善学"语出《礼记·学记》:"善学者,师逸而功倍,又从而庸之。"意为:会学习的人,能使老师费力不大而效果好,并能感激老师;不会学习的人,即使老师很勤苦自己也收效甚少,还要埋怨老师。

善学不仅强调学的风尚,更注重学的态度、学的方法。善学教育倡导学生自主、探究的学习理念,引导学生在学思结合中探索出属于自己的学习方法,在学习和实践的舞台上追逐梦想、成就梦想,真正成为善学之人。

(三) 励行

励行,就是鼓励同行,培养良好的品行。励通"砺",励行即为砥砺德行,意为砥砺操守和品行。蔡元培在就任北京大学校长的演说中,对学生提出三点要求:一曰抱定宗旨,二曰砥砺德行,三曰敬爱师长。他的这些主张,不但使北大学生明确了学习目的,而且养成了良好的学习风气,开创了近代高校学生自由研究的学术之风。

二、"少年怀志,善学励行"提出的背景

(一) 百年老校的历史传承

怀少学校前身是创设教养兼施育人环境的私立怀少教育院,建于 1941 年(民国 30 年),院名取"怀少",有"老安少怀"之意。怀少教育院的建立,是朱苏吾等先生的一项善举。学生均系清寒子弟,免费入学,其中孤儿和家境十分困苦者由院方留养,供其衣食和住宿,使一批苦难儿童免于衣食无着、流离失所的悲惨境地,并得到学业上的培育,为社会造就一批有用之材。

(二) 新时代的呼唤

党的十八大报告首次提出"把立德树人作为教育的根本任务",这是我党的重大政治宣示。党的十九大报告中提出的习近平新时代中国特色社会主义教育思想,对加强理想信念教育、社会主义核心价值观教育和中华优秀传统文化教育、生态文明教育及心理健康教育等提出了一系列的明确要求,对中小学培养什么人,如何培养人和为谁培养人指明了方向。

学校在《国家中长期发展纲要 2010—2020》《关于进一步加强和改进未成年人思想道德建设的若干意见》《中小学德育工作指南》《中国教育现代化 2035》等重要文件精神的引领下,传承"少者怀之"的建校理念,遵循立德树人的要求,积极践行"传承教化之风,镕铸品质教育",提出"少年怀志,善学励行"的德育顶层设计。

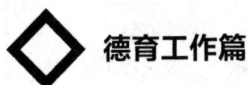 德育工作篇

一、目标与内容

(一) 德育总体目标

上海嘉定区怀少学校立足于"关注每一个孩子的成长,成就每一位学生的发展"的办学思想,秉承着"少年怀志,善学励行"的德育理念,努力把学生培养成为"心仁爱、行有信,志高远"之人,为学生的"人文素养、责任担当、终身学习、创新能力"奠基,使之成为心怀感恩、诚信为人,志向高远、自律成长的新时代接

班人。

(二) 分年级德育目标和内容

1. 根据德育总体目标制定各年级的分层目标

六年级：养成良好习惯,适应新集体——学会尊重、热爱自然;真诚坦荡、实事求是。树立远大理想,胸怀报国大志——学会自立,自强自信;勤奋学习,热爱生活。

七年级：集体中寻找快乐,培养合作意识——有效沟通,融入集体;乐于合作,完善自我。弘扬民族精神,树立远大志向——诚实守信、自尊自爱;有爱宽容、乐观向上。

八年级：增强责任意识,培养创新能力——责任担当、核心素养;参与管理、合作学习。热心公益,培养职业规划意识——社会认同、公共道德;生态文明、和谐家庭。

九年级：传承中华文化,培养正确学习观——自律自信、智慧学习;尊重生命、保护自然。弘扬志向,形成社会规范意识——理想信念、家国情怀;人格修养、社会关爱;人生规划、公民意识。

2. 分层目标下的各年级德育内容

表7-1 怀少学校各年级分层德育内容

年级	德 育 内 容			
	课程类	文化类	主题活动类	社会实践类
六年级	安全教育 心理健康教育 禁毒教育	名人励志教育 中华传统文化教育	学前教育 (军训+讲座) 诚信教育	爱嘉学子——感恩励志 研学之旅——跟着课本游绍兴 生涯教育——职业初体验
七年级	劳动教育 青春期教育 反邪教教育	家乡文化励志教育 中华传统美德	社团活动 建队日活动	爱嘉学子——志愿服务 研学之旅——跟着历史游南京 生涯教育——安全实训
八年级	生命教育 家校共育 生态文明教育 (垃圾分类、勤俭节约、低碳环保、自觉劳动)	阅读典籍励志教育中华人文精神	十四岁生日主题集会 感恩教育	爱嘉学子——经典传承 研学之旅——传承非遗游徽州 生涯教育——职业启蒙

续　表

年级	德　育　内　容			
	课程类	文化类	主题活动类	社会实践类
九年级	法制教育 挫折教育 健康教育（健康文明生活）	筑梦·逐梦励志教育 中华文化自信	离队仪式 "我和祖国共奋进" 毕业典礼	爱嘉学子——珍爱生命 研学之旅——场馆教育 生涯教育——职业规划

二、途径与方法

《中小学德育工作指南》提出，德育工作重在落实，要把德育的目标和内容通过多种途径落实到学校的日常管理的各方面和各环节中，并明确了德育的"六大实施途径"。学校德育工作也将围绕这五个方面进行。

（一）在校园文化中怀志励行，丰富教育空间

一所学校，其优美的校园环境、恰到好处的宣传栏、精美的雕塑、广播里悠扬的音乐都反映着独特的内涵，身临其境都会使人产生此处与他处不同之感，这是其感染力的体现，是其作用于人的身心而使人感悟力量的所在。

1. 建一面励志墙

墙上陈设"中华美德"和"中华名人"的故事，如"鸿鹄之志""为中华之崛起而读书"等，营造从小立志报效祖国的教育氛围；陈设书法、篆刻等中国传统文化作品，让学生浸润在中国深远的文化气息之中，增强民族自豪感。

2. 建一道"家乡文化"景观

在教学楼的长廊里布置家乡区域文化、历史古迹的宣传版面，如教化嘉定、嘉定名人、汽车嘉定、江南名园古猗园等，学生利用课余时间伫足观赏、学习，激发他们对家乡的无限热爱之情，树立起建设美丽家乡的远大志向。

3. 设计文明礼仪展板

介绍一些基本的生活礼仪，让学生从中领会到中国是礼仪之邦，礼仪是文明与文化的外在表现，也是个人修为的内在表现，人人要当礼仪好少年。

4. 建立一个励志阅读社团

推荐一些优秀的中华文化典籍和以励志、自助类图书为代表的青少年读

物,让学生在阅读中感受民族文化的源远流长,激励奋发学习的斗志。

5. 设立奖励机制

学校设立"苏吾杯"意在继承怀少创始人——朱苏吾先生办学为家乡的宏愿,激励学生奋发向上,纪念和发扬先辈的壮志,为家乡的建设添砖加瓦。

(二) 在课程建设中融入怀志励行理念,拓展教育资源

"涟漪式课程"的架构,很好地体现了"以学习者为中心"和适应每一位学生发展的后现代课程观,为学生全面个性地成长提供了深度浸润的环境。

根据课程渐进性的特点以及九年一贯制学生的情况,学校确立了不同的课程目标,各年段的课程,不仅借助各种教学手段来激发学生对学习的热情和知识的获取,更辐射于学生的成长、成才,使学生获得全面的发展。

1. 基础性课程

在"涟漪式课程"的培育指引下,学生能够乐群——学会做人,学会交往、学会合作;善学——学会学习、学会发现问题、分析问题和解决问题;修身——具有健全的人格、高尚的情操和一定的社会责任感;求真——具有创新实践能力和实事求是的科学态度。

2. 拓展性课程

学校开设有多种类型的拓展性课程,有基于基础学科的、基于乡土资源的,也有基于教师特长等的。其中,德育类拓展课程,是学生行为规范养成的助推剂。

如"猗猗古园"拓展课,结合乡土资源古猗园开展,课程引领学生走出校园,走进家乡。通过形式多样的活动内容、体验感悟、实践操作,帮助学生在收获知识之外,更了解家乡历史、知晓家乡发展,激发学生热爱家乡的情怀。同时通过师生、生生的互动,结合"猗猗古园"课程的评价量规,鼓励学生讲究学习方法、团结协作交流、规范行为礼貌、善于发现、学会欣赏等。

此外,一年两次的少年团校、每月一次的道德讲堂,以及其他一些拓展性课程活动,比如艺术运动类的乒乓社团、舞蹈社团、歌唱社团,强健体魄、健康生活;国学类的剪纸社团、书法社团、诵读社团、象棋社团、编织社团、国画社团、民乐社团等,传承国学、爱我中华;语言类的上海闲话社团、口语社团,兴趣类的油画社团、素描社团等,提升气质、拓展能力……无不推动和唤醒了学生行为规范的养成。

3. 校本课程

根据学校的实际情况和学生特点,围绕励志教育的初中年段编撰了《中华美德故事集》《中华民族传统节日》《近代现代中国的 100 位历史名人》等校本教材对学生进行教育,让学生了解中华民族的文化、人文历史和传统美德,树立民族自尊心、自信心和自豪感。

校本教材按年龄、分年级,依托晨会午课、班队课、十分钟队会等平台,在学生的学、论、思、行中,将提升学生思想素养和推进行规内化全面落实铺开。

开展社会主义核心价值观进校园、进课堂等六进活动。要求全体学科教师在开展教育教学的过程中,充分融合社会主义核心价值观,培养社会主义建设者和接班人。

(三) 在德育活动中怀志励行,铸造教育之魂

利用节庆纪念日、仪式教育活动、校园节、团队活动,开展形式多样、主题鲜明的教育活动,以鲜明正确的价值导向引导学生,以积极向上的力量激励学生。

1. 开展中华传统节日的庆祝活动

每一个中华传统节日都有丰富的教育内容,我们利用清明、端午、中秋、重阳等传统节日,引导学生了解中华民族的民俗风情和传统美德,继承和弘扬民族的优秀文化。

清明节,开展"祭奠烈士忠魂,缅怀革命先烈"为主题的祭扫革命烈士活动,让学生体会到革命先烈为了民族的强盛,不惜抛头颅洒热血的崇高品质,认识到身为青年一代要不忘烈士遗志,努力学习,做对社会有用的人。

重阳节,开展"尊老、爱老、敬老"活动,让学生认识到敬老、爱老、助老是中华民族几千年文明的精华,继承和发扬尊老爱幼的传统美德是我们义不容辞的责任。

2. 仪式教育,励志成长

通过一年级苗苗入团仪式、二年级少先队入队仪式、三年级十岁生日主题集会、五年级成长毕业季集会、六年级建中队、七年级换巾仪式、八年级十四岁生日主题集会、九年级离队仪式等,精心设计教育活动,使学生了解自己成长历程,激励自己前行动力,从怀志、励志到弘志,最终成长为祖国的栋梁之才。

3. 在艺术节、体育节、科技节中励志人生

学校每年举办各类校园节活动,以"传承民族精神,艺术励志人生"为主题

的艺术节,以"强学生体魄,育时代新人"为主题的体育节和以"创新成长、励志人生"为主题的科技节,以丰富的内容、精彩的形式、有效的活动,通过多种感官的刺激、多种形式的互动,让学生在艺术享受、竞技体育和科技创新思维的培养中感悟到人生精彩,育自强自主的时代新人。

4. 在主题教育活动中实现怀志励行

通过多种主题教育,提升学生幸福感,在人格上获得全面发展。例如:常规的安全教育、心理健康教育、禁毒教育、学前教育、诚信教育、劳动教育、青春期教育、反邪教教育、生命教育、感恩教育、法制教育、挫折教育、健康教育等。

(四)在实践活动中怀志励行,追寻教育之根

各种教育实践活动也是对学生开展励志教育的重要载体,我们通过各类实践活动的开展,有针对性地对学生实施教育,从而达到教育内化的目的。

1. 发挥校外资源功能,让行规意识常记于心

学校利用一切教育资源组织学生开展课外拓展活动,如社会实践中的素质教育、职业体验、劳动教育、"三五"文明行动、"阳光爱心"结对活动、"创建文明校园"宣传教育系列活动等,通过社会对学生在活动中的行为表现的反馈,了解学生在组织纪律、文明礼仪和社会公德等方面的表现,及时发现不足,开展有针对性的教育,从而提高学生的公共道德意识。

2. 开展学雷锋专题活动,争做新时代励志少年

我们以"向雷锋同志学习"题词纪念日为契机,开展以"弘扬雷锋精神,承继中华美德"为主题的系列活动,倡导团结互助、无私奉献的良好风尚,引导学生以实际行动来弘扬雷锋精神,参与志愿服务,坚持"从我做起,从身边的小事做起",促进学生良好行为习惯的形成,进一步推动了学校精神文明建设。

3. 投身志愿者服务活动,以良好的素养影响他人

志愿者服务活动是学生走向社会的一种延伸,是学校德育活动中不可或缺的部分,学校开展"我是志愿者"主题活动,让师生在实践中感悟志愿者的服务精神,为创建文明城市增光添彩。

(五)在协同育人体系中怀志励行,形成教育的合力

充分利用学校、家庭、社会的各种教育资源,协调各方面力量形成合力。充分发挥家庭教育和社区教育对中小学生成长的积极影响,为学生怀志、励行创

设良好的环境。

1. 家长学校,让教育的方法更科学

学校主动与家长及社会各界合作成立家长学校,帮助家长树立正确的家庭教育观念,注重对家庭的励志教育的指导和沟通,开展了主题为"做有思想的家长"的系列家教指导。

2. 家长沙龙,让教育的经验能共享

家长学校的任课老师结合实际和形式,认真备课,通过多种形式,帮助家长进一步了解新形势下青少年教育的内涵,掌握促进学生社会化、发展学生个性的有效方法,从而使学校教育、家庭教育和社会教育互为补充,形成合力。

3. 亲子作业,让教育的过程更温馨

学校关注学校、家庭、社区之间的互相配合,通过社会实践等载体,营造有利于学生发展、成长的良好的励志教育环境。如:指导家长和孩子一起开展读一本书,带孩子去一次德育实践基地,听一次讲座,进行一个环保行动,体验一次志愿者活动,写一份心得体会等亲子活动。

三、管理与评价

(一) 完善德育管理制度,激发育人功能

1. 健全管理网络

德育管理网络由学校党支部、校长室和学校德育领导小组共同领导,由政教处、教务处、总务处、家委会、团队多部门组成,成员包括全体行政、年级组长、骨干班主任、学科教师代表及学校家委会的代表和社会人士等。

2. 完善各类保障

(1) 组织保障

加强学校现代制度建设。以完善学校章程为抓手,进一步规范学校制度建设,不断完善学校的各项规章制度。采取制度化管理、规范化操作模式,提高执行力度。进一步完善各类管理制度和考核评价制度,使学校健康有序地发展。

(2) 资源保障

环境资源保障。创建安全文明校园,按照预防为主、标本兼治、重在治事的原则,深入开展学校治安工作,维护正常的教学秩序,认真落实学校治安保卫的

各项措施,营造安全、文明、稳定、健康、和谐的育人环境,使校园真正成为让学生家长放心的一方净土。

社会资源保障。学校德育规划的落实,德育目标的实现,离不开学校社会各类资源的支持。学校得到家庭、社区、企业等多种社会资源的支持,吸引社会优质资源为学校的发展助力,力争实现学校更快、更好的发展。

(二) 培养各类德育队伍,强化教育的实效

1. 班主任队伍

一支理念先进、业务精湛、责任心强、尊重学生的班主任队伍,是实施励志教育的最基本的保障,通过班主任分层培养、不同培训,不断涌现出骨干型班主任、活力型班主任、成熟型班主任的队伍,有助于在励志教育中进行案例分析、学生个性发展的跟踪和记录,不断探索励志育人的育人规律和育人方法。

2. 学生干部队伍

学校本着"以学生发展为本"的理念,积极探索学生"自我教育、自我管理、自我服务"的教育模式,通过建设更为民主、更具有人文气息的学生自主管理机制,发挥学生在励志教育中的主体作用,引导学生成为具有自主发展意识、自治能力的人。

学生发展处联动学校团队指导建立了学生的自主管理载体——小学组的"I do"自主团和中学组的"I can"自主团,自主团下各设立三支队伍:行规检查员队伍、行规巡查员队伍、示范监督员队伍,协助学校完成日常行为规范的管理工作。

3. 德育管理队伍

由书记、校长、德育副校长、学生发展处教师、心理健康教师组成的德育管理队伍,是学校德育工作的重要脊梁,主要负责制定学校德育工作的总体方向和重点项目,并组织和关心好班主任队伍开展励志教育,关注每个班级之间的不同教育特点和班主任的不同教育风格,进而形成学校特有的德育特色。依托心理健康教育,不断加强对教师和学生心理健康培训,关注学生心理健康和青春期教育等专题教育。

(三) 建立师生激励评价体系,提高育人动力

1. 学生激励评价

根据学校提出的德育目标和分年级的德育内容要求,将学生综合素质评价

的各项内容纳入学生评价激励机制当中。每学期开展"素质风采奖""好苗苗""三好学生""进步奖""苏吾杯""优秀学生干部"的评选,每年的六一主题集会上,评选"怀少之星":艺术之星、体育之星、科技之星、阅读之星等,每个奖项都以学生自主申报、班级推荐、年级推荐、学校推荐相结合的方式进行申报,由学校德育管理小组最终审核认定。

2. 教师激励评价

根据学校教师的情况,将教师评价分为三类。第一类是优秀的专业发展教师。鼓励优秀教师不断进步,评选区级骨干教师、镇级学科带头人、校级骨干教师及学科新星,通过集中培训、外出学习、观课评课、教学评比等多种途径提升教师专业素养。第二类是鼓励教师个性化发展。根据教师的不同教育风格,搭建平台,鼓励教师发挥教学特长,认领并公开招募拓展课程,吸引不同的学生进行走班化的选课学习,既发挥教师特长又促进了学生的全面发展。第三类是以课题为引领的青年教师发展。学校大力支持青年教师申报各类课题,通过德育课题研究和教育教学的实践,在理论的支持下不断实践、反思、总结后,再提炼形成教学方法和策略,继而提升自我的教育教学水平。

另外,民主的氛围也是激励教师开展励志教育的有效保障,学校经常以工会、党小组的形式听取教职工意见和建议,鼓励教职工群策群力,为学校发展献计献策,从而体现"学校是学生的学校,更是教师的学校"的发展理念。

 特色德育篇

诚信教育,美德人生

——怀少学校诚信教育德育课程的实施

随着《公民道德建设实施纲要》《中共中央国务院关于加强和改进未成年人思想道德建设的若干意见》的颁布、"社会主义核心价值观"的深入学习以及弘扬和培育民族精神活动的进一步深化落实,诚信教育也成为学校教育的一个重要的道德课题,值得广大师生去不断实践和研究。

一、诚信育人课程背景

诚信是人类一种具有普遍意义的美德,自古以来就被视为一个人的立身之本,"一诺千金""言必行,行必果"是历代品德高尚者的处世之道。我们选择了诚信教育作为学校道德教育的突破口,旨在以与时俱进的态度,根据不同年龄段学生的心理特点和内在需求,寻找更适合时代特征的道德教育途径,不断提高中小学生诚信教育的针对性、实效性,让怀少学子争做有德之人、诚信之人,为学生的终身发展奠定坚实的基础,也与学校培养"心仁爱、行有信,志高远"学生的目标高度一致。

二、诚信教育课程的内容

诚信包含两层含义:一是要以信用取信于人;二是对他人给予信任。诚信教育是通过德育课程的设置和实施,使学生受到诚信的熏陶,进而做到"说诚信话,办诚信事,做诚信人"。

(一) 诚实教育

培养学生以诚待人,言行一致,不说谎话,自觉守纪,作业和考试求真求实,不抄袭,不作弊。

(二) 守信教育

培养学生守时、守信、有责任心,承诺的事情一定要做到,言必信,行必果。遇到失误,勇于承担应有的责任,知错就改。

(三) 规则意识教育

除了诚实教育和守信教育外,还要加强遵守法纪法规、校纪校规和社会公德的教育,培养学生的法律意识,具备良好的道德品质。

三、诚信教育的实施

(一) 创设和谐氛围,寓诚信教育于活动之中

依据中小学生不同年龄特征和心理特点,采取动态教育形式,设计新颖有

趣的活动,让学生在丰富多彩的活动中知晓诚信内容,领悟诚信真谛,培养良好习惯,永做诚信之人。

1. 实施"校园诚信行"

（1）评选"免监考班"

学校在初中部实行无人监考已有十年,学生在平时的测试和阶段考试中都只设巡考,不设监考老师。学校对严守考纪的班级给予"免监考班"挂牌。这一举措包含了对学生心灵和品格的尊重,也包含新型师生关系的建立,让学生在上交一张真实考卷的同时,也出色地完成了一张人生美德的答卷。获得"免监考班"集体的班风、学风也都得到了任课老师的认同。

（2）实施"卫生免检班"

推出了以开展争做"卫生免检班"活动为载体的诚信教育。对于卫生检查和突击抽查都合格的班级给予"卫生免检班"挂牌。被评为卫生免检的班级,每天无须再接受卫生老师和值日同学的卫生检查,承诺保持整洁的卫生环境,让学生自觉养成良好的卫生习惯,做一个诚信之人。

（3）表彰"作业诚信班"

在"免监考""卫生免检"行动的基础上,继续倡导"不抄袭作业"的诚信活动,在全校又掀起了争创"作业诚信班"的教育热潮,培养了学生独立思考、独立完成作业的好习惯,提高诚信意识。

2. 开展"我诚信、我自豪"主题活动

（1）慧雅阅读活动

组织学生阅读大量的书籍,积累有关诚信的名言、格言、谚语,摘抄并做成书签,相互传阅学习。学生从孔子的"言必信,行必果",文学家鲁迅的"诚信为人之本",民谚的"一言既出,驷马难追"及"一诺千金"的佳话中感受到诚信乃是中华民族的传统美德。

（2）诚信演讲比赛

通过"星河广场"专题活动,组织学生开展"共铸诚信"的演讲比赛活动,学生从故事中进一步明白诚实守信是做人之本,也是沟通人类心灵的桥梁。

（3）开展征文活动

组织学生进行"呼唤诚信"为主题的征文比赛。从文字世界里，我们欣喜地听到了"诚信是一种美德"的呼唤。

（4）召开主题班队会

利用班队课组织全校学生召开"我诚实、我自豪"主题班会。一句句共筑诚信的口号，像一股股活水，逐渐深入人心，在学生的心田牢牢扎根，并潜移默化地强化他们的诚信意识。

（二）将诚信教育融入到课堂教学之中

发挥课堂教学对学生进行诚实守信教育的主渠道作用。教师充分挖掘、寻找教材内容中诚实守信的教育点，在课堂教学中开展诚信教育。通过各学科的诚信教育，使诚信深入课堂中，使教育教学内容更加丰富具体。

（三）拓宽育人空间，深化诚信教育

1. 家校合力，构筑诚信和谐环境

通过家长会、家访、家长学校、家委会活动等形式，积极引导家长充分认识诚信对孩子成长的重要性，促使家长以身作则，自觉参与诚信教育。倡议学生与父母签署"诚信合同"：父母应该说到做到，对亲人、朋友、同事要讲诚信，答应孩子的事要想方设法做到；而孩子也要做到诚实守信，答应父母的事情要做到按时保质，绝不弄虚作假。家校密切配合，促进家庭诚信环境的建设。

2. 社会实践，体验诚信对成长的重要性

人只有在社会中，才能感受到诚信对成长的重要作用，才会更加深刻地懂得如何做一个合格的社会公民。因此，学校经常与结对的社区、德育活动基地一起，开展诚信体验活动，利用社会资源为学生提供丰富的受教育平台，为学生找到合适的体验岗位，获得全新的体验，培养诚信品质。

只有立足于"知"和"行"的统一、课内外的结合，通过丰富多彩的活动，将诚信教育的德育课程融入学生的学习、生活的各个细节，在潜移默化中培养学生的诚信品质，才能达到循序渐进的教育效果。

专家点评

　　"少年怀志，善学励行"的学校德育工作顶层设计能够根据国家政策、办学理念、培养目标、文化传统、学校特色、学生实际等方面来进行架构，对教师而言要心怀学生，对学生而言要少儿怀志。学校既有德育总目标，又有分年级德育目标，努力把学生培养成为"心仁爱、行有信，志高远"之人，使之成为心怀感恩、诚信为人，志向高远、自律成长的新时代接班人，可以看出目标设置守正创新，兼顾了学校优秀的文化传统和当今培养时代新人的需要。学校落实立德树人的根本任务，既强调学的风尚、学的态度、学的方法，更砥砺操守和品行，为学生的"人文素养、责任担当、终身学习、创新能力"奠基。学校不仅全面架构了校本德育工作目标体系、内容结构，还建立了完整的德育工作路径与机制，力图从全员、全程、全方位实现"六育人"，并与怀志励行有机融合：在校园文化中怀志励行，丰富教育空间；在课程建设中融入怀志励行，拓展教育资源；在德育活动中怀志励行，铸造教育之魂；在实践活动中怀志励行，追寻教育之根；在协同育人体系中怀志励行，形成教育的合力；以及加强班主任队伍建设，完善德育管理制度，发挥管理育人的功能。诚信是做人的基本，"为人之德"是诚信，学校将"诚信教育德育课程"作为学校德育特色课程，将德育指向人的成长，聚焦于课程研发与实践，可以说既立足现实又面向未来。文章既全面介绍了学校德育工作，又突出了诚信教育的重点；既有系统的理论思考，也有许多实践，可以供读者借鉴与思考。

（点评专家：松江教育学院，特级、正高教师　王洪明）

"国韵"文化视野下,构建多元化的德育幸福课程

上海市嘉定区丰庄中学德育顶层设计　文/陆燕凤

⬤ 学校简介

上海市嘉定区丰庄中学(以下简称"丰中")创办于 1999 年 3 月,地处嘉定区东南角的真新街道,是嘉定区教育局直属公办初中。学校坚持以人为本、德育为先、全员育人的发展战略,以"让每一个生命丰富多彩"的办学理念,着力打造"国韵"文化品牌,努力探求适合学生发展、张扬学生个性特长发展、追求师生协调持续发展的办学方式。

学校本着"课堂与课外相结合、必修与选修相结合、学科教学与活动开展相结合、传统文化与现代科技相结合"的原则,在融合学校"国韵"文化基础上,开发多元化的德育幸福课程(简称"国韵"课程),进一步凸显学校的办学特色,帮助丰中学子"自律、自信、自尊、自强",用健康的身心薪火相传,促进师生多元发展。

◼ 理论思考篇

一、课程即文化

课程是文化资源之一,它具有学校特色。对教师来说,课程是自身文化的

积淀和传播;对学生来说,课程是多种文化获取的渠道。

(一) 源于对时代背景的思考

现在是全球化的时代,对民族文化的保存与发展关系到整个社会乃至人类的可持续发展。京剧艺术作为学校的特色课程,是丰中学子对我国传统文化艺术瑰宝的传承和发扬。

学校秉承京剧教育 16 年,16 年间,京剧在校园中生根、萌发、壮大,京剧文化已经在潜移默化中影响到丰中人的一言一行,逐渐形成了"国韵"文化的绿荫。近几年,在"国韵"文化的指导下,我们制定了"文化理解、师生成长、传统特色、时代发展"的十六字方针,构建了"国韵、国艺、国风、国术"多元化的课程体系,丰富了"国韵"文化的内涵和外延,推动学校的内涵发展。

(二) 源于对学校德育工作的思考

中小学德育工作的基本任务是培养学生成为热爱社会主义祖国、具有社会公德、文明行为习惯、遵纪守法的公民。但随着多元化价值取向的融入和信息的高度发达,学生缺乏正确的判断力,他们的价值取向和价值观难免有偏颇,给德育工作带来了难度。因此,学校德育重视中华优秀传统文化对学生成长的滋养作用,紧跟时代,重视德的价值,这也是学校长期的德育任务和内容。

基于对德育工作的理解,学校在"国韵"文化视野下,将构建多元化的幸福课程作为学校德育工作的出发点和归宿点。无痕渗透"崇善·尚美·蕴思"理念,强化习惯养成,注重过程评价和示范引领,争取达到教育效果的最大化。

二、课程即成长

课程设置离不开"人"的因素,师生的能力所及、兴趣所在、发展所需是开发与实施课程的重要依据和保障。为了满足学生发展的需求,教师充分发挥自己的创造意识和创造能力,自编国韵课程,为师生的发展提供了广阔的舞台和可操作的途径。

三、课程即传承

在课程开发过程中,丰中成绩显著。

传统项目：京剧进校园。十六年来探索、实践,厚积薄发。现在校园中走出了一大批京剧表演者、戏曲爱好者;市区等舞台上也出现了我们丰中人的身影。同时,校本京剧课程应运而生,国韵课程成为建设中不可替代的重头戏。

科技项目：学校组建起的 STEAM 团队,日渐成为本地区的一颗闪亮新星。DI 团队、机器人团队、3D 打印团队数次获得国家、市级团体、个人大奖,这几支队伍日渐壮大起来。传统和科技项目铸就了学校国韵课程的特色。

四、课程即发展

学校课程在一定程度上反映了时代的本质,同时又将随着时代的发展不断更新。要培养全面发展的人才,课程必须走在时代的前列。

除了现代教育技术的发展,人们的价值取向、公德评价、法律法规也在不断地受到冲击、更新和完善。具有时代性的德育幸福课程将引领学生适应学习社会化的需要。因此,学校的德育幸福课程锻铸、凝练出"国韵娃、新德育",将培养全面发展、满足社会需求的新生力量。

 **德育工作篇**

一、"国韵"课程的建设目标
幸福课程培养目标及其内涵

在"国韵"文化视野下,以德育幸福课程建设为核心,以德育队伍建设为保障,紧密联系学生的生活实际,充分挖掘校内外的德育资源,逐步形成"文化理解、师生成长、传统特色、时代发展"的德育工作特色。用传承优秀传统文化和培养科技创新素养推动学校的德育工作,让师生既有传统文化素养,又有现代气质,以师生的发展来推动学校德育的内涵发展。

国韵课程建设目标分为三类:

1. 学生发展目标

人文情怀、融通文理。通过国韵课程建设,一方面挖掘学生的多元智能,让不同能力层次的学生实现自我、发展自我；另一方面，培养热爱生活、热爱学习、热爱祖国传统文化、具备良好道德品质和健康体魄的可持续发展型人才。

2. 教师发展目标

尊重差异、优教乐群。通过国韵课程建设，一方面实现角色转变，从单纯的课程传输者转变为课程的开发者、组织者和研究者；另一方面，增强教师的合作意识和教科研能力，和衷共济，以投身课程改革和教学研究。

3. 学校的发展目标

国韵人生从这里起步。通过国韵课程建设，让"国韵文化"融入课程、融入教师、融入学生，成为学校德育的核心文化支柱。

学校将国家课程、地方课程与校本课程统筹整合，开发"国韵、国艺、国风、国术"四大文化幸福课程，培养"爱祖国、爱生活、会做人、会学习"，并具有"真善美"的良好品行的学生群体。

二、国韵课程的实施途径与方法

（一）创造以点带面，辐射引领的精神文化家园

围绕以国韵文化建设辐射校园精神文化建设，学校努力创建充满尊重、和谐、理解与关爱的精神家园和国韵文化家园。

1. 形成彰显以人为本的校徽、京声京韵的校歌、翰墨芬芳的书法等丰中符号

校徽底色使用中国印章之红色，配以白色的文字构成，充分体现出中华传统文化——篆刻中的阴刻魅力。这也体现出丰中以传承中国传统文化为己任、传承华夏文明为夙愿的办学理念。总之，丰庄中学的校徽给人醒目、亲切和思索的印象，它承载着丰中人追求"崇善·尚美·蕴思"的愿望。

"国韵丰中，博采众长……"这首校歌如今已是丰中的精神图腾，与校徽、校训等相得益彰。学校美育节"校歌的年级、班级对擂赛"已经成为丰中传统的活动项目，以校歌为节奏的京韵操成为师生每日的必修课，校歌传唱彰显着和谐的校园文化。

2. 镕铸"国韵文化"于校报、校刊的创建与完善中

为了全面推进学校的国韵文化建设，学校创建校报校刊，完善国韵文化宣传载体，全面展示学校国韵文化的理念、校园特色及教育成果，让承载"国韵"特

色的校报、校刊成为学校师生、家校、校际之间沟通与交流的平台。

3. 围绕"国韵文化"建设,注重德育队伍的梯次形成

以德育培训为平台,全员德育,把"文化理解、师生成长、传统特色、时代发展"教育理念融入教育管理全程。创新班主任培训和研修形式,强化对青年班主任的培养,促进德育管理团队自我教研,打造具有"国韵"品质的德育管理团队。

(二) 打造国韵校园,彰显环境育人功能。

苏霍姆林斯基说,要让学校的每一座墙都说话。也就是说,学校文化应弥散在学校的每一个角落。因此,我校基于教育理念和特色,不断加强"国韵文化"的校园环境建设。

1. 融品牌特色于环境,彰显情意

学校以国韵文化为特色打造校园环境成为每年的工作亮点,着力打造"国韵丰中"的形象品牌,如京剧脸谱、各类活动剧照、京剧艺术介绍等。学校在校园环境创建中关注办公文化、走廊文化,以师生共创和展示交流为核心,打造"国韵文化"家园,不仅起到装饰美化的作用,也成为校园特色文化宣传的重要载体。

2. 融品牌形象于环境,辐射理念

学校关注在环境布置、版面宣传、办公室文化中融入学校校徽、校训等符号,彰显学校"丰富底蕴,厚实文化"的办学宗旨,既宣传了学校形象,也起到润物细无声的教育作用。

3. 融品牌文化于环境,细节育人

学校基于国韵文化和德育培养目标,打造和形成凸显国韵人文的"一班一品"的班级特色,文化节与美育节共同表彰。基于"班品"文化,形成个性鲜明的班级特色,基于学生实际形成班级公约,设立图书角、传统文化专栏等,让班级弥漫阳光、活力与个性,使每个班级都成为学生学习和生活的温馨家园。在内外环境建设上,紧扣国韵文化的主题,处处打造文化育人、艺术育人的契机,渗透民族文化,起到国韵文化的导向作用。"丰采"城市少年宫的环境营造,凝聚着内心的构思,明确时代发展方向,倡导"大国工匠"精神,走廊成为真正的国韵文化长廊,在为师生创造优雅环境的同时,也指引着学校艺术教育与文化传承

的发展方向。

4. 融品牌荣誉于环境，聚焦文化

学校在国韵文化创设中关注宣传与辐射，彰显师生学习成果，凝聚正能量，让师生通过观赏感悟收获，产生对学校发展的自豪感，从而凝聚人心。布置绿色草坪上的书法篆刻，大厅过道的多样作品，教学长廊的历史壁画，上下楼梯师生活动的精彩瞬间，感动丰中十大人物事迹展示等，使得师生们驻留其间，有所思有所悟，激励、感动、自信、乐观滋润心田。

（三）国韵课程实施体系

1. 德育系列专题课程

构建"国韵娃、新德育"德育专题课程。班队活动作为实施平台，纳入课程计划，分别在低、中、高三个年段实施。各年段以"推广法制知识、培养健康意识、评判公民道德、推崇绿色生活、传承民族精神"为活动主题，以提高学生的道德品质和社会责任感。

2. 学科拓展课程

300年传统京剧文化，具有强大的教化功能、多元的审美特质、丰厚的文学底蕴、不懈的创新精神。学校教师对京剧中的教育资源进行了挖掘与整理，沟通其与五育的关系，融入国家课程的学科教学，形成如下学科拓展课程（音乐、美术、政治、体育、英语等），开辟学时，加以实施。

（1）开发利用京剧语言资源，提高学生的文学素养

京剧语言资源是指京剧的唱段语言资源、念白艺术中的语言资源。其本体大多是古代汉语口语，有很多方言、典故，给学生学习京剧造成障碍。

为此，学校首先采用教育部确定的15首京剧唱段，为学生扫清语言障碍。其次，收集传统京剧经典唱段、念白，从中选择脍炙人口的唱段，力争涵盖京剧各行当，设想形成《京剧语言资源普及读本》，在语文课堂中实施。

经过实践，"京剧语言解析"不仅为学生理解京剧语言搭建桥梁，降低了学习京剧的难度，而且有利于促进学生对京剧产生积极的情感态度，感受民族传统语言的魅力，提高自身的文字鉴赏能力和审美情趣。

（2）开发利用京剧德育资源，培养学生良好的道德情操

京剧与中华民族几千年的悠久文明一脉相承，学校德育课程应当让传统的

京剧艺术发挥它所独具的育人功能。在众多的传统京剧剧目中，蕴涵着深刻的思想内容。如《借东风》中诸葛亮的超群智慧、《铡美案》中包公的公正无畏、《红楼二尤》中女子的忠贞刚烈……因此，政治教师甄选出《京剧故事40例》作为学生学习京剧的补充读物，并有机地渗透进政治学科教学中。学生慢慢地在戏剧中感悟人生的意义和价值，学会做人、做事、做学问。

（3）开发利用京剧美学资源，提高学生的审美能力

京剧从外在的服饰、脸谱、舞台布景，到丰富的唱腔艺术，都代表了中华民族传统的艺术之美。京剧美学资源主要分为两种：视觉审美、听觉审美。课程教师就是通过视觉审美引导学生感受脸谱、服饰的绚丽多姿；通过听觉审美引导学生感受音乐、唱词、念白、舞美的美妙神奇。

以视觉审美为例。京剧脸谱是演员舞台演出时的造型艺术，一般花样复杂、造型丰富、意蕴奇特，是美与丑的统一。如红色表示忠义、白色代表奸诈等。京剧服饰更是有着丰富的纹样和色彩资源。面对丰富的美学资源，课程教师在美术课中开展以探索京剧艺术之"美"为主题的学科拓展课程，立足传统艺术，延伸到现代美术设计，让传统与现代相结合，知识与生活相结合，作为国家教材的补充。这一美术学科拓展课程提升了学生发现美、追求美、创作美的能力。

在众多学科课程的合力推动下，学生突破传统京剧流派流传下来的古装剧，挖掘课本资源、创新人物角色、设计唱腔唱词，将一场全新的京剧课本剧展现在世人面前。这是课程开发与实施最鼓舞人心的成果。

音乐学科：构建课程集锦《行云流水的唱腔》。教师将学生耳熟能详的歌曲改写成京腔京韵的形式来表现，一方面拉近了传统京剧与学生之间的距离；另一方面帮助学生了解京剧的音乐之美，体验传统音乐的魅力，提高音乐审美能力。

美术学科：构建课程集锦《探索京剧艺术之"美"》。教师带领学生探索发现京剧中的美术元素，既丰富了美术课程资源，又拓宽了学生对艺术的认知空间。

语文学科：构建课程实施集锦《京剧语言资源普及读本》。教师充分开发利用京剧语言资源，形成现行基础语文补充性的教学内容，让学生感受其语言魅

力,提高自身的文字鉴赏能力和审美情趣,积淀丰厚的文学修养。

政治学科:构建课程实施集锦《京剧中的德育故事》。教师通过挖掘京剧故事、人物以及表演艺术家身上的精神底蕴,发扬中华传统美德。

体育学科:构建课程实施集锦《京剧的"做打"功夫》。教师将京剧中的"做、打"动作融入体育教学中,既丰富了体育活动形式,又锻炼了学生的动作协调性和柔韧性。

英语学科:构建课程实施集锦《京剧文化的传播与交流》。教师围绕京剧中的人物角色、历史故事、社会背景等文化元素,提升学生对祖国传统文化的表达能力和传播能力。

艺术实践课"循循扇诱"饱含"国韵文化"的浸润,既注重德育渗透,也注重培养学生"用嘴说出来、用手画出来、用心悟出来"的艺术教学模式,帮助学生拓宽对国韵文化的认识。以《进一步让京剧焕发校本本色》为核心的特色项目,培育学生在泥塑训练中确立"塑人·塑心·塑志"的目标。

3. 校本特色课程

(1) 机器人特色课程

在机器人课堂教学中,普及机器人的基础知识,了解和掌握机器人的基本知识和技能,感受其对人类生活的影响,从而激发学生爱科学、学科学、用科学的浓厚兴趣。机器人课堂教学主要完成三个方面内容:一是让学生了解智能机器人的概念和工作方式,消除对机器人的神秘感;二是让学生了解和掌握智能机器人智能化的过程;三是让学生组装机器人,培养学生的动手能力、协作能力和创造能力。

(2) "京剧"特色课程

京剧男团、女团在学校已经有十多年历史,在家长和社会的广泛要求下,为了能让更多的孩子受益于京剧的传统艺术美,我们外聘京剧院教师来校开设京剧表演课程、京胡演奏班,让学生在专业指导下提升艺术素养。

(3) 花样跳绳课程

在国家"每天锻炼一小时,健康生活一辈子"的号召下,每天一小时的大课间活动也涵盖着丰富的课程内容。在有限的场地中,体育组教师编排了大课间体育锻炼项目花样跳绳,请专业人员来校带领学生训练。同时每学期还会开设一些富有趣味的小型体育项目,深受学生喜爱。

（4）特色活动课程

学校抓住主题教育、节日庆典、校园文化艺术节、古诗词吟诵会、民俗文化专场、戏曲进校园、高雅艺术进校园等活动,展示"国韵文化"特色。每年的嘉定区学生艺术单项比赛及学校相继开展的"科艺群星荟·国韵丰尚秀"科艺节和"崇善 尚美 蕴思"为主题的美育节活动,成为彰显"国韵"和推进"国韵"的重要载体,以此为平台,学校开展了"诵读经典大赛""民族音乐进校园"等系列活动,推进学校"国韵文化"特色的进一步发展。这些活动都再一次诠释了丰中教育的灵魂——让每一个丰中人健康快乐地成长。

4."少年宫"活动课程

学校从学生发展各要素出发,以"丰采城市少年宫"为依托,开设五大类社团,即美德、美文、美智、美体、美艺。"个性化的发展、自主式的选择、全员化的参与",是"丰采城市少年宫"的活动宗旨。教师依据自身特长创编京剧文化、脸谱、剪纸、国画、京剧表演、京胡演奏、心理、DI、舞蹈社团、书法社团、泥塑社团等课程,供学生自主选择。同时,学校在课程评价中采取活动展示的评价策略,如依托学校文化节、美育节等大型活动,展示课程和社团教学的学习成果,使学校"国韵"课程体系中的评价反馈落到实处,体现实效。

5. 社会实践活动课程

社会是一本活的教科书。学校为学生设计了四项实践活动课程,并利用每年春秋社会实践的时间,带领学生领略壮美河山,感受人文风俗。分别是:

六年级：走进京剧场馆体验；

七年级：南京研学之旅；

八年级：安徽研学之旅；

九年级：走进高中研学之旅。

"国韵课程,润泽心灵",我们在课程建设中摸索前行,遵循教育规律开发课程,尊重教育主体实施课程,努力将目光从应试本位的教育观、分数本位的评价观转向师生精神层面的发展、人格素养的提升、个性成长的实现,促进人与人、人与社会、人与自然的和谐发展。

特色德育篇

....

发掘传统节日育人价值，奏响传统文化传承"三部曲"
——丰庄中学"我们的节日"系列活动开发与实施

中华民族传统节日有着丰富的文化特质，其中，清明节、端午节、中秋节等被国务院列入国家级非物质文化遗产名录，中华民族传统节日在道德风尚形成中具有独特价值。丰庄中学历来重视对学生进行传统文化教育，围绕"让每一个生命丰富多彩"的办学理念，发掘传统节日的育人价值，奏响传统文化传承"三部曲"。

一、以"我们的节日"经典诵读为依托，奏响传统文化传承前奏曲

一是构建"我们的节日"经典诵读体系。每学期制定诵读计划，在各年级开展不同的诵读教学内容，全体师生共同参与，构建诵读体系。二是搭建"我们的节日"经典诵读平台。开展"诵经典、写经典、唱经典"等活动，把传统文化教育贯穿于日常教育教学之中。三是丰富"我们的节日"经典诵读活动。学校借助校园艺术节、文化节、文艺汇演等载体，围绕孝父母、守诚信、善待人等主题，以诗文朗诵、经典歌曲演唱等形式，把经典美文表现出来。成立兴趣小组，将传统体育项目、绘画、书法、剪纸等国粹融入其中，让学生在阅读、背诵、知晓、理解、运用、演绎和创作中，重拾学习中华优秀传统经典的兴趣，有效推进了传统文化的普及和振兴。

学校深入挖掘传统节日的丰富内涵，围绕不同的主题，制定了详实的活动计划，确保活动扎实有效地开展。春节通过包饺子、写春联、剪窗花、拍全家福等方式，挖掘春节文化内涵；清明节开展"文明祭奠我先行"活动；端午节组织开展讲传统美德故事活动。中秋节围绕团结、团圆、庆丰收、圆满的主题，举办"咏月"经典诵读活动、召开"迎中秋经典诗词诵读"主题班会。

二、以习俗节庆为纽带,奏响传统节日活动协奏曲

(一) 系统设计,优化活动内容

学校将已有的民俗节庆进行梳理,紧紧围绕五个传统节日:元宵节、清明节、端午节、中秋节、重阳节,从爱国、处世、修身三个维度,规划家国情怀、社会关爱、人格修身三大板块,围绕民俗体验、民俗探究、人物访谈、主题教育、社会实践五种活动形式开展。通过活动,帮助学生在亲身体验中,开展一脉相承的社会主体核心价值观教育。

(二) 融通文理,丰富活动特色

学校紧紧围绕"丰富底蕴,厚实文化"的办学宗旨,以民俗节日的文化内涵为基础,融合文学、音乐、绘画、科技发明等特色活动。在活动中,紧密结合学生核心素养和自身职业生涯发展的需要,紧扣五大节日,设计中华民俗系列活动,如:元宵节——重团圆、体亲情;清明节——缅英烈、祭先祖;端午节——话屈原、讲爱国;中秋节——包月饼、续传统;重阳节——话重阳、敬长辈。学生通过丰富多彩的实践方式,深刻了解了不同民俗的文化内涵。

(三) 坚持自主,增强活动趣味

"我们的节日"活动自始至终充分尊重学生的意愿,注意调动学生的兴趣,突显学生的自主选择性,深受学生欢迎。

1. 年级承办,自主设计

活动结合不同年级的特点,学生共献计、齐行动,从设计、组织到实施都自主完成。例如:

每次"我们的节日"活动都由一个年级的学生承担,从活动设计到组织、实施,由学生全程参与。几年来,每个承担课程设计的年级都是师生齐行动,群策群力,结合年级特点深入开发。例如 2018 年中秋节活动由七年级设计实施,分为续传统、品中秋、包月饼、传温情四个篇章,通过朗诵、吟颂、讲故事、包月饼等丰富的活动形式,讲解传统节日的来历及所蕴含的文化内涵。

2. 自创精品、展示才能

在承办"我们的节日"活动过程中,学生纷纷将自己的思考、收获融入各类原创活动。例如在"庆元宵"中,学生自己动手制作环保花灯,举办灯会;清明节,学生创作、朗诵诗歌,共同抒发对先烈的缅怀之情;端午节,学生话端午、敬

先人、包香粽、品粽情;中秋节,学生续传统、包月饼、传温情;敬老节,学生走访真新敬老院,献爱心、送温暖。一次又一次的民俗节活动可以说是学生智慧创意的结晶。总之,"我们的节日"系列活动,为学生的奇思妙想、多才多艺提供了充分的展示空间。

3. 主动实践,体验民俗

在每一次"我们的节日"活动过程中,学生最喜欢的就是民俗体验环节,每位学生都乐在其中,并能将民俗文化融入其生活。

三、以化育知行为关键,奏响文化遗产保护合奏曲

一是重视传统文化的挖掘整理。结合学校实际及学生年龄特点,组织教师编写传统文化教材,现有校本教材《走进传统文化》《图谱春秋》。二是积极开展"传统文化进校园"活动,推出"丝弦古韵——古诗词音乐会",开展"国韵·京韵·画韵"主题绘画创作展览活动、"传承国粹·京韵和鸣"校园京剧清唱会,成功举办跨省市"戏曲进校园"的交流活动等,通过开展寓教于乐的现场展演、非遗项目讲座、学习交流等方式,使学生零距离感受传统文化的魅力,推动非物质文化遗产的传承和发展。三是积极构建多元化的国韵课程。学校本着"课堂与课外相结合、必修与选修相结合、学科教学与活动开展相结合、传统文化与现代科技相结合"的原则,在融合学校"国韵"文化基础上,开发多元化的德育幸福课程,用传承优秀传统文化和培养科技创新素养的方式推动学校的特色办学,让师生既有文化涵养,又有现代气质,以师生的发展来推动学校的内涵发展。

专家点评

本文作者基于嘉定区丰庄中学的校史、校情以及区域德育品牌项目幸福课程,在充分挖掘本校课程资源、深入分析育人目标的基础上,

对本校的校本课程进行了全方位的梳理和整合。作者充分认识到良好的校园文化对于学生的成长、教师的发展、学校的发展以及整个教育事业的发展所具有的积极而深远的影响。

从顶层设计来看,将优秀传统文化和现代教育理念进行有机融合,切入点是从学校用心打造的传统文化品牌教育——京剧教育的十六年发展中,研究国粹文化在校园文化的传承和发展中对育人的价值和效能,秉承"在京声雅韵中传承技艺,在感悟文化中成就梦想"和"崇善·尚美·蕴思"的校训,重视德育特色校本课程"文化理解、师生成长、传统特色、时代发展"的十六字方针,构建了"国韵、国艺、国风、国术"多元化的课程体系,用传承优秀传统文化和培养科技创新素养推动学校的特色办学,以师生的发展来推动学校的内涵发展,并且将区域特色德育品牌幸福课程做了校本的深化,促进了幸福课程的落地和实施。

从课程体系建设来看,促进传统文化与现代科技的共生,不仅坚持了与时俱进的时代要求,也更加符合学校的育人目标;提炼国粹中的精华,与各门学科有机联系,促进学科育人的实效性、艺术性、趣味性;以京剧、习俗节庆文化为载体,将传统美德教育以学生喜闻乐见的方式融合,使得德育课程变得有温度、有深度、有广度。

从特色德育课程实施来看,彰显以人为本的教育理念,关注学生的全面发展,关注学生的身心健康,整合学校、家庭和社会资源,提升教师的专业发展,有利于达成三赢的目标:成就学生,成全家庭,成就教师。

(点评专家:上海市德育特级教师、正高级教师、上海市十佳班主任、上海市第四期双名工程攻关计划德育基地主持人　付丽旻)

践行智慧教育　培育"三会"学子

上海市西林中学德育顶层设计　文/左银智

○ **学校简介**

上海市西林中学坐落于金山区朱泾镇,2005年由上海市朱泾中学初中部在金山中学旧址分建而成。学校现有学生1 710人,教职工155人,占地面积42 051平方米,建筑面积19 385平方米。经过多年办学实践,学校形成了"智慧教育　赏识育人　幸福成长"的办学理念,"十一五"期间成为金山区素质教育实验学校,"十二五"期间成为上海市新优质基地学校,"十三五"期间与金山中学组建金中教育集团,成为综合素养培育领先、资优生培养见长、艺体教育特色的优质学校。

近年来,学校秉持"自强不息、和谐进取、勇于担当、追求卓越"的精神,加强师德、师风、师能建设,致力培养"会做人、会学习、会生活"的时代新人。学校先后荣获全国生态文明教育示范校、全国中小学舞蹈教学传统校、全国足球特色学校、上海市新优质基地学校、上海市教卫系统文明单位、上海市中小学行为规范示范校、上海市家庭教育示范校、上海市中小学心理健康教育示范校、上海市体育传统项目学校、上海市艺术教育特色学校、上海市安全文明校园、上海市花园单位等几十项市级及以上荣誉。

□ 理性思考

一、"智慧教育 赏识育人"的背景

(一) 教育从赏识开始

1. 基于学校发展历史

建校初期,学校生源70%以上为农村和外来务工子女,师生缺乏自信,办学品质难以提升。多元智能理论认为,教师和家长应该相信每位学生都是有能力的人,乐于挖掘其优势潜能。为走出办学困境,学校用赏识教育来唤醒师生自信,激发内在潜能,形成"彼此赏识,和谐发展"的校风,为建设家门口的好学校提供了动力源。

2. 基于人的发展规律

马斯洛需求层次理论指出,对尊重的需要、希望得到他人的肯定和欣赏、得到社会的肯定性评价是人们心中最深层、最根本的需要。罗森塔尔的期望效应理论认为,教师应承认每个孩子都有发展的潜能、成功的愿望,激发他们主动努力去实现一个又一个的远景性目标。需求层次理论和期望效应理论为学校赏识育人提供了理论支撑。

(二) 教育需要汇聚智慧

1. 基于可持续发展需求

党的十八大提出,把立德树人作为教育的根本任务。2016年《中国学生发展核心素养》在京发布,明确学生应具备适应终身发展和社会发展需要的必备品格和关键能力。为了促进学生的全面发展,实现"三会"育人目标,学校用教育智慧构建智慧教育场,用赏识力量塑造优质教育,为"新优质"向"更优质"发展提供助推器。

2. 基于学校内涵发展需要

集团化办学、学区制改革是当前推进学校内涵发展、提升办学质量、促进教育均衡发展的有力杠杆。为深化教育改革、促进内涵发展,学校"十三五"期间根植"金中教育集团""智慧教育"的核心理念,为赏识育人注入新的活力,为培养"三会"学子奠定基础,为学校优质发展提供教育智慧。

二、"智慧教育　赏识育人"的内涵

(一) 智慧教育的内涵

智慧教育思想最早由哲学家提出。我国学者靖国平(2003年)扩展了智慧教育的内涵,指出广义的智慧教育是一种更为全面、丰富、多元、综合的智慧教育,主要包含理性智慧、价值智慧和实践智慧三个方面,使受教育者成长为三者智慧的统一体。在智慧教育系统中,智慧型教师是关键,智慧型学生是归宿,智慧型家长是辅助,智慧型管理是保障,各要素互为条件,相互促进,形成智慧教育场。

(二) 赏识育人的内涵

莎士比亚说过,"赞美是照在人心灵上的阳光,没有阳光,我们就不能生长"。赏识教育是一种尊重生命成长规律的教育,是爱的教育,是充满人情味、富有生命力的教育。其实质是发现、承认和尊重学生的个体差异,通过赞赏激发其兴趣、动机,并适时纠正其不良行为。赏识育人,赏是艺术,识是关键。要带着期待批评,带着智慧表扬。要以倾听、尊重、理解的态度来激发学生的学习动机,使每位学生都能彰显自己独特个性。

(三) 智慧教育与赏识育人之间的关系

习近平总书记指出,教育是国之大计、党之大计,立德树人是教育的根本任务。智慧教育是实现"立德树人"根本任务的核心理念和教育方式,赏识育人是实现智慧教育的重要手段和具体表现。学校传"立德树人"之道,以"智慧教育"作法,采"赏识育人"为术,用"绿色课程"为器,成"幸福成长"之势。为此,"十三五"期间"智慧教育、赏识育人"是"十二五"期间"赏识教育"的历史传承与时代发展。

 **德育工作篇**

初中阶段是学生人生发展阶段和思想道德形成的关键时期。学校以立德树人为本,聚焦核心素养培育,完善全员、全程、全方位育人体系,形成课程育人、文化育人、实践育人、活动育人、管理育人、协同育人等长效机制。学校以"智慧教育、赏识育人、幸福成长"为理念引领,通过"求知、求真、求善、求美、求

实、求行"践行德育要求,逐渐形成了"赏识彼此　和谐发展"的校风和"切问近思　好学力行"的学风,培养"会做人、会学习、会生活"的西林学子。

一、目标与内容

(一) 学校育人目标及内容

党的十八大把立德树人作为教育的根本任务,提出培养德智体美劳全面发展的社会主义建设者和接班人。西林中学以"智慧教育、赏识育人、幸福成长"的办学理念为引领,以"求知、求真、求实、求行、求善、求美"为关键词,确立了"会做人、会学习、会生活"的育人目标,对德育内容进行梳理和统整。根据学生年龄特点,围绕年级育人目标,分层设计德育内容,开展德育活动,加强浸润和熏陶,强化体验与感受,增强德育针对性与实效性。

1. 学会做人——崇德向善　责任担当

处理与个人、社会、国家、国际等关系方面所形成的情感态度、价值取向和行为方式。具体包括社会责任、国家认同、国际理解等基本要点。培养爱国主义、集体主义精神;形成正确的世界观、人生观、价值观等。

2. 学会学习——人文知识　科学精神

学习意识态度形成、学习方式方法选择、学习进程评估调控等方面的综合表现。具体包括乐学善学、勤于反思、信息意识等基本要点,培养学生自理能力、知识迁移、创新能力等。

3. 学会生活——实践创新　健康生活

认识自我、发展身心、规划人生等方面的综合表现。具体包括珍爱生命、健全人格、自我管理等基本要点。培养独立生活,正确处理人际关系,正确处理竞争与互助关系的能力等。

表9-1　上海市西林中学育人目标及构成要素内涵

教育目标	素养层面	智慧内涵	核心素养
会做人	自主发展	止于至善　悦于求美	崇德向善　责任担当
会学习	文化基础	笃于求知　敢于求真	人文知识　科学精神
会生活	社会参与	严于求实　勤于求行	实践创新　健康生活

（二）分年级目标及教育重点内容

表9-2 年级分层教育目标及主要内容

年级	目标要素	教育内涵	主 要 内 容	主要活动
六	养成教育	求善求美有素养,知书达礼会做人	以文明礼貌、熟悉规范、自我赏识、自我约束为目标,以"赏识有约 文明最美"为主题,注重行为规范养成,提高文明素养,学会做人。	新生入学教育活动;行为规范教育活动;少先队礼仪教育;西林之星评选活动。
七	规范教育	求知求真有学养,勤学善思会学习	以自我规范、自主学习、自我管理、自我充实为目标,以"智慧有约 分享最美"为主题,注重学习习惯培养,提高知识迁移和创新能力,学会学习。	行为规范教育活动;行为规范主题教育课;西林之星评选活动。
八	青春教育	求实求行有涵养,身心健康会生活	以珍爱青春、注重实践、服务集体、健康生活为目标,以"青春有约 健康最美"为主题,培养积极心理品质,正确处理人际、社会关系,学会生活。	十四岁生日仪式;青春主题教育课;少年团校团课;西林之星评选活动。
九	理想教育	止于至善有修养,责任担当促发展	以自我规划、树立理想、自主管理、乐观自信为目标,以"未来有约 奋斗最美"为主题,开展生涯规划和理想教育,培养责任意识和家国情怀,全面发展。	理想主题教育课;少年团校团课;西林之星评选活动;九年级毕业典礼。

二、德育途径与方法

（一）优化课程体系构建,夯实智慧教育基石

以核心素养发展、综合素养改革为契机,以基础性、时代性、选择性为原则,结合校情、学情,构建针对性、实效性和可操作性的"绿色"课程体系。

1. 强化德育核心课程,德法兼修

德育课程是中小学开设的以培养学生品德为根本任务的课程。初中学段开设《道德与法治》课程,培养学生良好品德和行为习惯,促进知、情、意、行等品德要素协调发展。发掘课程育人资源,注重学科融合、内外融通,开展形式多样的教学活动。

2. 整合基础型课程资源,德润课堂

学科德育是通过挖掘渗透于学科课程中的德育资源,对学生进行道德教育的一种方式。利用人文类学科培养学生社会责任感和社会公德意识;科学类课

程开展科学精神、科学方法、科学态度的教育;体艺类学科重点培养学生健康体魄、意志品质和审美情趣。整合基础型课程资源,发挥其独特育人价值,推动学科德育序列化、系列化开展,德润课堂。

3. 开发校本德育课程,德行并重

德育校本课程是根据学生需要开发的适应本校学生发展的德育课程,是国家课程和地方课程的必要补充。学校以"行走德育"理念为指导,结合"三会"育人目标,按照"智学课程、慧行课程、德润课程"三个模块来架构校本德育课程。学校设计、开发了《本草纲目》《魅力排球》《西林版画》《晨间故事》等30多门校本德育课程,开展专题系列教育,做到德行并重,培育学生综合素养。

(二)深化校园文化建设,发掘智慧教育内涵

以学生为主体,以校园为空间,以育人为导向,以精神文化、环境文化、行为文化和制度文化建设为内容,以校园精神、校园文明为主要特征,深化、优化学校文化品牌建设。

1. 加强物质文化建设,以文启人

科学规划、合理布局教育教学设施,为校园文化活动提供必要场所。学校以赏识坛为核心,以"心理 图书 版画 探究"为中心,形成"一坛十景四中心"的校园人文景观。形成以"建筑文化"为主体,以"长廊文化"为载体,以"楼厅文化"为亮点,以"组室文化"为重点的校园文化布局。绿化、美化有机结合,人文内涵、自然景观深度融合,达到"润物细无声"效果。

2. 注重精神文化建设,以文化人

校园精神文化是学校发展的灵魂,学校以立德树人为根本,以"智慧教育、赏识育人"为理念,确立"自信、自爱、自立、自强"的校训,形成"有教无类、教学相长"的教风。以创新发展为契机,激发内在动力,形成"赏识彼此、和谐发展"的校风,"切问近思、好学力行"的学风。以着眼未来发展,塑造时代精神为导向,提炼出"自强不息、和谐进取、勇于担当、追求卓越"的学校精神。精神文化统领学校优质发展,实现以文化人的价值与功能。

3. 关注行为文化建设,以文育人

行为文化体现了环境文化和精神文化的实践过程,是学校文化重要组成部分。聚焦教师行为文化,强化师德师风建设,发挥示范引领作用。注重学生行为文化,通过"行为规范 标兵示范 道德模范"等教育活动,形成学习自主、行为自律、生活自强的行为习惯。以行为文化促进优良校风建设,形成"深化赏识育人 成就绿色发展"的良好局面。

(三)优化校园活动设计,拓展智慧教育路径

以传统节日、校园节日、重大纪念日为契机,通过校园活动系列化、课程化、特色化设计,找准学生思想共鸣点、成长需求的交汇点,在活动中发展道德认知、培养道德情感、培育道德品质。

1. 加强节日主题教育,思想浸润

中华传统节日、纪念日蕴含着丰富的教育内涵和教育资源。学校围绕节日、纪念日,结合时代特点,编写《晨间故事》等校本教材,创造性开展节日活动,鼓励学生积极参与,陶冶情操、培养志趣,提高人文素养。

表9-3 上海市西林中学法定节日主题教育

活动分类	节 日	教育目标		主 要 活 动	
传统节日	春 节	传统文化教育	民族文化认同	写春联送祝福	压岁钱献爱心
	清明节	纪念先辈古人	培养爱国情感	祭扫烈士陵墓	爱国主题班会
	端午节	弘扬爱国精神	民族传统美德	粽情研学旅行	端午主题班会
	中秋节	体验节日习俗	培养团聚情感	月饼中秋调研	做月饼送祝福
	重阳节	形成爱老风尚	培养责任意识	敬老主题班会	敬老院送祝福
重大节庆日	植树节	生态文明观念	爱绿护绿意识	校毕业林植树	植树环保班会
	劳动节	形成劳动意识	培养劳动习惯	校园保洁劳动	基地公益劳动
	青年节	培养爱国精神	树立远大理想	征文演讲比赛	团员入团仪式
	儿童节	乐观进取精神	爱校爱国情感	六一文艺汇演	班级庆祝活动
	教师节	尊师重教美德	知恩报恩品质	国旗下的演讲	敬师爱师晨会
重要纪念日	学雷锋	志愿服务精神	弘扬雷锋精神	志愿服务活动	参观雷锋场馆
	建党节	培养爱党情感	弘扬奉献精神	征文演讲比赛	唱响红歌活动
	建军节	树立国防意识	激发爱国情感	征文演讲比赛	观看爱国电影
	国庆节	形成国家观念	培养爱国精神	红色基地研学	征文演讲比赛

2. 重视团队仪式教育，价值引领

仪式承载着深厚的文化，蕴含着丰富的德育功能。庄严神圣的仪式教育可以促进学生价值观的形成和行为养成，可以发挥思想政治与道德价值引领的作用。仪式活动要结合学生成长实际及时代特点，遵循"学生主体　主旨鲜明　内容丰富　方法创新"等原则，进行优化设计。

表9-4　上海市西林中学仪式活动主题教育

仪式名称	教育目标		主要活动			
升旗仪式	增强国家意识	强化国家认同	光荣旗手	奏唱国歌	教师讲话	学子演讲
建队仪式	增强责任意识	形成集体观念	奏唱国歌	中队展示	换巾仪式	集体宣誓
入团仪式	培养政治素养	增强责任担当	奏唱国歌	佩戴团徽	聆听教育	集体宣誓
入学教育	增强学校认同	培养行为习惯	行规教育	队列队形	会操比赛	班级建设
开学典礼	增强目标意识	树立远大理想	奏唱国歌	教师宣誓	活动展示	学期寄语
毕业典礼	传承尊师美德	增强母校情感	奏唱国歌	节目展示	捐献礼物	颁发证书
少年团校	增强国家意识	强化国家认同	组织学习	志愿服务	政治学习	活动交流
社团活动	培育综合素养	培养个性特长	作品制作	活动展示	竞赛交流	优秀评比

3. 推进校园节日建设，提升素养

校园节日是校园特色文化的体现，是学校生活的重要组成部分。优化校园节日活动设计，搭建学生展示平台，丰富学生内心世界，扩大求知领域，形成"人文见长、艺体特长、科技领先"综合素养培育体系，发展核心素养，达成学校育人目标。

表9-5　上海市西林中学校园节日系列教育

项　目	时间	教育目标	主　要　活　动			
读书节	3月	培养阅读习惯 陶冶高尚情操	开幕闭幕	图书跳蚤	征文演讲	小报展评
体育节	4月	培养运动习惯 培育优秀品质	开幕闭幕	春季长跑	田径比赛	体育文化

续　表

项　目	时间	教育目标	主　要　活　动
心理月	5 月	培养人格健全 培育积极品质	开幕闭幕　作品展评　主题讲座　沟通之道
科技节	11 月	培养创新精神 提升科技素养	开幕闭幕　科技制作　科技绘画　三模比赛
艺术节	12 月	提高审美意识 提升艺术素养	开幕闭幕　才艺达人　歌手大赛　文艺汇演

（四）注重社会实践体验，拓宽智慧教育空间

以发展学生核心素养为目标，以"道德体验""品质培育"为重点，结合域情、校情、生情，发掘一批有内涵、成规模、显特色的社会实践基地，形成一批示范性课程、线路和项目。

1. 深化主题教育实践，道德体验

学校即社会，教育即生活。基于智慧教育"求实、求行"内涵要素，以"注重能力、全面发展"为指导，深化主题教育实践。围绕"三会"育人目标，聚焦不同主题系列，整体构建智慧教育主题实践育人体系。通过深化主题教育、优化活动设计，强化活动实践，细化道德体验，让学生在活动中明理，在实践中感悟，在体验中成长。

表 9-6　上海市西林中学社会实践主题教育

主题教育	实　践　内　容	部分实践地点
爱国主义	革命传统　国防教育	抗战遗址　烈士陵园　海防基地　纪念展馆
传统文化	古典艺术　金山乡情	金中剧院　荣欣书院　枫泾古镇　金山渔村
公民教育	法治安全　身心健康	朱泾司法　消防支队　东方绿洲　辅导中心
科普文艺	科普教育　实验探究	考古基地　中科分院　版画中心　校拓柘园
环保关爱	生态环保　社会关爱	山阳田园　廊下公园　强丰农庄　镇敬老院

2. 融合行走德育资源，知行合一

以"五育并举　融合育人"为理念，落实金山"行走德育"的要求，以"知行合一，从做中学"为原则，以统筹协调、整合资源为突破口，以"劳动实践，志愿服

务,研学旅行"为抓手,组织学生走出校园、走向社会,在行走中育德,将知识和生活深度融合,在实践活动中增强劳动意识、奉献精神和社会责任感。

表9-7 上海市西林中学行走德育系列活动

实践项目	实 践 内 容	部分实践活动系列			
志愿服务	校内服务 社会公益	文明监督	敬老慰问	车站引导	创城宣传
劳动实践	家务劳动 校内校外	家务整理	劳技体验	食品科技	花开海上
研学旅行	自然地理 科技人文	华夏文明	红色基因	科技考古	地域文化

(五) 完善现代治理体系,强化智慧教育保障

以"教育治理体系和治理能力现代化"为目标,以"依法治校,以德育人"为指导思想,以"自主管理,内化自律"为原则,构建以人为本的立体化管理体系,体现教育性和引导性,提升管理育人功能。

1. 建章立制依法治校,规范管理

学校以创建上海市依法治校示范校为契机,根据《全面推进依法治校实施纲要要求》及《中小学生守则(2015年修订)》等文件精神,协同家委会共同制定和完善了《上海市西林中学管理制度》等文件。根据时代发展需求,每年修订和完善,做到管理有法,落实有痕,润物无声,引领学生道德成长。

2. 规范教育注重养成,自主管理

以建设文明校园为目标,组建学生自主管委会,实行校级、年级和班级三级自主管理,培养自主管理能力。设校级管委会主任一名,副主任两名,下设文明礼仪等四个部门,在教师指导下相互协作、相互配合。每日记录反馈,每周汇总表彰,每月总结交流。自主管理实现时时、处处、人人有事做,强化行规教育,从自主走向自律。

表9-8 上海市西林中学自主管理职能分工

自主管理委员会				
职能部门	文明礼仪部	劳动卫生部	纪律检查部	艺术体育部	宣传教育部
职责范围	仪容仪表 言行举止	劳动实践 卫生保洁	活动纪律 文明休息	艺术活动 体育活动	督导反馈 宣传教育

3. 面向整体关注个体,精细管理

初中学生身心处于快速成长阶段,具有可塑性,行为具有反复性。探索"全员导师"制度,教师人人做导师,学生人人有导师,将规定项目和自选项目相结合,开展精细管理。聚焦行为规范教育,对行为失范生进行精准帮扶,建立新型的师生关系,实现有效转化,凸显管理的育人功能。

(六) 构建协同育人网络,汇聚智慧教育合力

以"智慧教育　协同育人"为指导思想,以建设"智慧型家长"为抓手,完善"三位一体"育人机制,构建学校教育为主体、家庭教育为基础、社会教育为依托的智慧教育新格局。

1. 推行家长驻校制度,开放办学

以"让教育改变家庭,让家庭助力教育"为指导思想,成立班级、年级、校级三级家委会,家长进校园实施家长驻校,开展"八个一"活动,达成办学共识。定期召开家委会、家长会,商讨焦点问题,寻求同频共振。组织家长开放日,邀请家长进校园、进课堂。家长学校开展系列专题讲座,进行家庭教育指导助推学校教育发展。

2. 优化家班共育模式,协作育人

以"家班共育"为导向,构建"教师主导、学生主体、家长主动"的家班教育共同体,邀请家长参与班级建设。组织开展"寻家史、传家训、承家风"等活动,引导家长注重家庭、家教、家风建设。推动家长进讲堂项目,利用专业特长,开设拓展课程和生涯规划指导,丰富学生成长经历,发挥家庭在学生成长中的重要作用。

3. 深化校社共建机制,融合育人

坚持合作共建与开放办学,整合优质资源,拓展教育时空。学校与中科院上海分院合作办学,通过项目驱动,提升科学素养;与司法所法治共建,增强法治观念,培养公民意识;与居委会签约共建,通过参与社区生活,培养社会规范意识;与敬老院友好共建,培养健康生活态度,形成乐于助人道德品质。深化区校共建,让师生走出校门走向社会,满足学生自主发展的需求。

三、德育管理与评价

（一）学校德育管理

1. 构建德育管理网络，全员育人

建立家校社协同育人工作领导小组和完善学校德育管理网络，实施全员育人。每个年级组由校级领导分管、中层干部协助，实施扁平化管理。年级组长是年级组德育工作负责人，指导教师围绕年级德育主题开展工作。

2. 完善德育规章制度，全程育人

根据"智慧教育、赏识育人、幸福成长"的办学理念，依法治校，修改和完善学校德育工作制度。

表9-9　上海市西林中学学校德育工作制度设计一览表

制度类别	制度内容
德育管理制度	学生行为规范、学生奖惩、社会实践、学生团队、学生社团等方面管理
德育考评制度	综合素质评价、班级综合考核、班主任考核、学生评优制度等
德育科研制度	德育科研机制管理、德育科研评比奖励等
经费保障制度	学生素质教育经费、德育工作经费等使用及管理

3. 优化德育队伍建设，形成教育智慧

教育是国之大计、党之大计，教师是立教之本、兴教之源。加强德育队伍建设，是实施智慧教育的关键。

（1）聚焦德育研究，培育名师

以"工作室"建设为抓手，以项目研究为重点，实施"聚智工程"。关注社会热点，聚焦教育重难点，提升科研能力，突破发展瓶颈。通过德育系列活动研讨，探索德育工作机制，创新德育工作路径，推动队伍专业化发展，为培养智慧型教师奠定基础。

（2）重视专业培训，培养新人

以学校青年教师建设为重点，实施"青蓝工程"。依托校内外德育专家团队，以师徒结对、班主任沙龙、德育论坛为抓手，从思想引领、技能培训、科研提升、跟岗实训等方面进行培训，培养"四有"好老师，助力青年教师快速成长。

（二）学校德育评价

以"智慧教育、赏识育人"为指导，尊重学生个体差异，着眼于学生可持续发展，重在唤醒和激励，探索德育评价机制。

1. 注重过程评价，充满智慧

教育是慢的艺术，不仅重视结果，更要关注过程。深化学科德育，优化课堂评价，编写赏识语录，进行表扬鼓励。作业批改倡导赏识评价，学业评定采用"334"综合性评价，评优关注过程性评价。对于行为失范学生，建立档案关注过程，采用激励性评价进行唤醒和激励。

2. 优化结果评价，浸润赏识

以赏识育人的理念，培育学生核心素养，促进全面发展。学校重视学生综合性评价，积极探索个性化评价。每年评选涵盖"文化基础、自主发展、社会参与"三大领域，涉及体育、艺术、科技等十多个项目的"西林之星"。利用校园星光大道和赏识园地进行宣传，用赏识点亮每一颗西林之星。

3. 实施多元评价，客观公正

教育需要家庭和社会的支持，所以评价过程应是双向和多元的。学校采用"生生赏评、师生互评、学校测评、家长点评、社区参评"方式，构建多元立体化的赏识评价体系。让学生可以正确认识、分析多元评价，更好融于学校、社会和家庭。多元评价引导学生学会赏识评价，既能发现自己，又能赏识他人。

 特色德育篇

发掘班级文化内涵　促进学生自主发展

一、实施背景

（一）立德树人，树立文化自信

文化是人们思维方式和行为方式的总和，文化的核心是价值观。习近平总书记指出："文化是一个国家、一个民族的灵魂。文化兴则国运兴，文化强则民族强。"当今社会,文化的作用愈来愈凸显,树立学生的文化自信可以提升国家的文化软实力。

(二) 智慧教育,培育"三会"学子

以"智慧教育　赏识育人"为引领,以校园文化建设为载体,秉承"四自"校训,坚持文化立校、文化强班,通过文化浸润、文化启迪,实现文化育人功能,为达成"会做人、会学习、会生活"的育人目标奠定基础。

(三) 赏识育人,实现文化育人

班级文化是学校文化的重要组成部分,围绕学校育人目标,通过构建优秀的班级特色文化,实现建班育人、赏识育人,可以唤醒学生自信,激发学生潜能,满足学生多元需求,促进学生自主、全面发展。

二、目标与内容

(一) 营造文化氛围,促进个性发展

以班级绿化和美化为重点,以环境文化建设为抓手,营造积极向上的班级文化氛围,实现环境熏陶、个性培养和潜能激发。

(二) 创建文化品牌,促进自主发展

以学生为主体和主导,通过教师指导和引导,形成"一班一品"的制度文化,实现学习自主、言行自律和文化自信,提升综合素养。

(三) 塑造优良班风,促进全面发展

坚持知行合一,以雅言、雅行规范学生言行,做到内化于心,外化于行,实现从规范、示范到典范,增强班级凝聚力。

三、组织与实施

(一) 美化班级物质文化

班级是学生学习生活、师生交流的重要空间,班级环境直接反映了集体精神风貌。以统一布局、自主设计、个性彰显为原则,建设班级物质文化。统一布局张贴国旗标识、校训、班训、核心价值观和《中小学生守则》,推动理想信念教育。自主设计励志栏、争章栏、黑板报,开垦德育文化沃土。个性化设计"智慧在线""赏识园地",点亮每颗未来之星。建设卫生角、绿化角、图书角,创建卫生

班级、生态班级和书香班级。

（二）细化班级制度文化

班级制度文化主要包括班级规章制度、道德规范、行为准则和组织机构等。以"人人有事做、事事有人做、时时有事做"为理念，学生自主设计班名、班训、班歌、班徽等，在"班级文化秀"中公开展示。师生民主制定班规等条例推进自主管理，倡导值日班长制度，让先进文化成为班级灵魂，优化班风和学风建设；让制度成为一种文化，体现德性关怀和法治精神；让优秀成为一种习惯，增强班级凝聚力。

（三）优化班级活动文化

班级活动文化主要指班级开展的各种文化活动，反映班级的精神面貌。班级以活动体验、成长感悟为主线，以校园节日、纪念日为契机，以"赏识有约""智慧有约""青春有约""未来有约"为主题优化设计各类文化活动，满足不同年级学生需求。各班自主设计"班级文化秀""经典阅读"等别具特色的文化活动，各小组积极开展雏鹰小队、假日小队等活动，丰富成长经历，增强班级活力。

（四）构建班级网络文化

网络文化是指在网络空间形成的文化活动、方式、产品、观念的集合。基于教育现代化、信息化，班级创建博客、微信群、QQ群等网络交流平台，完善群规，加强管理。每天发现学生闪光点，每周交流班级活动亮点，建设网络赏识文化。利用钉钉、腾讯等平台不定期开展班会、家长会等线上活动，唤醒自信，激发潜能，缩短家校距离，增进彼此情感，达成教育共识。班级绿色网络文化的建设，提升了网络素养，拓展了教育空间。

四、成效与反思

坚持"文化立校、文化强校"，以优秀传统文化建设为载体，深入推进班级文化建设，形成了强大的文化磁场，调控学生日常行为，培养学生优秀习惯，促进学生全面发展。切实抓紧抓好文化建设，继续创新育人路径，丰富文化内涵，加强文化浸润，让班级文化时时、处处彰显育人功能。

专家点评

作为学校政教主任，作者从德育的组织、管理、实施者的角度，对学校现状及历史沿革进行了深入分析，基于对学校核心理念"智慧教育"的认识，结合建校历史及马斯洛的需求层次理论、罗森塔尔的期望效应理论的深刻理解，较为全面地诠释了"智慧教育、赏识育人"的内涵。在理论层面理清了智慧教育与赏识育人之间的关系，提出"立德树人是道，智慧教育是法，赏识育人是术"的理念，同时结合学校德育实践，以"智慧教育　赏识育人　幸福成长"办学理念为引领，进行德育顶层设计。

在对学校办学理念、历史发展、校本生情等情况分析的基础上，确立了"会做人、会学习、会生活"的育人目标，并对目标要素内涵进行了细化分解。在学校德育总目标下提出了分年级目标，围绕年级育人目标，根据学生年龄特点，遵循教育规律，以生为本，分层设计德育内容、开展德育活动。

通过优化课程体系构建、深化校园文化建设、优化校园活动设计、注重社会实践体验等途径和方法完成德育内容、达成德育目标；通过完善现代治理体系，强化智慧教育的保障；通过构建协同育人网络，汇聚智慧教育的合力。

在德育管理方面，通过构建德育管理网络，实现全员育人；通过完善德育规章制度，实现全程育人。同时注重队伍建设，以"工作室"建设为抓手，培育名师；以学校"青言林"建设为载体，助力青年教师成长。在德育评价方面，坚持"智慧教育、赏识育人"，实施多元评价，注重过程评价，优化结果评价，在评价中进一步完成育人目标。

该设计立意高、要素全、符合学校德育发展需求,有目标、有内容、有措施,易于落实。

(点评专家:上海市特级教师,杨浦区教育学院德育室主任　戴耀红)

厚德笃行修品行 "六自"教育润心灵

上海市嘉定区金鹤中学德育顶层设计 文/李 莎

⭕ 学校简介

金鹤中学创办于 2009 年,位于上海市城郊结合部嘉定区江桥镇四高小区,是一所公建配套的乡镇公办初级中学。学校除设施齐全的专用教室外,还拥有先进的多功能电子阅览室、多媒体阶梯教室、学生创新活动室、学生自主阅览室和阳光书屋,亮丽的校容校貌、优美的校园环境与完善的教学设施,为教育教学提供了良好的条件。

学校始终把"为每个孩子发展奠基,让每个孩子健康成长"的办学理念付诸行动,提出了"自律、自主,自信、自助,自强、自足"的"六自教育"。以多渠道教育资源,对接现代敏捷新颖的信息媒体;以健全的管理制度,匹配细致有效的具体措施;以丰富多样的各类课程,承载优厚的乡土文化;以新型寓教于乐的实践活动,培育活泼有扎实文化知识的阳光少年。

近年来,学校先后获得"全国学校体育工作示范学校""上海市安全文明校园 A 等单位""上海市家庭教育示范校""上海市'五好'关工委""上海市红旗大队""嘉定区办学优秀单位""嘉定区文明单位""嘉定区未成年人保护工作先进集体""嘉定区新优质项目学校"等多项奖励和荣誉称号。

▢ 理性思考篇

一、六自教育的概念界定

金鹤中学结合自身学情、校情,提出了"自律、自主、自信、自助、自强、自足"的金鹤中学"六自教育"。

自律:在无人监督的情况下,自觉遵纪守法,有自我控制、约束和管理能力。

自主:理性思考,有主见,对自己的行为负责,富有社会责任感。

自信:对自身力量确信不疑,坚信能够实现所追求的目标。

自助:乐学善学,认识自我,能够应对挫折,增强适应社会的能力。

自强:积极向上,自我勉励,奋发图强。

自足:追求成长,合理定位,对经自身努力所获得的结果感到满足,不奢求。

二、六自教育的必要性

(一) 学校的"六自"教育是基于教育发展本质内涵的需要

前苏联著名教育家苏霍姆林斯基曾经说:"真正的教育就是自我教育。""只有学生把教育看成是自己的需要而乐于接受时,才能取得最佳的教育效果。"美国著名教育家马斯洛说:"事实上,我们绝大多数人,一定有可能比现实中的自己更伟大些,只是我们缺乏一种不懈努力的自信。"中国著名教育家陶行知在对浙江第一师范学校毕业生发表演讲中说:"新教育的目的,就是要养成'自主'、'自立'和'自动'的共和国民。"可见,对学生进行"自律、自主、自信、自助、自强、自足"的六自教育是十分必要的。

(二) 学校的"六自"教育是基于素质教育与本地域经济文化发展的时代呼唤

从社会整体发展看,我国正处于全面建成小康社会决胜阶段,科技革命和产业变革孕育兴起,教育、科技、人才、文化等成为国际竞争的核心要素,培养具备综合素质的全面发展的全方位人才是教育的当务之急。从本地域发展而言,江桥素有"西上海门户"美誉,处于"北虹桥商务区",地理位置上属于嘉定区,但与普陀区、长宁区相连,是嘉定区距离市中心最近的一个现代生活区、创新活力区、上海科创中心。现代化的城镇发展需要吸纳更多优秀、高素质的人才。学校教育就是要培养更多高素质的未来城市发展的建设者与接班人。

(三)学校的"六自"教育是基于本校师生共同成长的发展愿景

就学生的成长而言,初中阶段处于人生成长的重要时期,也是形成良好品行的重要阶段。当下实施"六自"教育是契合学生身心发展规律的,"自律者必自主,自信者必自助,自强者必自足"。不仅如此,从现实情况看,学生各方面的发展在"六自"教育的促进下已有了长足的进步。就教师的发展而言,"六自"教育能给教师一个明确的目标,督促教师给学生良好的行为示范和榜样引领,为教师搭建成长平台,努力培养一支适应时代发展、满足社会和学生发展需求、热爱教育事业、品行端正、道德高尚的教师队伍。

德育工作篇

一、目标与内容

总体目标:培养学生"自律、自主、自信、自助、自强、自足"。力求通过学校的"六自教育",使学生成为政治信仰坚定、品行规范、责任意识强、适应社会发展需求的优秀学生。从而"为每个孩子的发展奠基,让每个孩子健康成长"。

分层目标与实施内容:

"六自教育"既相对独立,又相辅相成;既循序渐进,又不断发展;既贴近学校实际,又符合学生发展核心素养的基本要求;既有利于整体把握,又便于分层落实。实践中,逐步形成了"自律而自主""自信而自助""自强而自足"的学生发展格局。

六、七年级:对刚进入初中的学生,学校侧重于自我管理的培养,使其能够理解基本的社会规范和道德规范,逐步做到"自律",进而启发引导学生能够"自主",学会理性思考,有主见,对自己的行为负责,富有社会责任感。具体教育内容有:入学行规教育第一课、日常行为规范教育、自我教育(认识自我、接纳自我)等。

八年级：对迈过初中过渡阶段的学生，学校侧重于认识自我、尊重生命、学会学习的"自信"教育，逐步达到学生乐学善学，形成自我约束、民主管理的格局；进而达到"自助"，在充分得到尊重和肯定的氛围中，引导学生能注意调节心理，控制情绪，应对各种困难与挫折，增强适应社会的能力。具体教育内容有：青春期教育、团队合作教育、生命教育、法制教育等。

九年级：对即将面临初中毕业的学生，学校侧重于"自强"教育，培养其积极向上，自我勉励，奋发学习；进而达到"自足"，引导学生合理定位，做出适合自己实际的选择，对经自身努力的结果能够愉悦满足，且不奢求，追求扎实的成长历练。具体教育内容有：意志品格教育、理想成才教育、社会责任教育等。

二、途径与方法

(一) 关注课程育人,细化德育内容

学校重视课程的育人功能，将德育内容细化落实到各学科中，融入教育教学全过程，逐步构建符合"六自教育"要求的课程体系。

人文类课程：要用课程中语言文字、传统文化、历史地理常识等丰富的思想道德教育因素，潜移默化地对学生进行世界观、人生观和价值观的引导，加强对学生国际视野、国际理解和综合人文素养的培养。

科学类课程：要加强对学生科学精神、科学方法、科学态度、科学探究能力和逻辑思维能力的培养，促进学生树立勇于创新、求真求实的思想品质。

体艺类课程：要加强对学生审美情趣、健康体魄、意志品质、人文素养和生活方式的培养。

(二) 突显文化育人,营造良好氛围

校园文化：重视环境对学生的熏陶作用，挖掘环境育人功能。楼道内每条长廊都成为校园文化课程的生动教材，形成了独具特色的文化长廊。书法长廊、美术长廊及科技长廊均以班级"责任田"的形式交由学生自主设计。基于学生礼仪培养的需求，精心设计"启智明理·含妙集雅"紫藤架文化，悬挂《弟子规》提醒孝亲尊师、温和谦逊。环境育人润无声，学生在设计长廊、漫步紫藤架中，更进一步明确做人的道理。

班级文化：结合班集体建设，从"硬环境"和"软环境"两方面积极创建班级

文化。"硬环境"从温馨教室布置入手,"软环境"从打造班级名片、设立人人有岗的班级小岗位入手,培养学生助人自助乐服务的品志。

(三)重视活动育人,塑造积极品质

"阳光呈现温暖与热情,阳光展现活泼与开朗,阳光更五彩缤纷又朝气蓬勃"。抓住阳光的这些特性,学校设计了"阳光微笑""阳光学习""阳光活动""阳光议事""阳光梦想"五大板块的"阳光乐园",通过活动寓教于乐。

1. 阳光微笑:强调"问好三部曲"

首先,抓好新生"问好三部曲",即立正、鞠躬、三问好,校长亲自示范强调。其次,要求高年级学生帮助督促低年级学生,使"问好三部曲"成为学校"文明窗口"。第三,加强文明礼仪检查,由学校行政人员和教师在校门口执勤并在校园巡视督促。第四,召开"文明礼仪伴我行"主题班会,形成浓郁的校园文明礼仪教育氛围。

2. 阳光学习:开设"沪语课"

学校开设"学说上海话、融入大上海"的学沪语课程。让学生学说上海话、会说上海话,既满足日常简单交流,更运用于实际生活,并要求学生从学说上海话开始,争做合格的新上海人。

3. 阳光活动:传承"快乐活动时"

启智:举办"爱国歌曲大联赛""与你赏诗画",以及"一核两翼"运动队选拔赛等活动。明德:举办"行规知识擂台赛""最美金中少年"评选活动等。笃行:开展多彩蛋壳等传统文化创新活动。致远:开展各项社会实践活动。

4. 阳光议事:办好"队长俱乐部"

借鉴教师的听课、评课,尝试"队长俱乐部"的"观"与"评"。活动时间为每周一次,以一个部门开会、其他部门负责人观摩与评价的形式进行;内容结合学校当前实际工作,因地制宜、因时制宜地根据教学内容来合理设置游戏环节,让队委有所获、有所感、有所悟、有所乐。

5. 阳光梦想:构筑"金中少年梦"

学校围绕"梦"学开展主题教育系列活动。开学初"启梦":开展"新学期新梦想",即开学第一课、第一天、第一周、第一月的启梦活动。学期中"筑梦":开展"牵手价值观 共筑青春梦"活动。学期末"圆梦":开展"放飞风筝 放飞梦想"毕业季活动。

(四) 落实实践育人,拓展育人途径

学校贯彻落实"立德树人",具体实施"六自教育",将培养学生志愿者精神作为重要内容,通过活动,提升学生精神境界和道德水准。

1. 构建"目标体系"

学校构建初中生志愿者精神培养的目标体系。目标为:在初中生中植入"奉献、友爱、互助、进步"志愿者精神。构建分年级培养目标为:六年级侧重家庭、班级志愿者精神培养;七年级侧重班级、学校志愿者精神培养;八年级侧重学校、社区志愿者精神培养;九年级侧重社区、社会志愿者精神培养。

2. 组建"三支队伍"

班级:组建班级志愿互助小组。开展学习辅导、生活帮困、班级建设等校内班级建设及互助活动,以及慰问孤老、上街宣传、清洁社区等校外活动,形成"人人志愿、人人互助"的氛围。

年级:组建年级志愿服务队。发挥年级间互督、互助、互促的作用,如每周轮流安排全校学生课间休息、中午就餐、爱护公物等一日常规的检查工作,有效发挥了年级管理作用。

学校:建立校级志愿监督队伍。通过开展一周三次的"校长助理",每天一次的"学生值勤监督""学生值勤反馈",以及定期的校外志愿服务活动等,履行大队干部管理、服务学生的职责与义务,争做让学生满意的队干部。

3. 落实"志愿课堂"

利用班会课、少先队活动课,开展"志愿者精神"学习,通过学习,学生懂得了"奉献、友爱、互助、进步"的志愿者精神内涵。

(五) 强化管理育人,增强工作实效

根据"六自教育",强化行为规范养成教育,从细节入手,抓日常,不断增强工作的主动性、实效性,形成全员、全方位、全过程参与行为规范教育的局面。

1. 认知感化——强化学生行规认知,奠定基石

制定了《金鹤中学学生一日常规》《金鹤中学学生奖惩制度》《中队执勤周制度》《班级考核细则》等各项行为规范,并组织学生进行学习,为更好地落实行为

规范教育提供必要的认知基础。

2. 实践行动——确立重点与专题,形成序列

学校抓住五个"一",即"开学第一课""开学第一天""开学第一周""开学第一月""每日一点评";同时以"幸福存折"为抓手,充分依靠班会课使各项行规要求入脑、入心、入行。根据初中学生的特点,学校集中从礼貌问好、课间文明休息两方面夯实行为规范教育。

3. 体验浸润——开展专题研究,坚持实效

学校在深入领会《嘉定区"学生幸福课程"实施指导纲要》的基础上,以课程整合的形式,开展了课题研究,积极申报成功区级重点课题《"支点式"德育课程的实践与研究》。通过课程设计和研究,探索行为规范教育规律,实现纵向衔接和横向贯通,达到校内外融合,使"行为规范教育无处不在"。

4. 榜样引领——树高尚师德,发挥示范作用

首先倡导在教师中培养信念自省、道德自律、学识自强、志愿自动、成长自觉、职业自信的"六自"意识,在市级课题《初中生志愿者精神培养途径的探索与研究》的引领下,大力开展"志愿服务你我共行、文明单位你我共创、和谐校园你我共享"教师志愿服务系列活动。同时,学校党支部以争做"四有"好教师为目标,深入推进"立高尚师德 做育人楷模"主题教育活动,让金中教师在主题推进和师德践行中铸就了高尚师魂。

5. 自主自助——培养活力学子,体现主体精神

为进一步激发学生的主体意识与自主能力,尝试了学生担任"校长助理"、"学生走上讲坛"、创建"萌星队长俱乐部"等模式,鼓励学生不断向更高的自我管理方向发展。

(六) 借力协同育人,牵手校外资源

学校经过摸索,逐步形成了"家长幸福存折"特色。

以上海市家庭教育重点课题《基于"支点式"德育课程家长学校建设的实践研究》为依托,借助"'六自'幸福存折"争章活动,将家庭教育和学校教育紧密结合,起到表率、引领作用。

"幸福存折"以学校"六自教育"为基础,以争章积分形式开展。每个家长需要完成三个章,每个章的达标要求为全体家长必做,每达成一项得 5 分,3 个章

的达标要求全部达成得 60 分;每个章的超标要求为全体家长选做,每达成一项加 10 分,3 个章的超标要求全部达成得 40 分。

活动的开展,使家长和学生处在平等位置,互帮互助,极大地增进了家长与孩子的沟通,使家庭教育和学校教育的结合走出了实验性的一步。

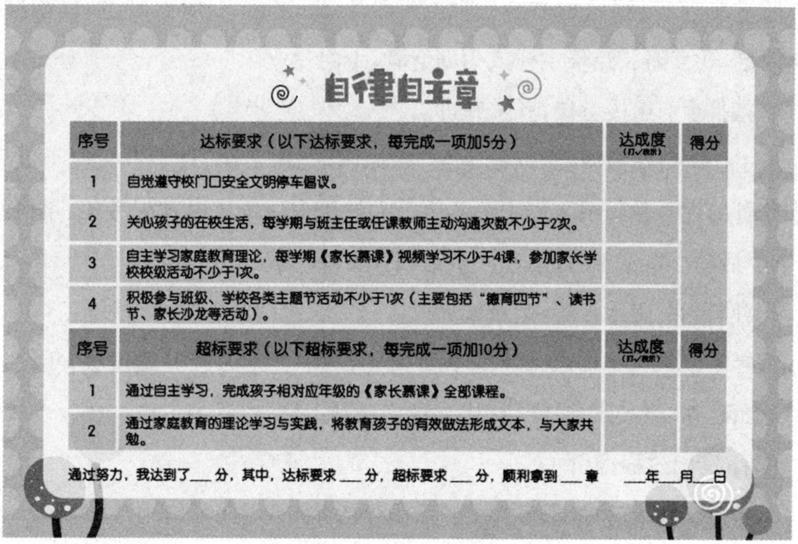

序号	达标要求(以下达标要求,每完成一项加5分)	达成度(打√表示)	得分
1	自觉遵守校门口安全文明停车倡议。		
2	关心孩子的在校生活,每学期与班主任或任课教师主动沟通次数不少于2次。		
3	自主学习家庭教育理论,每学期《家长慕课》视频学习不少于4课,参加家长学校校级活动不少于1次。		
4	积极参与班级、学校各类主题节活动不少于1次(主要包括"德育四节"、读书节、家长沙龙等活动)。		

序号	超标要求(以下超标要求,每完成一项加10分)	达成度(打√表示)	得分
1	通过自主学习,完成孩子相对应年级的《家长慕课》全部课程。		
2	通过家庭教育的理论学习与实践,将教育孩子的有效做法形成文本,与大家共勉。		

通过努力,我达到了___分,其中,达标要求___分,超标要求___分,顺利享到___章 ___年___月___日

图 10-1 幸福存折(家长版)

三、管理与评价

(一)加强组织领导

学校成立以党支部书记、校长为组长,副校长、法制副校长、家委会主任为副组长,行政各部门负责人为组员的德育工作领导小组。从德育工作的总体规划到后勤保障、安全管理等细节分工到人,责任落实到位。

(二)建立机制保障

从德育工作制度上、人员配置上、德育经费使用上合理设置,落实到位,为顺利开展德育工作提供制度、人力、物力的大力支撑,充分满足学校德育工作发展的需求。

(三)创新队伍建设

学校用"筑讲台、搭平台、摆擂台、建舞台"的方式,形成了"四台好戏、逐一上演"的"螺旋上升式"的班主任队伍培养模式。

1. 筑讲台：一月四会，统一思想

学校通过每月"四会"，即，德育管理者会、全校班主任会、年级组班主任会、班主任工作坊，组建学习共同体。

2. 搭平台：四＋模式，阶梯式培养

通过校内＋校外，搭平台；理论＋实践，建渠道；工作＋研讨，设阶梯；论坛＋课题，开言路。让班主任成为创造者，走向专业。

3. 摆擂台：选拔考核，齐头并进

班主任队伍选拔秉承"以德为先"的原则，把想干事、肯干事又能干成事的德才兼备的优秀教师纳入班主任队伍。学校班主任考核由常规考核、年级组考核、学生活动小事记、德育活动大事记四大板块构成。

4. 建舞台：展示表彰，记录荣耀

每年学校都会举行班主任基本功大赛、班主任学习经验交流会，年终评选"幸福班级"和"最美班主任"，让优秀班主任站上舞台，成为主角。

（四）突出过程评价

学生在校内外参加的任何"六自"活动等将折算成时间，记录在"幸福存折（学生版）"里，学生可以凭借存折兑换奖品，以此培养学生自信、自助、自足等品志，使学生真正成长为拥有吃苦耐劳、志愿奉献、自强不息等品格的新时代优秀少年。

 特色德育篇

电影微创客　鹤彩金中人
——金鹤中学践行社会主义核心价值观电影教育实践活动项目

一、活动背景及意义

（一）贯彻落实"五部委《通知》"的需要

爱国主义教育是中小学生德育工作的核心内容，运用电影这一文化娱乐形式对中小学生进行爱国主义教育是行之有效的办法。优秀电影作品在影响学生品德发展,塑造学生世界观、人生观、价值观的过程中发挥着不可忽视的重要作用。

(二) 深化基础教育改革的需要

此项目与嘉定教育综合改革"砺新计划"中的"协同育人一体化建设"项目相契合,项目以电影教育和微创客为载体,加强初中生社会主义核心价值观教育,符合综改项目"推进社会主义核心价值观六进"的要求,是学校教育改革的深化。

(三) 促进学校发展的需要

在"全国品质课程联盟"发布的学校课程实施中,有 18 种方式,"影视学习"是其中之一。随着新课改的不断深入,新的教学方法和模式不断涌现,而电影作品则以潜移默化的方式激发了学生的学习兴趣、增强了学生的人文情怀、提升了学生的学习素养,为课堂教学锦上添花。教师在自觉地、有意识地提高自身的电影欣赏水平的基础上,结合学科教学的特点和规律,寻找电影为课堂、为学生服务的契合点,对打造品质课堂开辟了一条新的路径。

(四) 促进学生能力发展的需要

"电影微创客"活动是"观赏优秀影片"活动内容的深化,学生身份从观影者到电影活动的点评者、表演者、制作者、创意策划者等不断切换,通过活动开展,打造学生实践、体验、成长的舞台。学校力求通过活动,使学生的学习能力、绘画能力、演讲能力、表演能力等综合素质得到显著提升。

二、活动关键词

(一) 电影微创客

"创客"一词来源于英文单词"Maker",指兴趣与爱好,努力把各种创意转变为现实的人。学校"电影微创客"指的是学生在观看完电影节目以后结合故事亮点和作品内涵,并联系身边的点滴事例,通过"戏内"和"戏外"的评析,以短小的文字语言、语录、短剧、海报、图画、拼图、配音等形式展现出来,激起学生的道德认知冲突,引起学生的道德思考,从而提高学生的影视鉴赏、文化认同、道德判断等能力。通过电影教育,丰富学生的校园生活,充分发挥优秀影片的育人功能,引导广大中小学生培育和践行社会主义核心价值观。

(二) 社会主义核心价值观

社会主义核心价值观是社会主义核心价值体系的内核,体现社会主义核心价值体系的根本性质和基本特征,反映社会主义核心价值体系的丰富内涵和实践要求,是社会主义核心价值体系的高度凝练和集中表达。

三、活动目标

通过观影活动,引导学生感受社会主义祖国建设取得的辉煌成就,并能够正确认识国情。

通过电影创意活动,促进学生创新思维发展。

通过教师课堂讲授电影知识及分析电影作品特点及人物形象,促进教师育德能力提升,增强德育工作实效。

通过开展电影微创客活动,打造学校德育特色品牌,有效提升学校德育工作水平。

四、活动内容

(一) 电影微创客内容开发

1. 前期电影调查,充分调动学生观影兴趣

根据师生欣赏需求,组织学生进行小组调研,了解学生观赏兴趣所在,科学合理选择影片。

2. 创建电影自选超市,学生自主选择创作素材

根据调查结果,按照社会主义核心价值观的国家、社会、公民三大类别,建立"金鹤中学我心目中的100部最佳影片"资源库,并在橱窗内、班级内定期进行介绍和宣传。

(二) 电影微创客落实途径

表 10-1 "电影微创客"落实途径一览表

活动内容	开展时间	活动项目	活动落实平台	参与对象
社会主义核心价值观	贯穿整个学期	电影微剧本	语文课、班会课、历史课、道德与法治课	全校
	贯穿整个学期	电影蛋壳人物微制作	美术课、社团课	六、七、八年级
	学校集体观影后	电影微写作	语文课、班会课、道德与法治课	全校

续 表

活动内容	开展时间	活动项目	活动落实平台	参与对象
社会主义核心价值观	电影周	电影微海报	班会课	六、七、八年级
	电影周	电影经典微讲演	校级展示	八、九年级
	电影周	电影声效微再现	社团课	六、七、八年级部分学生
	电影周	电影知识微竞答	校级展示	全校
	贯穿整个学期	电影微地图	地理课	六、七年级
	电影周	电影微拼图游戏	班会	全校
	贯穿整个学期	电影歌曲微接龙	音乐课、社团课	全校

(三) 电影微创客具体活动

观影后,创客们根据自己的兴趣特长,开展多种创意活动。这些由观摩电影所衍生的活动均以"社会主义核心价值观"为主旋律。具体创意形式可归纳为"十项全能"电影创意秀:

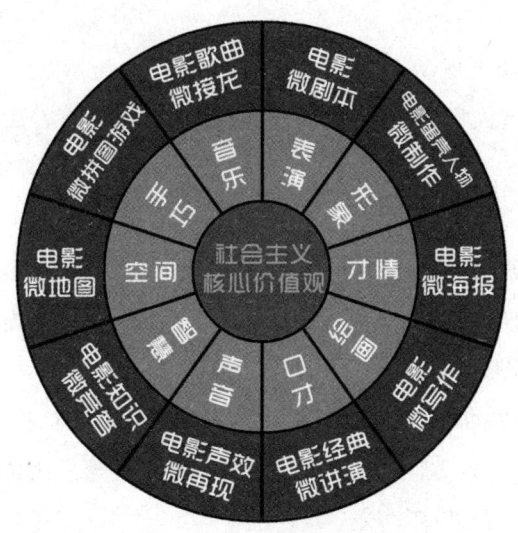

图 10-2 "十项全能"电影创意秀

1. 电影微剧本(表演)

创客们根据自己的喜好选择电影作品中的某一段情节,将之转化为课本剧,以小组合作的形式,既可原场景呈现,又可在此基础上进行二次创作。或者将优秀电影故事与历史、语文课堂教学相结合,学生在课堂上进行 5 至 8 分钟的历史小故事宣讲。

2. 电影蛋壳人物微制作(形象)

学校将现有的电影人物与校本特色课程《金中蛋壳》相结合,学生可在小小的蛋壳上绘制可爱靓丽的电影形象,使小小的蛋壳成为一个个电影经典人物的聚集地。

3. 电影微写作(才情)

优秀的电影作品必然能激发学生的情感共鸣,在观影之后将自己的观影感悟付诸文字,在影评沙龙中交流自己的心得体会,在文字中碰撞心灵。

4. 电影微海报(绘画)

通过观影活动,形成对整部电影作品的内容及内涵的评价,继而将自己的观影所得浓缩到一张海报中进行展示。

5. 电影经典微讲演(口才)

将优秀电影作品中所倡导的生活理念变成生动的演讲,声情并茂地阐释电影的主题。

6. 电影声效微再现(声音)

选择最能体现人物性格心理的场景对话,用自己的声音赋予画面生命,再现经典。

7. 电影知识微竞答(智慧)

电影作品的素材大部分来源于生活中的点点滴滴,在观影活动后,将这些知识以竞答 PK 的形式再次呈现,以另一种形式完成一次学习旅程。

8. 电影微地图(空间)

对地理感兴趣的同学可以以电影为蓝本自制平面地图,甚至是立体沙盘地图,从空间的角度去体会广阔的世界,领会丰富多彩的地理风光。

9. 电影微拼图游戏(手巧)

学生喜欢一部电影的理由,或许是一个美丽的镜头,或许是一个有魅力的人物,或许是一个精致的配件,这些都可以作为拼图的素材。在观影活动后,喜欢手工制作的学生可以动手活动。

10. 电影歌曲微接龙（音乐）

优秀电影歌曲可以传唱百年，观影结束后，擅长音乐的学生可以利用幸福微课堂的 20 分钟时间教其他学生学习经典电影歌曲，在班级内进行电影歌曲接龙比赛。

（四）电影微创客展示

1. 班级展示

每月各班按照学生的创意表现，投票选出一名"电影创客达人"，并将小达人的事迹在班级内及校内进行宣传。

2. 校内展示

在学校电子屏开辟一块"电影创客达人"评比栏，把各班微创客开展的电影创意活动展示出来，便于班级之间相互观摩和学习。学期末学校举行"微创客奥斯卡评选"，按得票数评选出学校年度"十大电影创客达人"。

3. 学区展示

按照教育综合改革的文件精神要求，打造均衡、健康、优质的教育生态，此项目可在学区内进行展示，资源共享，经验共享，促进学区化发展。

4. 区市全国展示

依托每年 12 月的全国中小学电影周活动，将此项目的阶段性成果在区、市乃至全国的成果发布会上进行集中展示。通过互相学习、互相借鉴、取长补短、激发灵感，完善工作。

专家点评

作为一所乡镇公办初级中学，金中十余年来取得长足的发展和可喜的成绩，学校德育工作亦有可圈可点的亮色，为新一轮的顶层设计奠定了良好的基础。

德育顶层设计既是对过去德育工作的深入理解和提炼,亦是对未来学校德育发展的前瞻思考和愿景描绘,对学校综合持续发展具有重大的影响力和支持功能。本设计有目标,有任务,有措施,有保障,较完整地呈现了学校德育的系统思考和整体架构,具有鲜明的学校特点,可操作、可评价,益于高质量地运行。特别是较好地回答了学校办学理念与德育实践;德育的成果传承和创新发展;学校德育的落实措施和品质提升三个问题。

1. 顶层设计以学校的办学理念为基准,统领学校德育的优化发展。学校始终坚持"为每个孩子发展奠基,让每个孩子健康成长"的办学理念,在立德树人的教育改革实践中,依据校情学情,以"六自教育"为主导,进而确立德育的项目任务、实施路径、方法举措、评价保障,构建学校德育的优化体系,把学校办学理念转化为具体的德育行动。

2. 以传承和创新相统一的思路,引领学校德育的持续发展。坚持在继承中创新,在创新中发展的指导思想,学校德育工作从常态化的教育活动逐步走向了课程化建构的发展;志愿者精神的培育从行动式的课题研究走向了成果应用深化,形成系统化的设计推进;学校德育特色项目的打造从社团活动入手走向了电影微创客的培养,使学校的德育工作走向了可持续发展的轨道。

3. 以抓细抓实的措施,促进学校德育的品质发展。学校德育之所以有良好的基础和可喜的成果,得益于德育整体设计中的深化、细化和实施中的措施、方法得当,本设计站在学生成长的立场上,通过落实到位的管理举措、审时度势的持续优化来推动学校德育的品质提升。

对于本顶层设计,我认为还有一定的优化空间,主要是要强干精枝,更好地建立项目的内在逻辑联系,搭建好系统架构,以形成整体性更强的实质性融合,提高德育效益和效率。

（点评专家：上海市特级校长　顾正清）

"正向教育显性化"德育顶层设计

上海市静安区市北初级中学北校德育顶层设计　文/刘　京

⬤ 学校简介

学校创办于1954年,原名和田中学,2018年6月学校成为上海市教委百所公办初中强校工程"实验校",并纳入市北初级中学紧密型集团化办学项目,实施一体化联动办学,2020年3月,正式更名为上海市静安区市北初级中学北校。

学校提出了"总有一片天空属于你"的办学思想。以管理精细、队伍精良、课堂精彩为抓手,让每一个学生每一天都有进步。重点围绕课程开发与实施、课堂教学改进、师资队伍建设等加大工作推进力度。学校先后荣获上海市教卫党委系统文明单位、上海市新优质项目学校、上海市学习型企事业单位、上海市安全文明校园、上海市书香校园基地学校、上海市体育传统项目学校、上海市少先队"红旗大队"等荣誉称号。

◼ 理性思考篇

新时代新形势对教育落实立德树人的根本任务提出了更高要求,因此,学校在《中小学德育工作指南》等重要文件精神的引领下,以"正向教育显性化"整体架构学校德育体系,促进学生德性的正向社会化成长,培养良好思想品德,塑造健全人格。

一、概念界定

"正向教育"意指"以方向正确、正面积极的指导和要求培养学生"。"显性化"意指"使性质或性状表现在外的状态"。教育的显性化,传统意义上是通过有组织、有计划、直接、外显的教育活动来达成,现代意义上还可以通过信息技术手段,使教育成为可视、可学、可复制的实践成果。

因此,"正向教育显性化"的德育体系是组织团队力量有计划有步骤地按照学校德育目标,形成方向正确、正面积极的德育指导和要求,同时有效融入信息技术手段,以可视、可复制、可传承的形式让受教育者乐于学习、思考、实践,促进学生正向成长。

二、概念的提出

(一) 顺应时代要求

近年来,《中小学德育工作指南》以及学校思政课改革创新、公民道德建设、爱国主义教育、劳动教育等文件,进一步指明了学校德育工作的方向和要求。同时,信息化程度的不断提高和社会思想的多元化,也让学校德育工作面临挑战。因此,学校德育工作要于变局中开新局,坚持德育的正确方向,充分发挥学校教育的显性功能,探索融合信息技术手段的德育模式,增强德育工作的吸引力、感染力和针对性、实效性。

(二) 遵循教育目标

现代教育的终极目标是人的社会化。人的社会化分两个方向,所谓正向就是越来越符合社会期待,并能维护公众利益;所谓负向就是越来越违背社会期待,甚至破坏公众利益。故"正向教育"就是要促进学生正向社会化,在认识自我、认识他人、认识集体、认识社会的基础上实现自我与他人、社会的平衡。

(三) 立足区域和学校德育现状

一是着眼学生德性成长的真实需要。正向教育从责任感培养入手,以积极显性的引导既帮助学生明确成长发展方向,又保护学生个性灵动。二是针对德育工作当下困惑。学校的德育实践繁多而不构成体系,教师从事育德的科学性不够,更多的都是靠个人的经验积累。"正向教育显性化"推动成立学校的德育研究研讨共同体,聚焦目标、凝聚团队力量和智慧,循序渐进探索实践,既提高德育工作的整体效能,又在团队的带领下提升个人的育德能力。三是基于办学理念的引领。"总有一片天空属于你"的办学理念引领尊重差异,激发个性,"正向教育显性化"聚焦教育的正向性,创设富有激励性、支持性、发展性的时空,着重显性化地让每一个学生都有充分的选择。

三、理论指导

美国教育家内尔·诺丁斯的"关怀教育理论"认为:关怀和被关怀是人类的基本需要,关怀是一种美德更是一种关系,因此主张道德教育首先培养道德感情,培养学生学会关心关爱他人。"正向教育显性化"要强调对学生生命的尊重、重视学生体验和感受,从关爱自身延展到关爱他人、关爱社会和国家。

价值澄清理论是二十世纪六十年代逐渐兴起的德育学派,主要观点是要引导孩子自己去掌握发现价值的方法,而不是单纯地灌输应当掌握、遵循什么价值。遵循我国"社会主义核心价值观"教育的核心引领,"正向教育显性化"应该是价值引领与价值澄清的比翼齐飞,既重视让学生获得价值观的学习方法,也应当给学生正确的价值观引导。

 德育工作篇

一、德育工作目标

培养学生"守规范、自主自律;有志向、自尊自信;懂关爱、求真向善",让身心、道德、学业、人格和谐发展,为其成为合格的社会主义建设者和接班人奠基。

结合各年级学生的身心和成长规律,在遵循学校德育总体目标的同时,确

立了分年级德育目标,突出年级德育的重点。六年级:爱我校园,情系集体。聚焦养成良好习惯,培育融入关爱新集体的情感。七年级:认识自我,悦纳成长。聚焦青春期心理品质,对自己的健康成长和家庭的养育负责。八年级:乐于担责,积极进取。聚焦责任教育,从自身全面发展、提高适应社会能力方面增强责任感。九年级:明志励志,践行追梦。聚焦理想信念教育,明确发展志向、积极行动、努力拼搏。

二、内容与途径

(一)正向教育的课程建设

1. 注重德育课程的体验与实践

首先,德育课程要增强活动课的实践体验,提升品德教育的实效性。活动课教学依托教材又超越教材,立足于课堂教学又延伸至课堂之外,不仅拓宽和补充知识,培养实践能力,而且陶冶学生情操,培养学生勇于探索的精神。其次,德育课程应与其他学科和学校德育、少先队活动相结合,开展形式多样的教学活动,让学生在活动和实践中产生情感互动,获得真实体验,内化道德认知。

2. 挖掘学科育人的真善美

人文学科中蕴含丰富的人文关怀、社会伦理内涵,科学类课程都具有科学精神、科学方法和科学态度的内涵,体艺类课程多有意志品质和审美情趣的熏陶,细细挖掘,辅以丰富多彩的教学活动,真善美的道德价值就能潜移默化地传递。学科育人的视野不仅要聚焦课堂内,也要兼顾课程向课堂之外的延伸,努力拓宽育人渠道,提高教师对学科育人的认可度、敏锐度和达成度。

3. 推进校本德育课程知行合一

校本德育课程面向班主任、学生、家长,同时利用好社会教育资源,分别是教师育德课程、学生德性课程、家长协同课程、校馆结合课程。《中小学生守则》围绕社会主义核心价值观,涵盖学生德智体美劳全面发展的基本要求,因此,学生德性课程围绕《中小学生守则》,根据《上海市中学生日常行为规范实施手册》的要求,融入信息技术手段,以系列微课的形式,展现学生独立思考问题和按照自己的道德动机去行动的过程,践行"知行合一"的教育理念。

（二）正向教育的文化建设

文化依托有形的载体传达价值观，在潜移默化中影响学生的价值观。

1. 诗意校园环境

美好的环境能熏陶人、感染人、提升人。让校园的一砖一瓦、一草一木都体现出教育性。校园文化墙上的办学理念、校训、教风、学风是引领全校师生共同进步的精神力量；开展"校园美景征名"大赛，以"诗意盈校园"为主题设计主楼梯楼道、副楼梯墙，呈现"校园之星"榜样，把"阳光成长、灵动身心、乐求真知、润泽生命"的诗意渗透于校园生活的方方面面。

2. 特色班级文化

班级是学生生活、学习的地方，是他们成长的乐园。以行规教育为抓手塑造班级文化：一是有规范的班级文化，学校对班级文化建设有统一要求；二是有个性特色的班级文化，让班级形象、班级精神的认同感油然而升，激发学生自我成长的内在动力。

3. 打造书香校园

建设"书香校园"，营造具有浓郁书香氛围的精神家园。规范的年级和班级图书角、楼道的名人名言廊和师生诗文书画作品、"我行我秀"宣传板的读书活动作品、"班级读书会""校园读书节""诗词大会""读书漂流"等活动，让阅读与交流时时发生。"悦读成长手册""阅读五星达人""书香少年""书香班级"评选，让阅读展评人人参与。

4. 创设网络平台

构建校园网络交流平台和网络德育活动是推进"正向教育显性化"的有效手段。一是在学校微信公众号设置"学生天地"栏目，包括"规范有形""志向有约""关爱有加"德育版块；同时开设"成长论坛"，宣传学生收获成长的故事，指导家长开展正确有效的家庭教育。二是通过钉钉平台开展网络德育活动，引导健康有意义的假期生活，指导家庭教育，畅通家校沟通等。

（三）正向教育的活动建设

正向教育的活动建设以爱国主义教育活动为主线，以节庆活动为契机，以仪式教育为助力。鲜明正确的价值导向，能激发学生的热情和能力，触动心灵、融入真情和美感的活动，让道德认知和道德情感在情意交融中潜移默化地发展。

1. 校园节庆活动彰显主题意义

中华传统节日和重要的节庆纪念日承载了丰厚的民族精神,蕴含了丰富的爱国主义教育资源。校园艺术节、读书节、运动会、迎新等活动是学生展示风采、提高审美素养、健康身心的重要舞台,要精心设计、充分挖掘、明确主题、丰富内容形式,吸引学生在积极参与的过程中培育家国情怀、涵养内化道德品行。

2. 仪式教育彰显价值引领

校园仪式教育活动因其庄严神圣的特征具有很强的导向性、教育性和感染力。主旨明确、程序严谨、形式庄严的仪式教育活动更加关注学生的主体意识,有机地融入人文关怀和审美愉悦,让学生的体验和感悟更加深入内心,主动输入内化仪式所承载的教育目标。在常规的仪式环节上创造性地增加或延伸符合学生个性的活动项目,让学生获得不一样的情感体验。如新生入学仪式增加"校歌合唱"环节,唱出对学校的认同和对自我的期盼;"新生笑脸墙"在校园醒目的位置展示,给师生家长带去阳光和温暖;十四岁集体生日"多米诺骨牌青春寄语"活动,让学生体验合作和责任的重要性。

(四)正向教育的实践育人

实践活动是学生获得道德体验不可或缺的教育环节,学生走出教室、走出校园,将在社会大课堂中滋养自己的行为,培养能力。

1. 智慧种植——劳动探究

基于生态文明教育和劳动教育的内容,开展"智慧种植"校内实践。一是在校园开辟种植区域,以班级为单位让学生承包"责任田",通过体验传统农业耕作全过程感受劳动的艰辛与乐趣;通过撰写种植周记和种植心得,培养学生的动手能力、观察能力、协作能力,形成热爱大自然、热爱劳动、热爱生命的健康生活观念。二是依托学校新建成的物联网智慧田园,探索生命成长和科技种植的奥秘,了解自动温控、光照、灌溉的实践操作,观察记录植物生长状况,探究现代科技与农业的结合,培养主动探究、提出问题、分析问题、解决问题的能力。

2. 场馆实践——求真启思

充分利用社会教育资源,打开更广阔的"求真"之窗,让优秀的文化启迪思想,让爱国主义的情感涤荡心灵,让自主探究的学习方式激发求知欲望。这样的开放性实践学习有利于加深知识的理解和内化,有助于关注社会生活和国情,最终对学生的思想道德成长发挥积极的作用。依托德研团队设计以爱国主义为主题的场馆实践活动,根据学生年龄和认知特点形成序列。每个年级每学年参加两个场馆实践,覆盖全校学生。设计好场馆《学习单》,以任务和问题为驱动,聚焦教学目标,激发学生参与和思考的热情。学会搜集、处理信息,培养自主学习的能力。

(五)正向教育的管理育人

1. 构建正向引导的管理制度

首先,遵循"以人为本"的教育理念,制定和完善学校各项规章制度,坚持在上下结合和广泛讨论中达成共识。其次,把信任、尊重、引领师生作为制度设计的基调,体现制度的情感、公平、关怀。三是运用共情引导自觉,在尊重学生的人格自由、立足服务学生的成长需要的基础上引领学生的道德成长。

2. 打造诗意的教师队伍

教师是学校发展的第一资源,教师的诗意源自内在的修养和精神追求,外显于对教育的关注和热爱。诗意的教师队伍,首先是通过开展教师读书、荐书、共读、分享、交流、书籍漂流等活动,在精神层面汲取养分。其次是开展温馨组室创建、"班主任节"和"建校纪念日"等活动倡导和谐合作的团队氛围,用良好心态铸就诗意。最后是通过学习研讨"诗意育人"、分享诗意的教育故事、评选诗意教育语录、集刊"师言诗语"、校园墙"师者如诗"宣传、"寻找诗意教师"活动,树立诗意教师形象。

3. 加强德研共同体建设

推进学校德育研究与实践共同体建设,一是建立"班主任沙龙"工作机制,通过专家指导、经验分享、管理实务培训、班主任节等方式,不断提高全体班主任对自身职责的认识和管理教育学生的能力;二是建设"青年班主任研修坊"专业化发展的学习共同体,充分发挥团队协作、成长引领功能,探索青年班主任的培养规律。通过理论实务学习、听课评课、案例分析、德育项目研究等形式,探索班主任德育新途径、新方法和新策略,提高青年教师建班育人能力。

4. 制定校本学生日常行为规范

根据教育部《中小学生守则》内容,组织德育管理团队,结合学校实际和初中学生的身心发展状况，制定校本化的学生行为规范。通过组织学生"行为规范十佳金点子"的提案、辩论活动、"我身边的行为规范楷模"主题班会，在自我反思、自我教育中提炼出校本日常规范。

（六）正向教育的协同育人

1. 构建学校主导的正向教育家校合作机制

构建家校合作机制，把学校主导的正向教育理念和实施行动传递到家庭教育中。一是发挥好家长委员会对家长的引领作用，协助学校发掘良好家庭教育的案例，以视频实录等形式，通过学校微信公众号、家长学校、班级微信群发布宣传。二是通过家长学校整合专家、德育干部、优秀班主任的力量，进行小初衔接指导、青春期沟通技巧、心理健康教育、升学指导等线下专题培训，同时不定时根据家长需求和热点难点问题进行线上辅导。三是建立畅通的家校互动交流渠道，让家长参与学校重要活动，增进家校交流；用好钉钉、微信等新媒体平台，增加线上家访、家长会活动，满足个性化、针对性指导。

2. 培育书香家庭氛围

依托家长委员会开展"书香家庭"的创建活动，创建"亲子共读"的家庭氛围；通过微信公众号"家校共育"栏目及时推送学生阅读活动和学习个案，在校园读书节、"悦读之星"评选活动时，请家长担任志愿者、观察员、评委等，亲身感受书香校园建设成效。

3. 挖掘社会育人资源

用好社会大课堂丰富的正向教育资源。一是加强与社区的联动，学校与结对社区坚持开展老少同乐、志愿服务等活动，让学生在展现自我的同时传承尊老敬老、志愿奉献的美德。二是依据初中学生综合素质评价要求，结合学校周边社会资源，规划社会考察、公益劳动、职业体验的实施。三是设计"传承红色基因"场馆考察和研学活动，探索红色革命文化，培育爱党爱国情怀。

三、保障与评价

（一）运行机制

学校健全德育工作机制，党支部、校长领导负责德育规划设计，中层干部、年级组长、教研组长和班主任推动落实。保障运行机制从管理、实施、保障三个方面有效落实。

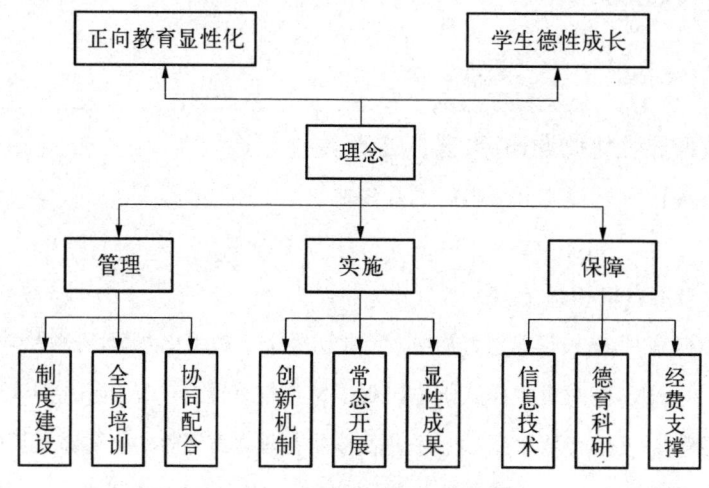

图 11-1 学校健全德育工作机制

(二) 评估与反馈

"正向教育显性化"有效达成的关键是教师,主要推进:

● 个体反思:教师对自身师德素养、教育教学进行反思,并提交培训反思小结,获取学分。

● 团队交流:以教研组、年级组、班主任沙龙、"师道"论坛等形式,开展"正向教育显性化"研讨交流活动,使理念和实践的结合更加紧密有效。

● 评选表彰:征集"正向教育故事"和"行规教育微课",通过网络投票组织师生、家长参与评选表彰。

学生发展的评价主要激励方式为:

● 目标激励:依据《上海市初中学生综合素质评价实施办法》,通过"正向成长档案记录",客观反映学生成长的主要经历和典型事例,激发学生发展的主动性。

● 即时评价:建立德育工作、各类活动、社会实践的即时评价,通过学生自评互评、教师点评,及时反思、及时鼓励。

● 榜样激励:设立与《中小学生守则》关联的各类"校园之星"评选制度,多角度鼓励学生追求自我发展。

特色德育篇

"正向教育显性化微课研究"实施方案

上海市静安区市北初级中学北校　易传辉

一、方案背景和意义

2020年3月,学校正式更名并纳入市北初级中学集团化办学,班额及学生人数有了很大的增长,同时班主任队伍也出现了结构性变化——队伍日趋年轻化。因此,青年班主任实践智慧和育人能力、提高学生行规教育实效的实践提上了日程。

在此背景下,"正向教育显性化微课研究"以"正向"教育为抓手,有效融入信息技术手段,以可视、可复制、可传承的形式让受教育者乐于学习、思考、实践。一是根据学校德育培养目标,围绕《中小学生守则》,在师生共同参与下,以微课的形式引导帮助学生明确行为规范要求,提高学生遵守行为规范的自觉性,并能形成"行规教育微课"德育校本课程。二是围绕校德研共同体建设,通过专家引领和校内优秀教师传帮带,开展班级实务管理研修,助力青年德育队伍成长,并能形成"班级实务管理"微课的校本德育团队培养课程。

二、实施方法

(一) 实施步骤

第一阶段:成立项目领导小组、青年班主任工作坊;聘请校内德育培训师、"行规教育"和"班级实务管理"坊主;聘请微课拍摄专业教师,组建学生微课兴趣小组。

第二阶段:坊主制定培训学习研讨方案。

第三阶段:"行规教育微课"团队研读《中小学生守则》,形成微课系列课程内容。"班级实务管理"团队梳理班级管理问题困惑,形成培训课程内容。

第四阶段:编写微课教案脚本,制作微课。

第五阶段:课程实施普及推广。

（二）实施过程

1. 聚焦《中小学生守则》，找准微课切入点

以《中小学生守则》为抓手，从具体的行为规范中逐渐形成对社会主义核心价值观的正确认知，是校本德育课程开发的指导思想。我们邀请市区德育专家为班主任们进行解读，举办多场专题讲座和通识培训，让班主任与区内德育专家面对面对话、近距离接触，指导青年班主任找准行规教育微课切入点搭建框架；确定微课板块：问题扫描、观点阐述、实践支招、总结拓展；确定每节微课的教学时间为 8—10 分钟。

表 11–1　行规教育微课框架

依据《中小学守则》	问　　题	课　　题	课程类别
第一条	升旗仪式上我们为什么要面朝国旗敬队礼？	我向国旗敬个礼	社会公共规范
第一条	升旗仪式上我们为什么要大声唱响国歌？	唱响我们的国歌	社会公共规范
第二条	我的记忆真有这么差吗？	学习方法要科学	学习习惯
第二条	帮我个忙，作业借我抄一抄，好不好？	作业完成须独立	学习习惯
第三条	说一说，你掌握了哪些生活自理技能？	生活自理技能多	生活习惯
第三条	今天我当家，我在家庭中的角色和责任？	家庭事务我自主	生活习惯
第四条	公物到底指的是什么？	爱护公物讲文明	社会公共规范
第四条	对于学校推出的学生手机使用管理规定，你是否认同？	校纪校规我遵守	交往礼仪
第五条	如何做到"1＋1＞2"	团结协作创和谐	学校集体规范
第五条	"讲义气"该如何理解？	有益朋友会寻找	学校集体规范
第六条	我们为什么要诚实守信？	诚实守信好品行	交往礼仪
第六条	"规范"如何变为自觉？	言行规范要自律	社会公共规范
第七条	当遇到情绪波折，我该怎么办呢？	情绪把握促沟通	交往礼仪
第七条	网上冲浪，我们该注意些什么？	迷恋网络危害大	社会公共规范
第八条	当同伴发生心脏骤停时，我该怎么办呢？	自我保护重防范	社会公共规范

2. 聚焦班级实务困惑,问题导向,构建德研共同体

经过调查问卷、学生座谈、青年班主任座谈,梳理班级实务中的困惑,坚持以行动研究为主,结合学校的实际情况,以问题为导向,依托"班级实务管理"培训师,积极发挥"传帮带"的作用,开展微课研究。

表 11-2 班级实务管理微课主题框架

主 题	
沟通篇	1.1 如何进行家访?
	1.2 如何开展家长会?
	1.3 学生违纪,如何处理?
育人篇	2.1 如何指导学生培养好的仪态?
	2.2 如何帮助学生养成文明礼仪?
	2.3 如何进行一日常规教育?
管理篇	3.1 如何开展队会、主题教育课、主题班会?
	3.2 如何建设和管理班干部队伍?
	3.3 如何处理好突发事件?
	3.4 如何布置温馨教室?
	3.5 如何指导学生出好黑板报?
评价篇	4.1 如何写学生评语?
发展篇	5.1 如何组织好学生参加运动会入场式表演?
	5.2 如何组织好学生合唱表演?
	5.3 如何开展班级自主德育活动?

3. 师生携手,设计脚本,制作微课

在校德育室和区青少年活动中心的支持下,成立青年教师互助小组以及微课制作学生兴趣小组。在专家的指导下,青年教师围绕"行为规范养成教育",编写教案,聚焦一个个问题,提出可操作、可复制的解决办法;师生共同设计微课中的行规故事脚本,力求故事真实地反映现实生活中学生的行为规范。同

样,将班级实务管理的学习研究成果录制成微课,转化为校本德育培训的课程资源。

三、成效与反思

行规教育是德育的基础工程,行规教育微课基于规范、成于师生共同开发制作,创设了富有激励性、支持性、发展性的时空。后续将不断补充丰富,形成序列,并利用班队课进行微视频收看、行规教育主题班会、课后亲子共赏等多种形式进行普及推广。微课形式对于老师和学生来说既有兴趣,也是挑战,更是教学相长、亲历成长的好手段。

班级实务正向教育显性化微课也将形成序列,成为一门职初班主任基础通识培训微课程,助推青年教师们的班主任专业化素养不断提升。

在教育数字化转型的时代,"正向教育显性化微课研究"是一项值得深耕细作的长远工程,需要我们踏实有序地稳步推进,在实践中不断更新、与时俱进,以正向引领提升师生素养。

专家点评

《正向教育显性化》课题对于当下学校德育改进具有多重教育价值:

一是对于促进学生德性成长具有重大价值。课题组以社会和家庭对教育的期待为导向,以学校德育理念为支撑,以责任教育为抓手,从帮助学生克服坚毅品质不强、自主教育意识不够等不足出发,将社会主义核心价值观教育融入学校德育全过程、融入学校教育全过程,有助于学生德育生态的重构。

二是对于提升学校教师育德素养具有促进作用。当前,学校以立德树人为中心,提升德育的针对性、实效性和亲和力已经成为共识。但是,很多学校的教师在育德的科学性上有所不足。正向教育显性化课题聚焦于教师育德经验的显性化提炼,努力构建学校共享平台,帮助每位教师在共享集体智慧中提升育德素养。

三是对于提升学校构建德育体系的科学性具有重要作用。当下很多学校都努力构建自己的德育工作体系,但其完整性、科学性都还有很大的提升空间。当然,我们需要以一定的德育理论和学校当下的德育攻坚为基础推进体系构建。正向教育显性化有助于学校在实践反思中依靠相关德育理论的支持,逐渐完善、优化学校的德育体系。

对课题后续研究提一些建议:

一是划分任务,有序推进。该课题是一个庞大的研究体系,所以课题组应当区分研究任务,分阶段有序推进。首先加强顶层设计;然后划分阶段任务,落实专人负责;三是不断巩固阶段成果,不要求全求急。

二是凸显成果意识。要以教师育德共享课程为载体,通过教师集体头脑风暴以及草根经验的提升,以课程化的形式凸显成果,进一步增强课题组成员的研究意识、成功意识。

三是加强现代信息技术的支撑。正向教育显性化离不开信息技术的支持。我们希望更多教师的育德经验能够通过微课等形式实现教师的共享,进而形成线上线下德育融合推进的常态化实施格局。

（点评专家：静安区教育学院　李正刚）

构建整体德育体系 夯实学生人生基础

上海市虹口区教育学院实验中学德育顶层设计 文/杜亚娟

 学校简介

上海市虹口区教育学院实验中学是一所公办全日制初级中学,坐落于四川北路商业街北端,毗邻多伦路文化名人街。学校所在地原是 1945 年成立的中国第一所戏剧实验学校——上海市立实验戏剧学校。该校搬迁后,1964 年在原有基础上创建了上海市洪湖中学,1985 年改为现名。2004 年根据虹口区教育局"加强初中建设,推进区域教育发展"的需要,学校与红军中学合并,成为今天的上海市虹口区教育学院实验中学。

学校现占地面积 9 452 平方米,建筑面积 7 329 平方米,现有 20 个教学班,学生 649 人,教职员工 75 人。学校秉承"营造和谐,开启智慧,培育公民"的办学理念,传承优秀民族文化传统,以"打造有戏的校园,铸就精彩的人生"为办学目标,以培养"懂是非、讲进取、会学习、能合作、善表达、有素养、有梦想、有本领、有自信、有担当"的具有初步"现代公民"特征的合格初中生为育人方向,努力培养社会主义合格公民。同时,学校重视育人环境的创设,以打造文化走廊、创建和谐校园为抓手,营造良好的物化环境和人文环境。校园文化活动精彩纷呈,对学生文化素养、道德品质和审美情趣的培养起到了潜移默化的作用。

🔲 理性思考篇

　　新时代学校德育工作的改革和发展,需要充分认识时代需求与青少年发展之间的关系,立足新时代青少年的身心发展规律与特点、立足世界百年未有之大变局、立足中国现代化建设的社会现实、立足教育事业现代化发展的客观条件。加强学校德育的顶层设计,激发各方教育力量,统筹配置各类教育资源,优化教育机制,紧紧围绕立德树人这一根本任务,培养德智体美劳全面发展的社会主义建设者和接班人。

　　在全国教育大会主要会议精神、教育部关于《中小学德育工作指南》《中共中央国务院关于进一步加强和改进未成年人思想道德建设的若干意见》《上海市中长期教育改革和发展规划纲要》等重要文件和精神的引领下,上海市虹口区教育学院实验中学依据学校的办学理念和办学目标,结合中学生的生理状态和心理特征,整体制订合理的德育目标。积极开展公民教育,倡导健康公共生活。以实践活动、文化建设为主要途径,构建"课程引领、环境熏陶、实践历练、自我塑造"四位一体的"公民教育"育人模式,努力营造良好的师生公共生活氛围,落实立德树人根本任务,培养德智体美劳全面发展的社会主义合格公民。

一、公民意识的概念界定

　　公民意识是指公民个人对自己在国家中的自我认识。公民意识是社会意识的一种存在形式,是一种现代意识,是在现代法治下形成的民众意识,它表现为人们对"公民"作为国家政治、经济、法律等活动主体的一种心理认同与理性自觉。具体体现为视自己和他人为拥有自由权利、有尊严、有价值的人,勇于维护自己和他人的自由权利、尊严和价值的意识。

二、培育中学生公民意识的必要性

　　加强中学生公民意识的培养,对于教育和引导学生认同中华文化,理解基本的社会规范和道德规范,树立规则意识、法治观念、责任意识,培养自主自立、意志坚强的生活态度,形成尊重他人、乐于助人、善于合作、勇于创新等良好品质有着重要的现实意义。

加强青少年公民意识的培养是构建社会主义和谐社会的客观要求。我们所要建设的社会主义和谐社会应该是民主法治、公平正义、诚信友爱、充满活力、安定有序、人与自然和谐相处的社会。

加强青少年公民意识的培养是实现社会主义现代化的需要。加强青少年公民意识的培养是我国实现现代化的重要因素。社会的现代化需要人的现代化,人的现代化是社会现代化的核心,而加强青少年公民意识的培养是实现人的现代化的基础和重要途径。

加强青少年公民意识的培养是青少年自身健康成长的需要。公民意识属于意识形态,一旦养成就有相对独立性,良好的公民意识意味着个体思想意识领域内一定心理定势的形成。青少年正处于世界观、人生观、价值观形成的关键时期,所以加强青少年公民意识的培养,有利于他们养成良好的行为习惯,让他们的个性得到更好的形成和发展,从而调动他们学习的积极性和创造性,使其不断发展自我和完善自我,努力成为一个德智体美劳全面发展的社会主义建设者和接班人。

公民意识的培养是公民教育的一个重要目标,是需要通过家庭、学校、社会等渠道进行的。学校是实施公民意识培养的主阵地。学校有责任培养学生成为合格公民。

 **德育工作篇**

一、德育工作的主要目标

(一) 总体目标

党的十八大提出,"把立德树人作为教育的根本任务,培养德智体美劳全面发展的社会主义建设者和接班人"。党的十九大报告进一步强调"要全面贯彻党的教育方针,落实立德树人根本任务"。习近平总书记在全国教育大会上指出,"培养什么人,是教育的首要问题"。中小学德育直接关乎"培养什么人"的问题。

《中小学德育工作指南》中明确了初中学段的德育目标,教育和引导学生热爱中国共产党、热爱祖国、热爱人民,认同中华文化,继承革命传统,弘扬民族精神,理解基本的社会规范和道德规范,树立规则意识、法治观念,培养公民意识,掌握促进身心健康发展的途径和方法,养成热爱劳动、自主自立、意志坚强的生活态度,形成尊重他人、乐于助人、善于合作、勇于创新等良好品质。

实验中学坚持把立德树人确立为学校教育的根本任务,坚持把德育工作摆在素质教育的首要位置。坚持教育与生产劳动、社会实践相结合,坚持学校教育与家庭教育、社会教育相结合,以培养学生的国家意识,认同中华文化、弘扬民族精神,理解并遵守社会规范,具有独立思考能力,学会尊重自己与他人,具有良好的社会合作能力,信仰社会公正和社会正义,具有强烈的社会责任感,对社会公共责任能主动担当,能与自然和谐相处的公民意识和能力为德育目标,培养德智体美劳全面发展的社会主义建设者和接班人。

(二) 分年级目标

从各年级学生的身心发展特征和社会生活实际出发,确立以下各年级德育目标。六年级"学习适应校园环境、初步形成规则意识"。七年级"养成良好行为习惯、认同公民意识教育"。八年级"形成社会规范意识、培养健康心理品质"。九年级"内化良好公民意识、形成积极生活态度"。积极培养现代公民意识,夯实学生个性发展的基础。

二、德育工作的主要途径

通过学科课程、拓展课程、实践活动、文化建设、管理协同等多种途径,全方位推进学校德育工作。

(一) 课程育人

1. 学科课程育人

重视学科课程的德育功能,充分发挥课堂教学的德育主渠道作用。各学科教师充分挖掘各门课程蕴含的德育资源,将德育内容有机融入各门课程教育教学全过程,把德育目标逐步渗透到学生心灵深处,在学科教学中积极落实立德树人的根本任务。

语文、历史、地理、外语等人文学科的任课教师,应充分挖掘本学科德育内涵,挖掘任教学科所具有的独特德育价值,积极探索多种教学途径,培养学生的爱国主义情感、国家认同意识、民族精神意识传承、社会责任感、可持续发展观、对多样文化的尊重等公民意识,潜移默化地对学生进行世界观、人生观和价值观的引导。

数学、物理、化学、生命科学等科学类课程任课教师,应重视对学生进行科学精神、科学方法和科学态度的教育,努力使学生养成独立思考、反思质疑的学习习惯。培养学生实事求是、尊重自然规律的科学态度,培养学生形成积极健康、与自然界和谐相处的生活态度,增强其社会责任感。

体育、音乐、美术等体艺类课程任课教师,应把握该类课程的德育重点是培养学生的健康体魄、意志品质和审美情趣。培养学生的规则意识、竞争意识和合作精神,提高学生的审美意识和审美能力,增强学生对大自然和人类社会的热爱及责任感,培养学生尊重和保护自然环境的态度以及创造美好生活的愿望与能力。

同时,各学科教师要意识到自己也是一种很好的育人资源,重视"以身作则、行为示范"在课堂教学过程中的作用,示范好教师应该具备的各种角色,教师在扮演不同角色时,也在向学生潜移默化地传递一定的道德价值,如平等、尊重、真诚、公平、正义等公民素养。

2. 拓展课程育人资源

学校充分挖掘校内外教师资源,并充分结合本校特色,开设各类拓展课程,安排专人负责,对学生进行公民意识和能力的培养。具体见表12-1。

表12-1 学校拓展课程列表

年 级	科 目 名 称	年 级	科 目 名 称
六年级	英语趣配音	六年级	宣传海报设计
	趣味游戏		小小主持人
	趣味手工		神奇的植物王国

续　表

年　级	科 目 名 称	年　级	科 目 名 称
七年级	模型战旗中的思路文明	固定学员	京剧社
	畅游数独乐园		足球队
	中学生的法律生活		话剧社
	实验诵读者		合唱队
八年级	西方文学赏析		急救包扎（各班级卫生员）
	我是创业家		戏剧艺术的精彩瞬间
	数学漫步		健美操
	探索生涯规划		

（二）文化育人

依据学校"营造和谐，开启智慧，培育公民"的办学理念，从实际出发，因地制宜开展校园文化建设，形成积极向上、格调高雅的校园文化，使校园每个角落都体现教育的引导和熏陶作用，让校园处处成为有效的育人场所。

结合学校特点和办学理念，设计校徽、校训、校规并进行教育展示。建设班级文化，鼓励学生自主设计中队名称、班级口号等，增强班级凝聚力。充分利用板报、橱窗、走廊、墙壁、地面等进行文化建设，形成引导全校师生共同进步的精神力量。推进书香班级、书香校园建设，设立学校诚信书架、班级图书角，调动学生的阅读积极性和自我管理能力。

（三）活动育人

活动是学校开展教育教学的重要形式，也是开展德育的重要途径。学校要组织相关人员精心设计、组织开展主题明确、内容丰富、形式多样、吸引力强的教育活动。组织活动应以社会主义核心价值观为统领，以积极向上、鲜明正确的导向引导并激励学生，培养学生良好的公民素养。开展活动见表12－2。

表 12-2　学校主题活动列表

月　份	活　动	年　级
2月、9月	开学第一课	全校
3月	学雷锋活动周	全校分班级进行
4月	14岁：我的生涯我做主	初二
4月	李白中队活动（清明节）	部分班级
4月	心理活动月	全校
4月	经典诵读（读书节）	全校
5月	少年团校（纪念雷锋）	初一、初二、初三
5月	爱心义卖活动（劳动节）	全校
5月	春季运动会	全校
6月	六一儿童节活动	全校
暑假	雏鹰假日小队活动	全校
8月底	六年级军训	新六年级
9月	九三抗战胜利纪念活动	全校
9月	庆祝教师节	全校
9月	推广普通话活动周	全校
9月	换戴大号红领巾仪式	六年级
9月或10月	敬老活动（重阳节）	全校
10月	爱我中华（国庆节）	全校
10月	建队节活动	全校
11月	少代会	全校
12月底	迎新活动（艺术节）	全校
每个学期末	校园十星评选活动	全校
每两周一次	少先队活动课	全校
每周一个班级	志愿者活动	政教处统一安排

（四）实践育人

遵循初中学生身心发展规律和教育规律,学校在"打造'有戏'的校园,铸就精彩的人生"的办学目标指引下,坚持育人为本,从德、智、体、美、劳等方面全面、客观、真实反映学生综合素质和个性特长发展状况,引导学生全面健康的成长,不断增强学生的社会责任感、创新精神和实践能力。组织和保障学生完成以下社会实践活动,具体安排见表12-3。

表12-3　学校实践活动列表

社会实践内容	年级	项目安排	具体内容或安排
社会考察	六年级	春秋研学	春秋研学:由政教处组织,以学生参观、走访、观察等为主要形式,以接触、了解、认识社区、城市与大自然为主要目的的实践活动。 寒暑调查:学生在寒暑假前,通过自主选择,在假期中通过自主学习、体验、探究等形式完成的社会考察活动任务单,分学科类与综合类两类。学生每次从两类任务中各选一项,在寒假、暑假期间完成所选任务。
		寒暑调查	
		课程结合	
	七年级	春秋研学	
		寒暑调查	
		课程结合	
	八年级	春秋研学	
		寒暑调查	
		日常结合	
	九年级	春秋研学	
		寒暑调查	
公益劳动	六年级	校内值周班	学生的公益劳动分校内任务、校外任务两种: 校内任务分为三类: 由政教处制定的学期志愿者行动计划;由学生自主填写志愿者服务申请表;经审核通过后开展的志愿者服务活动。 1. 图书馆志愿者; 2. 校园广播电视台—采编播志愿者;
		校内劳动	
		班级岗位	
	七年级	校内值周班	
		校内劳动	
		班级岗位	
		志愿者行动	

社会实践内容	年　级	项 目 安 排	具体内容或安排
公益劳动	八年级	校内值周班	3. 艺术志愿讲解员； 4. 专用教室志愿管理员； 5. 垃圾分类志愿宣传员。
		校内劳动	
		班级岗位	
		志愿行动	
	九年级	校内值周班	
		班级岗位	
职业体验	八年级	职业院校	由政教处制定职业体验活动方案，以组织学生分年级开展以职业体验为主题的实践活动。
		家长职业体验日	
	九年级	职业院校	
		家长职业体验日	
安全实训	六年级	市公共安全教育实训基地	由政教处相关教师负责具体协调。
		校内安全教育	
	七年级	校外安全教育基地	
		校内安全教育	
	八年级	校内安全教育	
	九年级	校内安全教育	

（五）管理育人

学校要培养德智体美劳全面发展的合格公民，则管理制度必须完善。制度的制定与执行必须以人为本，学校要培养什么样的人，就必须有相应的管理制度。在学校生活中，学生和教师时刻处在制度管理中，国家的教育方针、学校的办学理念要求贯穿于学校管理制度的每一个细节中。

学校要形成全体师生广泛认同和自觉遵守的各种制度规范。包括制定班级民主管理制度和防治学生欺凌和暴力工作制度等，建立实现全员育人的具体制度，共同做好班级德育工作；加强师德师风建设，引导教师争做“四有”好教师。在《中小学生守则（2015年修订）》的基础上，制定本校中学生日常行为规范，引导学生心理、人格积极健康发展。

（六）协同育人

学生的健康成长需要综合保障，需要学校教育、家庭教育和社会教育协调一致开展。学校教育的成效不仅需要家庭的支持和配合，更离不开积极健康的社会环境。三者必须根据教育目标，形成以学校教育为主体、家庭教育为基础、社会教育为依托的教育格局，发挥教育的整体效应。学校要积极争取家庭、社会共同参与和支持学校德育工作，引导家长注重家庭、注重家教、注重家风，营造积极向上的良好社会氛围。

加强家庭教育指导。通过家长委员会、家长学校、家长会、家访、家长开放日、家长接待日等多种家校沟通渠道，促进家长了解学校办学理念、学生在校情况，学习家庭教育方法，帮助家长提高家庭教育水平，密切亲子关系，促进学生健康成长。

学校应积极构建社会共育机制。建立多方联动机制，搭建社会育人平台，实现社会资源共享共建，净化学生成长环境，助力学生成为全面发展的社会主义建设者和接班人。

三、德育工作的保障条件

"育人为本、德育为先、能力为重、全面发展"是贯彻党的教育方针的时代要求。为保障落实立德树人根本任务，实现德育工作常态化开展，学校必须建立健全德育工作机制，整体规划、系统设计、细致实施，使德育工作的开展有充分的条件保障。

加强德育队伍建设。特别是一线班主任队伍的培养更要积极落实，提高德育工作专业化水平。学校成立"向日葵青年班主任工作室"，秉持严谨务实、善于学习、乐于分享的精神，通过理论学习、经验分享、案例研讨、教育科研，不断提升青年班主任的理论素养、实践能力和工作品质。

加强督导评价。学校认真开展学生的品德评价，纳入综合素质评价体系，建立学生综合素质档案，做好学生成长记录，反映学生成长实际状况。增强德育工作的科学性、系统性和实效性。

 **特色德育篇**

培养学生情绪管理能力，促进学生身心健康发展

《中小学德育工作指南》明确指出，中小学心理健康教育要引导学生正确认识自我，认识每一个生命特性，尊重生命，提升生命的价值，学会学习和生活，提高自主自我教育能力，增强调控心理、应对挫折、适应环境的能力，形成健全的人格和良好的个性心理品质，成长为身心健康，具有社会责任感、创新精神和实践能力的德智体美劳全面发展的优秀人才。

一、课程背景

中学阶段是学生身心发育、社会成熟的关键期。初中学生处于半幼稚、半成熟的时期，是独立性和依赖性、自觉性和幼稚性错综矛盾的时期。日本心理学家河合隼雄先生说，青春期就是孩子把自己重新组装一次；西方也有学者称青春期为心理狂飙期，情绪非常不稳定。可见这一阶段情绪管理能力是非常需要培养的。对于中学生来说，培养积极的心理品质，善于调节和管理自己的情绪，正是中学生核心素养的重要组成部分，是中学生的必备品格和关键能力，同时也是一个合格公民的必备品格。

情绪管理是对个体和群体的情绪感知、控制、调节的过程，其核心是将人本原理作为最重要的管理原理，使人性、情绪得到充分发展，人的价值得到充分体现；从尊重人、依靠人、发展人、完善人出发，提高对情绪的自觉意识，控制情绪低潮，保持乐观心态，不断进行自我激励、自我完善。

中学生是个体由儿童向成人过渡的重要时期，是身体、心理、情绪和社会关系等遭遇前所未有的变化和动荡的时期。在这个特殊的人生阶段，情绪调节能力对于个体的健康成长而言具有非常重要的意义。只有帮助青少年形成积极的情绪调节策略，使之泰然面对变化着的事物和环境，才有可能使情绪调节真

正为青少年的健康成长保驾护航。

二、课程内容

表 12-4　学校情绪力活动列表

年级	课程	具　体　章　节
六年级	情绪与自我	1. 情绪是什么——情绪的定义 2. 神秘的青春期——青春期不等于叛逆期 3. 情绪的大脑密码——情绪从哪里来 4. 快乐的奥秘——积极情绪的价值 5. 如何赶走坏心情——消极情绪的调节方法 6. 我的"能量岛"——积累情绪能量,释放情绪压力
七年级	情绪与他人	1. 你的心情我知道——我们拥有感受和理解他人的天赋 2. 人际沟通:如何与好朋友聊天? 3. 人际沟通:如何让父母更懂我? 4. 冲突处理:我和同学吵架了! 5. 我对 TA 很好奇——异性同伴,青春期的神秘好朋友 6. 我很欣赏你——礼貌表达欣赏,尊重身体权利
八年级	情绪与自我价值	1. 生命的开端:孕育和诞生——孕育自我和价值的开始 2. 最好的告别:死亡——面对死亡恐惧,我们该如何更好地活着 3. 认识我自己——客观地认识自己,认识他人眼中的自己 4. 我喜欢我自己——获得自尊,做真正有自信的人 5. 我们为什么学习——找到自己的学习源动力
九年级	情绪与自我价值	1. 如何聪明地学习——学习需要天赋更需要方法 2. 遇到"情绪陷阱"怎么办?——盲目自信、拖延偷懒、自我设限……解除困扰你的情绪陷阱 3. 我们为什么容易放弃?——意志力就像肌肉,越锻炼越强壮 4. 我能为他人做什么——自我实现的奥秘,让我们成为更好的自己 5. 什么是真正的自由?——自由思想,让我们成为更好的自己

《中小学德育工作指南》明确指出,学生的心理健康教育包括四个方面:认识自我与尊重生命、人际交往与情绪调适、升学择业与人生规划、学会学习和适应社会生活。实现以上目标必须具有管理自我的能力,这些能力之中比较重要的一点就是自我的情绪管理,所以学校积极落实《中小学心理教育指导纲要》,外聘专家制定并开展情绪力课程,进一步规范与完善学校心理教育体系,丰富

学校公民素养培育的内涵。

通过情绪力课程的开展,引导学生认识自我、接纳自我,认识自己生命的独特性。引导学生建立良好的人际关系,学会关心他人,尊重并包容每个人的差异;学会恰当地表达情绪,学会对情绪进行有效管理。学会积极与同学、教师及父母进行沟通,进行积极的情绪体验与表达,并对情绪进行有效管理。学习适应社会环境,积极主动融入社会;学习适应社会生活,形成健康的生活方式;学习适应社会角色,把握人生发展定位;学习适应社会变化,积极主动做出应对。进而培养"懂是非、讲进取、会学习、能合作、善表达、有素养、有梦想、有本领、有自信、有担当"的实验学子。

专家点评

上海市虹口区教育学院实验中学位于四川北路,所在地是上海戏剧学院的旧址,这是一所有着悠久的历史传统和文化底蕴的学校,学校的京剧艺术教育在市区内享有较高的声誉。学校超过45％的学生来自外来务工人员家庭,学生流动性大,特殊家庭较多。2018年9月,学校成为上海市"强校工程"的首批实验校,这给学校带来新机遇的同时,也对学校的教育工作提出了更大的挑战。在强校的推进项目中学校更是重点提出以德育为引领,全面带动学校的教育教学发展的策略,所以学校德育的顶层设计具有非常重要的意义。

杜亚娟老师作为学校"向日葵"青年班主任工作室的负责人,多年来积极参与学校德育工作,本次凭着自己的学习体会和实践工作经验,尝试着从个人的角度进行学校德育工作的顶层设计,实属不易,其中不乏有建设性的思考。杜老师的设计牢牢把握了学校发展中机遇与挑战并存的特性,从生源的特点出发,聚焦公民教育,以增强学生的公民意识为主线,从学科课程、拓展课程、实践活动、文化建设、管理协同等多种途径全面展开,其中特别论述的情绪管理课程具有一定新意和实践价值。

学校德育为学生全面发展和终身发展奠定坚实的基础,注重人的整体发展性,所以本文中关于公民意识培养大目标的确立论述中可以再多一些结合现今学生发展的特性和需求,以及公民意识的提升给学生全面成长所带来的积极作用方面的内容,德育内容的顶层设计上还可以再充实一些。此外,德育是一个大系统工程,学校德育工作必须树立教书育人、管理育人、服务育人、环境育人的意识以及全员育人、全面育人、全程育人、全方位育人的观念,本文注重了德育实施的多种途径,也突出了以学生为主体的原则,对学校已有的各类课程和活动做了一定的梳理,但因为杜老师身份角色的特性,所以在管理育人的论述上略显单薄,家、校、社协同育人方面除了理论的论述,也可以尝试着结合实践经验和思考提出具体的实施方法,有关德育方法和德育评价的顶层设计还可以做一些思考。在"特色德育篇"中所提到的情绪管理课程对学生的发展具有一定的意义,对于情绪管理课程与本文中的公民意识培养之间的联系还可以进一步思考与梳理。

(点评专家:上海市虹口区教育学院德研员,上海市第四期"双名工程"虹口区"种子计划"中学德育团队领衔人　徐　娟)

开启灵性　教化良材

上海市嘉定区启良中学德育顶层设计　文/胡文耕　徐国忠

○ 学校简介

　　上海市嘉定区启良中学为四年制公办初级中学,创办于 1904 年,是一所具有悠久办学历史和优良教育传统的百年老校。学校秉持"明强"校训,坚持以"开启灵性、教化良材"为办学理念,全力打造"绿色、和谐、活力、优质"的现代化学校,着力培养"有良知,会学习、爱生活"的新时代启良学子。

　　学校现有 29 个教学班,960 多名学生,98 名教职工。占地面积 3.2 万平方米,建筑面积 1.53 万平方米,绿化面积 1.09 万平方米。教学设施完备、功能齐全,校园环境优美舒适。学校先后获全国"五好小公民"教育示范学校、上海市依法治校示范校、上海市强校工程实验校、上海市劳动教育特色校、上海市花园单位、上海市安全文明校园单位、上海市红十字工作示范学校、上海市少先队红旗大队、嘉定区文明单位、嘉定区行为规范示范校、嘉定区未成年人思想道德建设工作示范校、嘉定区心理健康教育特色校、嘉定区科技特色学校、嘉定区学校文化建设示范校、嘉定区城市少年宫示范学校、嘉定区校园安全管理工作先进集体、嘉定区家长委员会工作先进集体、嘉定区关心下一代工作"五好"单位等荣誉。

▣ 理性思考篇

一、基于百年办学历史的理性思考

创立之初,学校先贤以"当今要唤起民众,启发良知,教育救国,振兴中华"为办学宗旨,遂以"启良"为校名,反映了当时启良人"爱国、救国"的教育理想。1934年,浦泳老先生担任校长,他提出把"明强"作为校训,激励启良学子不仅要具有"良知",而且要自强不息地学好科学文化,练好强壮的体魄,不断完善健全的人格。"明强"校训是学生培养的着眼点和具体要求,体现了启良人奋发向上、追求进步的办学愿望,成为学校的文化名片。

今天,启良人不忘先贤办学初衷,牢记前辈教育理想,继续高举明强文化大旗。在教育综合改革背景下,学校在传承过程中又提出了"开启灵性,教化良材"的办学理念,把"有良知、会学习、爱生活"作为学生培养目标。

在办学理念和培养目标指引下,学校着力探索和构建"明强"课程,课程框架也已经基本形成。

二、融合幸福课程理念的理论架构

2012年起,嘉定区在39所中小幼学校试点开展"学生幸福课程"的实验研究,旨在通过实践体验方式指导学生获得积极自信的幸福能力。

在以"行为习惯"培养为主要目标的幸福教育探寻之路上,美国心理协会主席,"积极心理学之父"马丁·赛利格曼给了我们五个目前被广泛接受的通向幸福的途径。幸福除了主观感受——积极情绪(快乐舒适,生活的满意度)、投入(心流,专注感兴趣的事情),还包括意义(目的与价值感)、成就(胜利,学业成就)、人际关系(积极的人际关系),但归根结底是要通过教育实践,让每个学生学会用积极向上的方式,获得健康快乐的成长。

2017年,启良中学成为嘉定区学生幸福课程基地校。从学校现状来看,无论是校名、校训、办学理念还是培养目标,都与幸福课程的核心理念"培养学生积极乐观自信的品格"相一致,因此,在构建和完善学校课程建设中,幸福课程为我们提供了具体的指导方向与方法。在明强校训文化背景下,我们把学校已有的基础进行提炼,把校训内涵与培养目标相融合,将"明德自信有良知、明责自治爱生活、明学自创会学习"确立为新的培养目标。

德育工作篇

一、目标与内容:培养具有幸福能力的明强学子

(一)"明强"培养目标及其内涵

以积极心理学为理论导向,阐述"明强"内涵,培养具有幸福能力的"明强学子"。

表 13-1 "明强"培养目标及其内涵

培养目标	内　　涵
明德自信有良知	能树立正确的价值观,自主自觉规划生涯,进行自我调适,形成积极健康的生理、心理品质,为终身幸福奠定基础。
明责自治爱生活	能够明确自己的职责,具有社会角色意识,树立规则意识,实施有序的自我管理、自我规划,加强自律,正确处理各类社会关系,使思想和行为能适应社会发展的整体要求,达到自我教育、自主发展。
明学自创会学习	能够明确学习的价值与目的,掌握良好的学习方法,善于独立思考,具有创新思维,成为善学、乐学、巧学和具有创新能力的启良学子。

(二)"明强"目标分年级内涵层次

表 13-2 "明强"目标分年级内涵层次

总目标	内　涵	各年级内涵层次			
		六年级	七年级	八年级	九年级
明德自信有良知	自我发展	自我认识	自我定位	学会设计	自主规划
	身心健康	悦纳自己	学会排解	善于沟通	调适发展
	价值认同	文化传统	生态文明	家国情怀	理想信念

续　表

总目标	内　涵	各年级内涵层次			
		六年级	七年级	八年级	九年级
明责自治爱生活	目标定位	自我约束	自我规范	自我调控	自我管理
	行为要求	规范言行	诚实守信	勇于负责	自觉践行
	团队合作	融入集体	参与管理	团队合作	服务社会
明学自创会学习	学习兴趣和态度	激发兴趣	勤奋努力	知难而进	合作求知
	学习习惯和方法	培养习惯	探索方法	扩展视野	高效学习
	创新思维与方法	学会提问	独立思考	富有见解	融汇贯通

（三）各年级"明强"目标的评价要求

表 13-3　以"明德自信有良知"为例

评价要求	六年级	七年级	八年级	九年级
	自我认识	自我定位	学会设计	自主规划
标志性活动或表现	给自己画一幅自画像,可以写实,也可以抽象	在"时间坐标"和"空间坐标"中认识自己:我的自我发展计划	建造目标金字塔,将长期目标分解为短期目标和小目标	运用 SWOT 分析法找到自己的人生坐标
评价指标	能对自己做出正确的评价	计划中有明确的目标与举措	能合理地设定长期目标和短期目标	能为自己初中及以后的学习和生活制定初步规划
评价要求	悦纳自己	学会排解	善于沟通	调适发展
标志性活动或表现	在班级主题活动中分享对自己的认识以及努力后的收获	让自己忙碌起来,投入到学习或有益的游戏活动中	围绕某个主题在班级里开展一次演讲,获得他人的认同	适时调整自己的目标和计划,降低期望值,告别拖延症
评价指标	能接受自己的不足,并不断改进自己、完善自己	能正确地面对压力和挫折,及时排解负面情绪	能清楚有效地表达自己的观点,学会与人协商,适当妥协	能充分发挥自己的优势,扬长避短,形成科学的生涯发展规划

续　表

评价要求	文化传统	生态文明	家国情怀	理想信念
标志性活动或表现	积极参与"我们的节日"主题活动,过好传统节日,讲好中国故事	开展节约用水用电和光盘行动;学做力所能及的家务	升旗仪式高唱国歌;为实现中国梦努力学习;敬老孝亲,维持家庭和睦	认真学习中国革命史、中国共产党史、改革开放史和社会主义发展史,继承革命传统,传承红色基因
评价指标	自觉弘扬中华民族传统美德,热爱民族文化遗产,继承中华民族人文传统,践行中华礼仪,将社会主义核心价值观内化于心、外化于行	养成勤俭节约、低碳环保、自觉劳动的生活习惯,形成健康文明的生活方式	树立以国为家、家国一体的价值理念,建立国家认同感、归属感、责任感和使命感	建立对党的政治认同、情感认同、价值认同,不断树立为共产主义远大理想和中国特色社会主义共同理想而奋斗的信念和信心

二、途径与方法: 构建基于"明强"目标的课程体系

(一) 学校课程总体架构

聚焦"明强"育人目标,着力完善课程顶层设计,以大课程理念为引领,把幸福课程与学校基础型、拓展型、探究型三类课程相融合,把国家课程、地方课程和校本课程相融合,建构具有启良特色的学校课程体系,贯穿学校的教育全过程。

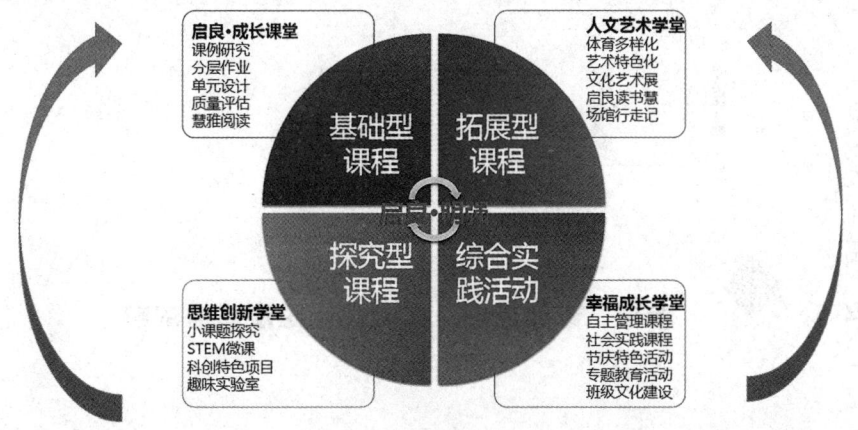

图 13-1　学校课程架构图

（二）侧重"明德自信有良知"目标达成的课程结构图

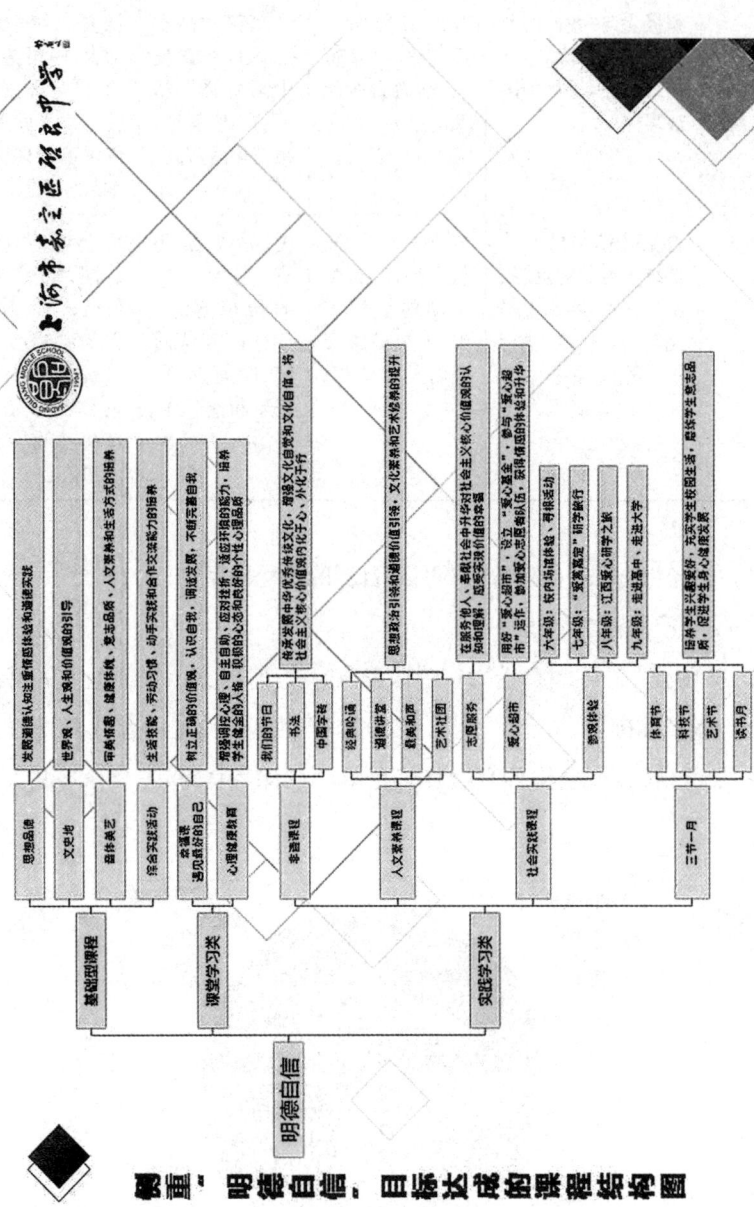

图 13－2　侧重"明德自信"目标达成的课程结构图

三、管理与评价

(一) 开展明强班级常态管理考评

开展启良中学明强班级日常评比活动,加强班级常规管理和学生行为规范教育,推进文明校园创建活动,完善学校全面育人体系,培养"明德自信、明责自治、明学自创"的启良学子。

1. 明强班级评比流程及标准

(1) 评比流程

明强班级评比采用"日检查,周反馈,月考评"的常规管理考评机制,每月评比表彰一批明德班(明责班),在此基础上,每学期评比表彰一批明德班。

(2) 评比标准

A. 明德班(明责班)评比标准

① 明德班(明责班)必须做到五好:文明礼仪好、自主学习好、环保卫生好、主题活动好、安全意识好。

② 每个月(4周或5周)评比一次。按评比的有关项目计分,采取百分制量化评分,凡是获总评分85分及以上的班级有资格参与明德班(明责班)评比(其中明德班比例不超过达标班级的40%,其余班级评为明责班)。

③ 明责班不受名额限制,凡达到标准的班级,均可授予明责班称号。如果某个年级的班级均未能达标,则按得分排列,保证该年级有一个班级被评为明责班。

④ 明德班(明责班)评比实行一票否决制。即该班级若有学生出现严重违纪行为(如受学校行政处分等),当月不能评为明德班或明责班。但以后各月仍可争取。

B. 明强班评比标准

① 明强班评比的两大依据:一是累计各个月明德班(明责班)评比的得分(明德班20分,明责班15分);二是综合学期考试和各项加分(班级、个人获奖)的情况。按两项最后合计得分排名。

② 每学期凡有学生出现重大违纪行为,或有学生违法犯罪的班级,不能评为明强班。

③ 明强班评比分年级段进行,名额一般控制在40%以内。

2. 明强班级奖励表彰

（1）明德班（明责班）每月评比公布，并在获得班级教室门口悬挂标牌。考核评分列入班主任月考核，占60％。

（2）明强班在每学期结束前进行通报表彰。

（3）明强班考核评分纳入班主任学期考核，并作为评选优秀班主任（辅导员）的重要依据。

3. 明强班级累计积分标准及办法

表13-4 嘉定区启良中学明强班级检查评比细目表

检查项目	检 查 内 容	检查人员	分值	备注
文明礼仪 （20分）	每天对没有按要求穿戴和进校行礼的学生进行批评教育并记录	值周中队	5	
	每天中午对各班的文明就餐情况（排队进餐厅、安静用餐、不浪费粮食）进行检查，划分等第，写明不足	大队委员	10	
	每周对学生文明行规情况进行抽查，划分等第，写明不足	德育处	5	
自主学习 （20分）	每天早晨7:40前对早读情况进行检查，划分等第，写明不足	值周中队	10	
	每天中午12:30前检查各班午间自主活动情况，划分等第，写明不足	值周中队	5	
	年级组学科竞赛评分：按5、4、3评分		5	
环保卫生 （35分）	每天7:30开始对各班教室和包干区卫生进行检查评分。遇有重大节日或活动时，由政教处和卫生室组织抽查，不理想的班级视情况扣1—2分	德育处、卫生室、值周中队	20	
	每天检查眼保健操情况	卫生室	5	
	每周抽查节能情况，结果以等第评价	德育处	5	
	班级财产保管情况按照班级每月上报总务处，人为损坏的，一次扣2分，其他情况按5分、4分、3分评价	总务处	5	

检查项目	检　查　内　容	检查人员	分值	备注
主题活动 （20分）	按照要求出好每一期黑板报，政教处组织评比，进行等第评价评分	德育处	10	
	课间跑、广播操等集体体育活动每周抽查，进行等第评价评分	德育处、 体育组	5	
	积极组织开展"主题班队会"活动，参与学校组织的各项活动，针对参与情况，进行等第评分	德育处	5	
安全意识 （5分）	班级学生具有较强的安全意识，在学校各项活动中注意安全，有自我保护意识，得5分。凡班级出现安全伤害事故的，按责任区分评价得1分、2分、3分	德育处	5	
附加分 （±10分）	通报批评扣1分/人次；警告处分3分/人次；严重警告5分/人次	德育处		扣分条目
	学生严重违反课堂纪律、会议纪律、就餐纪律等，被报告到政教处及有关部门，情况属实的，每人次扣1分	德育处		扣分条目
	学生在校园内乱扔垃圾，被查实的，按1分/人次给予所在班级扣分	全体师生		扣分条目
	学生个人做好事，受学校公开表扬的视情况加1—3分	德育处		加分条目
	班集体在学校活动中表现优秀，具有榜样示范作用的，加1—3分	德育处		加分条目

（二）实施"启良之星"评价机制

1. 评选名称

明强学子奖·启良之星、明强学子单项奖。

2. 评选条件和要求

（1）明强学子奖·启良之星

① 在校六至九年级少先队员；

② 热爱党、热爱祖国、热爱人民，模范遵守《中小学生守则》，其品行在同学中有良好示范作用，上学期思想品德为"优秀"。如有违反《中小学生守则》以及《启良中学学生纪律处分条例》，或者其行为不当并在学生中造成不良影响的，

一经查实,将取消其评选资格;

③ 以主人翁精神积极参加少先队和共青团的各项活动,熟悉了解少先队、共青团活动,关心时事政治,全年参加的少先队或者共青团活动不少于5次(平均每月一次);

④ 能勤奋学习,有良好的学习习惯,学习成绩优良;在尊师守纪、友爱同学、乐于助人、热心服务、艰苦朴素、诚实勇敢等方面表现突出,师生评价良好;

⑤ 具有意志坚强、不怕挫折、谦虚谨慎、不骄不躁等良好的个性心理品质和身体素质,体育成绩优良;

⑥ 勇于创新、乐于奉献,在某一方面取得突出成绩,为学校、区、市增光添彩,积极参加学校、区、市级比赛,并获得奖项;

⑦ 积极参与少先队雏鹰争章活动。

(2) 明强学子单项奖

奖项设置:领袖之星、自立之星、勤学之星、奋进之星、明礼之星、奉献之星、劳动之星、环保之星、科创之星、艺术之星。

评选标准:

① 在校六至九年级少先队员;

② 热爱党、热爱祖国、热爱人民,模范遵守《中小学生守则》,其品行在同学中有良好示范作用,上学期思想品德为"优良"。如有违反《中小学生守则》以及《启良中学学生纪律处分条例》,或者其行为不当并在学生中造成不良影响的,一经查实,将取消其评选资格;

③ 在以下某个或某几个方面表现突出,具有较强的示范性和一定的影响力。具体是:

领袖之星:具有较强的组织协调能力和口才,工作积极且富有创新精神,在队员中具有较高威信的队干部。

自立之星:有明确的人生理想、目标和生涯规划;有较强的独立意识和生活自理能力,乐观开朗向上,能够坚强面对困难,努力克服;在中队里具有一定的示范引领作用。

勤学之星:勤奋学习,积极将学习融入生活的具体实践中;学习态度端正,好学多问肯钻研,在学习上能不断追求进步;勤于探索,勇于创新。

奋进之星：奋发图强，在学习、生活等方面，能勇于承认和正确对待错误，知错就改，经过不懈努力取得较大进步。

明礼之星：举止文明，言行恰当；大方真诚，友善待人；注重诚信，言行一致；深受师生好评。

奉献之星：热心公益服务，有较强的助人精神，善于发现并用恰当方式帮助他人；在助人过程中体验快乐，能长期坚持；乐于参加各种社会工作，勇于承担自身岗位职责。

劳动之星：有良好的劳动习惯和积极的劳动态度；自己事自己做，主动分担家务，乐于参与学校和中队的劳动实践。

环保之星：有较强的环保意识，爱护自然，节约资源；积极参加户外运动，宣传环保知识，主动践行垃圾分类。

科创之星：热爱科学技术与发明创造，具有较强的创新精神和动手能力，在各级各类科技类竞赛与评比中获得优异成绩。

艺术之星：在艺术方面具有较好的潜质与天赋，热爱艺术与表演，在各级各类比赛中获优异成绩。

 特色德育篇

树立"明强形象" 打造"最美和声"
——启良学子形象培养的思考与实践

启良中学着眼于现代社会的学校和人的发展要求，着眼于学生成长、个性发展的需要，提出培养"明强学子"的育人目标，并着力打造启良校园"最美和声"，旨在对启良学子进行自主教育、自我管理和自觉行动，进而内化为文明素养。

一、"最美和声"的文化溯源
学校秉承启良先贤"唤起民众，启发良知，教育救国，振兴中华"的办学初衷和"爱国、救国"的教育理想,激励着一代代启良人励精图治,不懈奋斗。

我们的校训:明强。

我们的办学理念:开启灵性,教化良材。

开启灵性:启发良知、尊重师长、热爱学习、激发潜能。

教化良材:身心健康、文明礼貌、自信进取、多元发展。

我们的育人目标:培养"有良知、会学习、爱生活"的明强学子。

有良知,是培养目标的核心要素,是从发掘学生与生俱来的最基本的道德理念出发,培养学生具备明辨是非、文明礼貌、自信进取的品质。

会学习,就是要培养学生好学善问、刻苦勤奋、合作向上的品质,进而树立学生自觉肩负起复兴中华的崇高理想。

爱生活,就是要培养学生纯真活泼、充满阳光、热爱生命的品质,在创造美好生活的同时,也能享受美好的生活。

"开启灵性,教化良材"是对启良先贤教育理想的传承和发展,"有良知、会学习、爱生活"是启良人对"良材"定义的高度浓缩。"明强"的文化内涵是我们培养启良学子形象的内在要求,具体而言,就是明德自信、明责自治、明学自创。"明强形象"就是学校办学理念和"明强"文化内涵在启良学子身上的外显,而"最美和声"则是我们对启良学子"明强形象"的生动诠释,也是"明强形象"的实现途径和具体体现。

二、"最美和声"的概念内涵

打造启良"最美和声",就是要落实《中小学德育工作指南》要求,在落细落小落实上下工夫,在常态开展和体系构建上做文章,在改革创新上动脑筋,在促进学生自觉自律上求成效。我们认为,校园是教人求知、向善的地方,需要有一些有别于其他场所的独特"声音"。这些"声音"的和谐共奏,就构成了校园的"最美和声"。

早晨应该有读书声。一日之计在于晨,早上的时间要好好利用。学生每天7点左右就来到了校园,但是我们发现,7点至7点40分,一节课的时间很快就过去了,学生往往无所事事,这是非常可惜的。我们要充分发挥学生自我管理的作用,把这段时间充分利用起来。让学生拿起书本,齐声诵读,让朗朗的读书声成为清晨校园里最美的声音。

课间应该有欢笑声。校园不仅仅是一个学习的地方,还应该是学生健康成长的乐园。启良中学的校园，应该是充满活力的校园。课间休息、体育课、活动课，我们都可以到操场上来做做运动，开怀大笑，这比课间在教学楼内追逐打闹要文明得多、有益得多。欢笑声，是"最美和声"的重要成分，我们不能用吵闹声把它掩盖了。

午餐时应该有碗筷轻触的叮当声。碗筷的叮当声，可以成为午餐时美妙的音符，但它常常被学生们的说话声掩盖。大教育家孔子有言："食不语，寝不言。"这是君子言行的一条重要操守。这六个字体现了一个人的个人修养。我们希望每一位启良学子都能文明用餐，不在用餐时发出不和谐的噪音，用实际行动体现君子风范。

集会时应该有响亮的歌声和呼号声。心有力量，歌声响亮。响亮的歌声和呼号声是展现初中生朝气蓬勃的生命力和昂扬向上的精神面貌的最好方式之一。响亮的歌声，首要的就是把国歌唱响。要把少先队的铭言呼响，用响亮的呼号展示我们内心的力量。

三、"最美和声"的导行机制

学校在思想引导和行动助推上建立机制，保障"最美和声"行动有效落实。

（一）明强讲坛，凝聚"最美和声"的行动共识

打造校园"最美和声"，是启良人贯彻落实党的十九大精神和《指南》要求，落实立德树人根本任务的一项具体的行动。"最美和声"的打造，必须要从一言一行做起，从每一个细节抓起，既要从大处着眼，又要从小处着手。我们利用每周一的升旗仪式时间，开设明强讲坛，由学校领导和相关部门负责教师围绕"打造启良'最美和声'，树立学子'明强形象'"这一个大主题，从不同的角度开展宣讲，讲清"最美和声"行动的背景和意义，让师生不断明晰"最美和声"的概念、目标、内容、策略，凝聚打造"最美和声"的行动共识。

（二）班级讨论，丰富"最美和声"的内涵外延

为了提升全体师生对"最美和声"的参与度和认同度，丰富和拓展"最美和声"的内涵及外延，我们以班级为单位，开展启良校园"最美和声"征集活动。各班利用主题班会、晨会、午会等时间广泛开展"最美和声"大讨论，寻找启良校园的"最美和声"，引导学生关注一言一行，由外而内提升文明素养。在大讨论的基础上，学生填写《启良中学"最美和声"征集表》，将发现的"最美和声"以文字

的形式记录下来,报送学校政教处。政教处在初选的基础上,利用微信平台开展投票、宣传等活动,确立启良校园"最美和声"的主要内容,如上课时响亮的发言声、自习课上的翻书声、扫地时的唰唰声、跑步时整齐划一的脚步声和口令声、午间休息时悠扬的乐曲声、表演时热烈的鼓掌声、校园内热情的问候声,等等,并号召全体师生在校园内广泛推行,形成启良校园新风尚。

(三) 日常考评,强化"最美和声"的机制保障

学校将"最美和声"纳入班级管理考核和学生日常行规考评中,力促"最美和声"行动落地见效。一是推行明强班级评比考核机制。根据《中小学生守则》《中学生日常行为规范》、学校规章制度及"最美和声"主要内容,制定"班级常规量化考核"方案及细则,关注学生自主管理,实行"日检查、周汇总、月考核",每月评比一批明德班、明责班,每学期评比一批明强班。二是实施"启良之星"德育综合评价,挖掘学生发展潜能,鼓励进步、树立典型,通过一枚枚"启良之星"奖章让校园内"群星闪耀",引导每一个启良学子寻找自身的闪光点,关注自己的点滴进步,进而展示自我才华,增强发展自信,逐步形成"学习求真、做人求善、言行求美、性格求乐"的精神面貌。

专家点评

汉语中的"灵"可指善,引申之又可指聪明、通晓事理,还有灵活、灵巧、灵敏、机灵、心灵手巧等意思;而"良"主要表现"善""良""美""好"的意思,后延伸为很、甚、极其等义。德育的终极目的其实都是引导人充满"灵性",成就"良材",启良中学的德育顶层设计"开启灵性,教化良材"仅从立意上就胜出不少。

启良中学是一所百年老校,办学先贤的"启发良知,教育救国"以及"明强"校训的确立,都为这所学校植入了厚重而又优良的德育基因,胡文耕和徐国忠两位老师站在这份厚重和优良之上进行的德育顶

层设计必然离不开"传承"与"创新"。传承之处清晰可辨:"理性思考"篇中的"基于百年办学历史的理性思考"对学校的文化基因进行了很好的梳理,在此基础上的"融合幸福课程"也是来源于 2012 年区域整体推进"学生幸福课程";"德育工作"中的目标与内容确立以"明强"为核心分年级逐层落实,很明显还是源自于 1934 年至今的校训;课程架构中颇有深意地侧重"明德自信有良知"目标,传承的主线非常明显。这与这些年某些地方"言必称希腊",将传统的文脉彻底抛弃的做法形成了鲜明的对比。当然,整篇着墨较多的还是"创新",这种在传承基础上的创新是具有生命力的:学生的培养目标定义为"有良知、爱生活、会学习",先后顺序颠覆了唯分数论者的三观,但这不正是"培养德智体美劳全面发展的社会主义建设者和接班人"的应有之义吗? 当学校 2017 年成为嘉定区学生幸福课程基地校后,学校明智地将校训内涵与培养目标相融合,将"明德自信有良知、明责自治爱生活、明学自创会学习"确立为新的培养目标,"师古而不泥古"。面对全面实施初中学生综合素质评价的教育任务,"启良人"又一次发挥了在传承中创新的好传统,各项评价既严格按照上位文件设计实施,又颇有特色地开展"明强班""明责班""启良之星"等集体或个人的创建和评比,使学校的德育培养目标更好地落地发展。

能够做好传承的人往往是教育的坚守者,能够做好创新的人常常是教育的播火者。启良中学的德育工作者用这份设计和实践兼顾了传承和创新,既是坚守者,又是播火者,是当之无愧的教育的智者。

美中不足的是,整篇文章还是基本停留在对学校工作的总结上,缺少必要的深入思考,如能在充分研讨的基础上加以阐述,则更有启发、示范意义。

(点评专家:上海市松江一中,德育特级教师、正高级教师 郭宁伟)

传真人精神　育贤德少年

上海市奉贤区青村中学德育顶层设计　文/王　洁

⭕ 学校简介

　　上海市奉贤区青村中学（简称"青中"）坐落于清溪河畔，两千多年前，言子曾在此处讲学、传播儒学文化。是上海市强校工程"实验校"之一，创办于1959年8月，是一所农村公办初级中学。

　　学校虽为农村学校，但是通过全体师生的不懈努力，办学水平有所提升。先后获得了"全国基层家长学校示范校""上海市家庭教育示范校""上海市中小学行为规范示范校""上海市心理健康教育达标校"等荣誉称号。多次被评为"上海市安全文明校园""奉贤区规范收费优秀学校""奉贤区信息化优秀校""奉贤区教师专业发展合格校"等。

　　学校坚持"求真共进，彰显青春"的办学理念，以真人教育为主线，在"温馨教室"创建中出成效，聚焦学校文化品牌建设，努力开拓创新。

　　学校要成为莘莘学子向往的乐园，在这里学生学会做人、学会求知、学会审美、学会创造；在这里教师尊重每一位学生、关爱每一位学生，为学生搭建进步的阶梯和成功的舞台。

■ 理性思考篇

一、教育变革的方向

《国家中长期教育发展规划纲要》提出,坚持以人为本,全面实施素质教育是教育改革发展的战略主题。教育要坚持立德树人,构建大、中、小学及幼小衔接的德育体系,创新德育形式,丰富德育内容,不断提高德育工作的吸引力和感染力,增强德育工作的针对性和时效性。

围绕《国家中长期教育发展规划纲要》《中共中央国务院关于进一步加强和改进未成年人思想道德建设的若干意见》《上海市学生民族精神教育指导纲要》和《上海市中小学生命教育指导纲要》等文件精神,学校坚持立德树人,以服务学生的发展需求为目的,以培育和践行社会主义核心价值观为重点内容,提出"学做真人,教人求真"的德育导向,旨在提升学生的道德素质、创新精神和实践能力,及学生终身发展所需的核心素养。从"知识技能"到"核心素养",改变的不仅仅是口号和理念,而是实实在在的教育目标的提升与变化。

二、真人教育的基本概念

青村中学的校训"学做真人"出自人民教育家陶行知先生的一句名言:"千教万教教人求真,千学万学学做真人"。校训的精髓在于一个"真"字,"真"最基本的涵义是"真实"。根据党的教育方针,结合陶行知先生的教育思想,校训中的"真"字包含两层意义:

一是指实事求是的品德和健康的心理,即真心。所以教师要学会育人,为人师表;学生要学会做人,成才先成人。

二是指科学文化知识,即真知。所以教师要教好书,并努力激发学生探求科学文化知识的热情;学生要勤奋学习,具有真知灼见,真才实学。

三、真人教育的核心内涵

构建"学做真人"的校园文化是学校的办学目标之一。"真"字体现了学校关于教师如何教书育人和学生如何做人、做学问的方向性、规范性要求,蕴含了育人目标和治学做人的标准,尤其是教师的职业道德规范和基本行为准则。学校始终遵循以人为本的原则,创造有利于师生和谐的机制和氛围,以"做真事、求真知、献真心、成真人"为核心的校园文化,引导和鼓舞师生在学习和生活中坚守道德底线,不断追求进步。

通过对校园文化的梳理,提炼出"学做真人"作为校训。它既是学生成长的座右铭,也是教师每天要履行的责任——引导学生明白做人的道理,其核心思想就是"做真事、求真知、献真心、成真人"。

做真事:要求学会负责,遵纪守法,文明礼貌,诚信自律;

求真知:要求学会学习,谦虚上进,挑战自我,合作共赢;

献真心:要求学会回报,懂得感恩,热爱生命,善待自己;

成真人:要求学会发展,完善自我,树立理想,融入社会。

四、真人教育的基本原则

(一) 学校全员育人、全面育人、全程育人的整体性原则

从教育主体看,真人教育的实施需要学校工作的一致性,从学校层面进行顶层设计,让所有教职员工形成共同的认识和追求。从教育内容看,整合现有的一切教育资源,包括学科教学、美育综合课程、四大主题文化节、中华传统礼仪教育、行为规范教育、午会课、社会实践、社团活动、校园文化等资源,探索构建具有开放特征的真人教育体系,努力实现德育活动效益的最大化。从教育过程看,育人过程贯穿于学校各个时段、活动之中。

(二) 学生自主管理、自我教育的自主性原则

德育的对象是人,具有主体意识,真人教育中教师是教育的主导者,但作为主体地位的依然是学生,唯有学生内驱力有推动,道德成长才会更加成熟。因此,真人教育为学生搭建成长的舞台,让学生成为校园生活的参与者、管理者,在学生与学生的接触、碰撞中实现自主管理、自我教育。

(三) 让学生自由和谐、健康成长的体验性原则

以体验式活动为载体,关注学生的主体感受,提升德育质量。教育不仅要关注学生的未来生活质量,更要关注当前的生活质量。只有这样,德育才能通过学

生的充实生活体验和美好人生追求被学生认同和感受,德育才会更有成效。

 **德育工作篇**

一、德育工作的目标和内容

学校形成了"求实创新、和谐奋进"的校风和"励志尚真、勤学笃行"的学风,赢得了较好的社会声誉。为了使德育工作更有成效,学校从"真人教育"入手,践行德育要求,培养青中小真人,打造优质品牌学校。

学校坚持以立德树人为办学方向,积极合理地运用激励机制,让学校的教育资源发挥最大的作用。以尊重为前提,以制度为保障,以激励为手段,营造"规范+情感"的管理文化,追求学校的内涵发展,创造一种既规范有序又宽松和谐、既竞争进取又团结协作的管理环境,促进学生、教师和学校的全面、均衡、持续、和谐发展,形成较为鲜明的办学特色。

围绕"真人教育"核心理念,秉承"教人求真,学做真人"的办学思想,强化德育是素质教育的核心地位,树立以德树人的教育观念,完善德育工作机制,提升教师的育德能力,打造师德高尚、与时俱进的德育队伍。运用切实有效的教育策略和方法,围绕办学目标,细化年级德育的分层目标,进一步形成"真人教育"理念下的德育模式。

在学校德育总目标之下,细化年级德育分层目标,具体内容见表14-1。

表14-1 青村中学各年级德育分层目标表

年　级	目标要素	具　体　内　容	主要活动
六年级	养成教育	以"文明礼貌、尊敬师长、熟悉规范、自我约束"为目标,开展文明素养、遵规守纪等教育活动	新生入学教育活动;行为规范教育活动;少先队仪式教育活动
七年级	规范教育	以"自我规范、自我管理、自我约束、自我充实"为目标,养成较强的自控能力,开展心理品质、学习规范等教育活动	行为规范教育活动;行为主题教育课

续　表

年　级	目标要素	具　体　内　容	主要活动
八年级	青春教育	以"珍爱青春、充实自身、服务集体、责任担当"为目标,开展生理、心理教育活动	十四岁生日仪式;青春主题教育课;团课
九年级	理想教育	以"树立理想、认识自我、承担责任、乐观自信"为目标,开展理想教育活动	团课;毕业典礼

二、德育工作的途径和方法

(一) 落实规范养成教育,塑造学生优良品质

1. 行为规范教育分年级目标

为了全体学生更好地理解和执行学校的行为教育目标,我们制定了如下细则:

六年级——了解真人精神,掌握劳动技能,端正学习态度,平等对待他人;

七年级——实践真人精神,参与社区服务,规范学习方式,乐于沟通交流;

八年级——理解真人精神,合理安排生活,优化学习方法,学会自我调适;

九年级——内化真人精神,初定人生规划,自主高效学习,善于团队协作。

2. 行为规范教育分年级内容(见表 14 - 2)

表 14 - 2　青村中学行为规范教育各年级内容表

教育内容 ＼ 年级教育达成度	六年级	七年级	八年级	九年级
生活习惯	有基本的劳动技能有良好的卫生习惯	会做小家务有良好的饮食习惯	会合理使用零花钱或"压岁钱"作息时间安排合理(寒暑假)	基本具备生活自理能力能够践行低碳环保的生活方式
学习习惯	掌握初中阶段的各项学习要求;重点实践听课、作业的规范和要求	学会预习、复习学会记笔记	学会整理错题集;学会整理复习资料	能够在教师指导下展开自主学习

续 表

教育内容＼年级教育达成度	六年级	七年级	八年级	九年级
交往礼仪	学习礼仪规范；在学校尊重老师，友爱伙伴；在家庭尊老爱幼	在社区、能够尊重邻里，明确谨慎交友的重要性	初步学会"情绪管理"；明确人际交往中态度的重要性	明确网络文明的重要性；初步了解社交礼仪
学校集体规范	学习中各项行为规范制度；重点实践一日常规	重点实践大型活动、外出集体活动、校园安全及爱护公物等规范	能够发挥班、团、队组织的自主能力；自觉维护学校集体规范	能对学校的行规制度提出自己的建议
社会公共规范	了解对待国旗、国歌的礼仪规范；学习并遵守交通规则	通过参与社会实践，学习并遵守不同公共场所的规范	通过参与社会实践，学会自觉爱护公共设施；学习并实践社会公共道德	基本遵守各项社会公共规范；具有较强的国家意识和公民意识

（二）创新活动载体，探索育人途径

1. 三类课程与学科德育相结合

课堂始终是德育的主阵地，行规教育绝不能放弃课堂。因此，对照"两纲"对于三类课程的要求，让教师发挥主观能动性，挖掘课程中的行规教育资源，对学生开展"无痕"教育，尤其是道法、历史、语文、体育等学科，教师会更多利用课程为行为规范教育提供丰富的素材。

2. 校本德育与人格教育相结合

《学做真人》校本德育课程从诚信守法、勤奋自强、平等合作和社会责任四个方面来诠释人格教育。真人教育与贤文化一脉相承，使校本德育课程建设成为传播"贤文化"的重要途径。我们相对应地开发了《做真事》《求真知》《献真心》《成真人》四册校本德育教材，同时对校本德育设计了较长时段的发展目标。

（1）德育培养体系化

做真事（六年级）：学会诚信，遵纪守法，严于律己，诚实守信；

195

求真知(七年级):学会学习,谦虚上进,勤奋好学,自信自强;

献真心(八年级):学会感恩,善待自己,尊重他人,合作共赢;

成真人(九年级):学会负责,完善自我,履行义务,融入社会。

（2）德育环境和谐化

德育特别强调潜移默化、熏陶感染的作用,根据德育的这一要求,我们加强了学校"真人文化"的营造。我们对校园布局重新进行了规划和设计,进入青中校园,真人的气息扑面而来,"学做真人"的校训、陶行知"教人求真"的雕塑矗立在校园大门口;接着跃入眼帘的是陶行知"捧着一颗心来,不带半根草去"的人生写照;一到四楼的楼梯陈列陶行知先生的生平和教育思想;教室里有"一班一真人"活动的公众榜样和班级"小真人"的宣传栏;教学楼墙面上展示每年评选出的青村中学"十佳"小真人……浓厚的德育氛围,不仅有利于德育的生活化、情境化,同时也渗透于学生的日常生活之中,形成一种德育文化,并产生持久的作用与效果。

3. 研发小真人印迹

以《中小学德育工作指南》和《上海市进一步推进高中阶段学校考试招生制度改革实施意见》为指导,以"教人求真,学做真人"为核心,构建新中考背景下的学生综合素质评价体系,搭设德育实践平台,引导学生自主发展。充分利用小真人印迹平台,通过学生参加区、校各类活动、评比,开展志愿者服务、校外社会实践活动,引导学生自我教育、自主发展、自信成长,培养全面发展的青中小真人。

（三）主题教育与道德建设相结合

1. 积极开展仪式教育

开展开学典礼、毕业典礼、升旗仪式、换巾仪式等教育活动。在"真人文化"引领下,大队部开展"你好,新周一"自主式升旗仪式的变革,结合重大节日和纪念日组织好每周升旗仪式,对学生进行有针对性的实践教育,力求主题新颖有深度,与时事结合。各中队在学校的顶层设计框架内,自主确定小主题,自行策划撰稿、编排、主持、组织开展活动。学校先后举行"寻真人之梦,做廉洁之人""唱响青春之歌,放飞真人梦想"主题班队课评比,开展"献一片爱心,添一片温暖"义卖等活动。

2. 利用重大节日契机,开展丰富多彩的主题教育活动

如"学雷锋,心向党"歌咏比赛,"绿色家园"植树节系列活动,"学团史、知团

情、跟党走"党史队史知识竞赛,"红领巾相约中国梦"建队纪念日主题系列活动,并利用春节、清明、端午、中秋、重阳等民族传统节日,引导学生了解中华民族的民俗风情和传统美德。

3. 团队工作与社区共建相结合

学校将社团建设作为少先队活动课程的主要内容,以志愿者服务作为少先队活动课程的实践载体,以雏鹰争章作为少先队活动课程评价的主要方式。

(1) 志愿服务,打造特色

青村中学小叶子护绿队是青村中学大队部的亮点和品牌,所有队员都是经过自愿报名、层层选拔出来的优秀骨干力量。队员们在节假日里扛起队旗、戴上领巾,热心公益,无私服务。他们走进青村文化广场,向居民宣传垃圾分类知识;他们以设计通俗易懂的宣传画的形式为居民普及有关雾霾方面的知识,增加大家的环保意识;他们在社区开展回收废旧电池,争当"环保达人"的活动;他们与青村街道居委相关领导相约清溪河畔,进行"贤城生态,你我共创"志愿者活动;他们开展以"美化家园、创意志愿"为主题的公益乡村行,少先队员以实际行动弘扬"奉献、友爱、互助、进步"的志愿服务精神。

(2) 雏鹰争章,突出校本

大队部结合学校"学做真人"活动,开展了校本章的设计比赛,创造性地制定六年级"真事"章、七年级"真知"章、八年级"真心"章、九年级"真人"章。各年级各班根据争章开展一系列的活动,各班在实施过程中能够根据班级特色制定特色章目,并制订详细的争章细目,认真开展训练活动,定期组织考章。每个中队在学期结束前将活动小结交大队部整理、备案,并举行雏鹰争章校本争章活动札记交流。

4. "红色之旅"考察实践活动

每学年开展一次优秀学生"红色之旅"考察实践活动。学生在寻访活动中学习红色精神,深入了解红色景区所承载的革命历史、革命事迹和革命精神,感悟体会革命奋斗精神,激发自信心和自豪感,增强使命感和责任感,通过亲身体验真正把爱国之志变成报国之志,形成良好的精神品质。

(四) 建立家校互动机制,促进家校合作

1. 实施家长开放机制

学校设立家长驻校办公室,在每学年民主推荐产生的家委会领导下,由家长自愿报名轮流驻校办公,提前预约学校开放时的任意一整天时间进驻学校,参与学校日常管理以及学校专项活动。这一制度得到家长的广泛支持,因其不仅促进家长进一步了解学校教育教学思路,形成教育合力,同时促进学校进一步了解家长需求,共同为学生的发展创设良好的条件。家校合作,综合利用各种教育资源,推进学校良性发展。

2. 发挥家委会作用

学校定期向家委会汇报学校工作,主动征求家委会成员对学校工作的建议,让家委会共同参与学校规划的制定,增加办学的透明度,增强家校的相互理解。家长对学校工作的积极参与以及家校良好关系的建立,对学校教育发展产生了积极的正面影响。

利用家长学校这一有效载体,实施家庭、学校、社会三位一体的"求真"教育互动计划以及全方位的舆论监督,实现全方位育人工程。发挥小手牵大手的作用,在"学做真人"教育活动中,开展"百万家庭学礼仪""迎接文明城区创建"等活动,使求真、求实,做生活中的真人成为人们的自觉行动,进而净化整个社会风气,为"魅力青中"的建设营造良好的氛围。

3. 心理健康教育多样化

学校高度重视学生心理健康教育工作,将学生的心理健康成长作为学校的育人目标之一,努力将心理健康教育渗透到学校教学工作、团队工作、重大活动等各个方面,逐渐优化心理健康教育环境。通过教师家访、行政人员家访、家长会、家委会、家长驻校日等活动提高家长心理素质,优化家庭教育环境,形成家校一体的学生心理健康教育模式。除固定的每学期为学生、教师、家长提供心理健康知识讲座外,学校还举行了关于心理健康的宣传工作,如有关心理健康的黑板报或心理健康小报的设计评比、红领巾广播站广播等。

三、德育工作的管理和评价

(一) 建立行为规范评价机制

把考核与争创活动结合起来,利用值周制度,在校内建立班级日常行规月考核,对表现突出的班级颁发流动红旗。认真制定优秀学生及优秀班级的评价方案,在此基础上评出行为规范示范星级班级,并进行表彰。各年级结合德育的社会实践活动、学校和社会实践基地对学生的行为规范进行反馈和评价。通过学校组织丰富多彩的主题活动和社会实践活动,学生从中得到充分有效的实践、参与和体验。班主任、任课教师利用《学生成长手册》定期记录和评价,并做好与家长的交流与反馈。

(二) 健全管理制度,完善评价方案

德育制度体系是学校德育管理的有力保障。它既是对学校德育工作作出的规定,也是对学生的道德发展和道德面貌作出的规定。学校先后制定了《青村中学学生行规基本要求》《青村中学学生行规"五规范"》《青村中学班主任工作考核评价细则》等管理评价方案,在实践中不断修改和完善。这些考核评价制度不仅激发了教师的积极性和主动性,也促进了教育环境的优化,促进了学生良好品德的形成,有力地推动了素质教育在学生管理中的全面落实。

 特色德育篇

创建温馨教室,培育时代真人

在"温馨教室"创建活动中,学校提出"环境现温馨、互赏育温馨、岗位练温馨"的温馨教室创建目标,制定学校温馨教室创建计划,以及班级温馨教室实施方案。倡导"学会为他人鼓掌,学会为自己喝彩",落实赏识教育在班级管理中的运用,要求教师做有心人,在平时的工作中注意发现并抓住打开学生心灵之门的契机,让班级中的每一个学生在教师期待的眼神中,在教师殷切的话语中,在教师无微不至的关怀中,切实地感受到教师的爱,并在教师给予的关爱中健康快乐地成长。

一、在赏识的班集体氛围中实施成功教育

班集体是学生成长的摇篮。在班集体中营造赏识的氛围有利于学生在积极健康的环境中形成自信的良好心态,从而健康快乐地成长。我们尝试运用以

下几种方法营造赏识的氛围。

(一) 班级布置体现赏识

开辟各种园地展示学生的各类作品,为学生提供展示自我的舞台。如在班级里可以布置"我的小作品"栏目,每周都有不同的小竞赛,如书法、漫画、小小说、小诗歌等,让每个人都有展现自我的机会。

(二) 设置岗位成就赏识

在班集体中设置各种小岗位,使每个学生都能发挥才能,为班集体贡献力量,在体验自我成就感的同时,也不断地获得别人的赏识和学会赏识别人。各班级可以实行值日班长轮流岗位制,定期进行自我评价和学生互评,从而在加强班级管理的同时也激励学生的自信心。

(三) 建立机制推进赏识

班集体建立送喜讯的机制,向教师送喜讯,把学生中的好人好事、自己的点滴进步汇报给教师;向家长送喜讯,把学生在校的好表现、好成绩汇报给家长;向学生传达赞美之情,形成互相谅解、互相欣赏、互相学习的良好人际关系。

二、在课堂教学中实施赏识教育

课堂是学习的主阵地。在课堂教学的各个环节中,教师采用多种方法激励学生,实行多元评价。同时,增强学生的主体地位,充分调动学生的学习积极性,引导学生主动参与学习,积极思考,主动探究,自觉实践,让学生始终保持一种愉快的情绪,使学生自觉、主动地投入到学习的过程中,形成和谐的教学气氛。

(一) 把微笑带进课堂

学生在课堂上会因自卑、害怕、懒惰、等待、从众等心理,不敢发言、不敢大胆地参与教学活动,使课堂气氛沉闷,学习效率低,更谈不上在快乐中求知。因此,我们改变以往的教学态度,把微笑带进课堂,用微笑服务学生,让教师的眼睛里没有差生,只有一个个有待进步、有潜力的学生,从而为课堂营造宽松、和谐的氛围。

(二) 热情肯定每一份努力

在课堂上经常鼓励、赏识学生的表现,真诚的赞美无处不在。"你很善于倾听""你的发言很精彩""你很会仔细读书"⋯⋯表扬是真诚的,是符合实际的,是有针对性的。"你的想法很独特""这样的思路老师都没想到"……引导学生互相赏识,使学生在教师及学生的赏识中,看到自己的进步,挖掘自己的潜能,不断地朝着既定的目标前进,满怀信心获取成功。

(三) 真诚对待点滴的进步

课堂教学中要承认学生的差异,甚至欣赏差异,允许失败,哪怕学生跌倒一百次,也要坚信他能第一百零一次站起来。在学生失败时真诚地鼓励:"继续努力,相信你能行!"在学生遇到困难时及时地帮助:"我们一起加油,好吗?"看到学生犯错时真诚地提醒:"如果你能这样做会更好!"……

三、在各项竞技活动中实施赏识教育

(一) 开展各类比赛

为了让学生树立"我能行"的信念,各年级组织开展了评单词、讲故事、诗歌朗诵、漫画等比赛,以丰富学生的课余生活。作品展出后,每个学生在看到自己的长处、感受到成功喜悦的同时,也充分认识到他人的非凡手笔,形成了一次很好的互赏契机。

(二) 设立主题活动节

学校为了给学生的成长提供活动和表现的舞台,逐步建立了全校性的活动机制,给予学生展现能力的机会与释放热情的条件,让他们感到自己是有能力的,可以从自己的身上而不仅仅是从别人的赞赏中获得自信。我们每年都举行"秋季田径运动会",让每一个学生都有机会参与到活动中去,让每一个学生都成为运动员,释放自己的能量。

(三) 开展主题班会活动

我们还组织一些融思想性、教育性、趣味性和娱乐性为一体的团队活动。如"相信自己""学会赏识""我能行"等活动,根据不同学生的特点,在活动中渗透成功的理念,让学生体验获得成功的快乐,学会赏识别人的长处,丰富阅历,懂得人生的意义。

四、启示

创建温馨教室并不是一个新话题,在新的德育形势下,很多学校都非常重视温馨教室的创建。而特色温馨教室的创建,却是"万物因不同而精彩",我们要突破常规,在遵循师生身心发展规律的基础上,从不同的角度着手创建,彰显出我们学校的特色。

专家点评

  本文作者立足奉贤区青村中学乡村学校的基本校情,围绕学校的各项具体工作内容,提炼总结学校的办学特色,结合学校坚持"求真共进,彰显青春"的办学理念,以真人教育为主线,聚焦学校文化品牌建设,努力开拓创新,对学校的德育工作进行了通盘梳理和整合分析,致力于打造具有现代育人理念、现代学校管理机制的人民满意的学校。

  本文的顶层设计具有一定的前瞻性,立足学校实际,着眼学校未来发展,留足了发展空间;基于符合校情的教育目标和德育目标,对学校德育工作进行了顶层设计,从德育课程、特色德育项目、温馨教室建设到不同学段各具特色的活动设计策划,都在努力打造一所能够带给学生希望和未来、给教师专业成长明确引领的优质学校。从具体实施举措层面看,常规举措讲究实效,创新举措科学规范。学校致力于成为莘莘学子向往的乐园,在这里学生学会做人、学会求知、学会审美、学会创造,那么学校的所有规划和设计都要充分考虑育人目标的达成,坚持以人为本的德育理念,扎扎实实规划好学校的未来发展。

  本文不仅关注到学生的身心发展,同时充分考虑到教师队伍的建设和专业化发展。学校所致力于打造的教师队伍能够做到尊重每一位学生,关爱每一位学生,为学生搭建进步的阶梯、成功的舞台,并且在教书育人的过程中,提升自己的职业素养和实践能力,成为四有好教师,承担起学生发展的人生导师的重任。

(点评专家:上海市德育特级教师、德育正高级教师、第四期双名工程攻关计划德育基地主持人、上海市十佳班主任　付丽旻)

育贤为本，让生命奔腾

上海市奉贤区汇贤中学德育顶层设计　文/顾丽丽

⭕ 学校简介

汇贤中学创办于 2011 年 9 月，2019 年 7 月与奉浦学校初中部合并为汇贤·奉浦联合中学，现有四个年级，34 个教学班。学校秉承"相信每一个孩子都有成功的愿望，相信每一个孩子都有成功的潜能，相信每一个孩子都能取得多方面的成功"的办学理念，致力于培养具有"矫健之躯、敏锐之智、乐群之品、千里之志"的骏马学子，让学校成为师生共同成长的"公民之家、快乐之苑、世界之窗、梦想之源"。

经过每一个汇贤人的不懈努力，汇贤中学高起点办学，借助区域优质资源高要求发展，已经是名副其实的家门口的好学校。学校的文化建设已形成较为成熟的六大体系，引领学校各项工作的发展。学校实施具有汇贤特色的德育"四大工程"，架构了具有汇贤特质的学校德育体系，促进了学生努力进取、积极向上的行为和学习习惯的养成，打造了"创意无限"的班级文化，为学生搭建了发展平台，有效地提升了学生综合素养。

■ 理性思考篇

新时代的德育工作,挑战与机遇并存,如何顺应时代潮流,转变思维模式,转变教育方法,是每一个教育工作者需要研究的课题。汇贤中学作为一所新兴的区域公办初中,带着"优质学校"的定位诞生至今,在师生的共同努力下在社会上赢得了良好的口碑。开办十年来,学校做了如下探索:

一、千里之行,始于初心

学校将"汇智以远,育贤为本"作为学校的校训,将"奔腾"作为学校的精神,将"骏马"作为学子形象。确立了"公民之家,快乐之苑,世界之窗,梦想之源,培养具有矫健之躯、千里之志、乐群之品、敏锐之智的骏马学子"的办学愿景,并由此确立了"相信每一个孩子都有成功的愿望,相信每一个孩子都有成功的潜能,相信每一个孩子都可以取得多方面的成功"的办学理念。

二、思维转型,以人为本

我们从《中小学德育指南》对初中学段的培养目标中提取了几个关键词:爱国精神、传统文化传承、规则意识、身心健康、自立自强、合作创新。

而这些,也正是我们想要给予学生的品质和能力,结合奉贤区的德育工作六个推进,我们从学校层面对德育工作进行了顶层设计和系统架构,形成《汇贤中学德育课程方案》,并在每年的工作实践中不断修改完善,成为学校德育工作的指南,避免了传统德育工作的点状式思维和割裂式思维,注重纵向衔接、横向贯通以及分层递进的教育途径,为学生的终身发展奠定基础。

德育工作篇

一、德育工作的目标和内容

（一）育人目标体系

从学校办学理念出发，围绕学校"十四五"发展规划，将四大育人目标细化为 16 个育人基本要点，通过五大"HUI 贤"课程内容，分年级落实育人目标，培养知识、能力、人格全面、和谐发展的汇贤学子。

"HUI 贤" 课程育人目标

- 强健体魄
- 悦纳自我
- 珍爱生命
- 健康生活

- 自主自立
- 笃志奋进
- 责任担当
- 服务社会

- 明礼守法
- 诚信友善
- 合作互助
- 尊师孝亲

- 乐学善学
- 科学思维
- 实践创新
- 审美情趣

图 15-1 "HUI 贤"课程育人目标

（二）课程架构体系

"HUI 贤"课程以四大工程为主体框架，分别是典范工程、文泽工程、优雅工程、聚力工程，每一项工程由 4 个课程构成，形成由 16 个课程群组成的"HUI 贤"课程，通过课程育人、活动育人、文化育人、实践育人、协同育人等途径，全面落实育人目标。

（三）德育工作的内容

《中小学德育指南》提出德育工作有六大育人途径——课程育人、文化育人、活动育人、实践育人、管理育人、协同育人。学校在这六个育人途径的基础

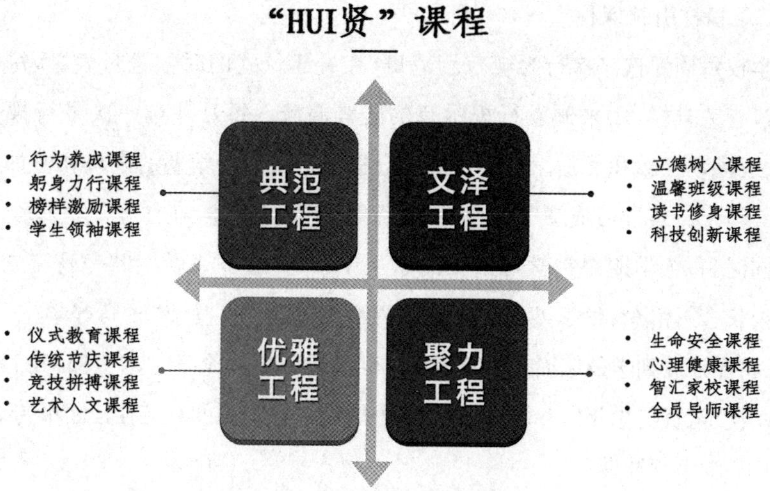

"HUI 贤" 课程

- 行为养成课程
- 躬身力行课程
- 榜样激励课程
- 学生领袖课程

典范工程

文泽工程

- 立德树人课程
- 温馨班级课程
- 读书修身课程
- 科技创新课程

- 仪式教育课程
- 传统节庆课程
- 竞技拼搏课程
- 艺术人文课程

优雅工程

聚力工程

- 生命安全课程
- 心理健康课程
- 智汇家校课程
- 全员导师课程

图 15-2 "HUI 贤"课程德育四大工程

上,以《中小学生守则》为抓手,结合汇贤中学培养目标,明确教育内容,遵循教育规律,践行"教书育人,德育为先"的理念,并展开以下工作。

1. 抓好常规教育,实施汇贤学子"典范工程"

"典范工程"旨在提炼符合初中生心理发展规律,具备汇贤特色,树立具体、可操作而有针对性的行为规范和学习习惯要求,促进学生努力进取、积极向上的行为与学习习惯养成。

(1)新生入家课程

我们首先想让学生知道的是,什么样的行为是优秀的,而不是一味地告诉学生什么是不可以做的,什么是不好的。所以我们在开办之初便制定了"典范工程",并编写《汇贤学子典范》,每届六年级新生入学之前,我们都会有为期三天的"入家活动",组织新生统一学习《汇贤学子典范》,以及学校精神和理念,让他们从走进校园开始就明白汇贤的要求和标准是什么。学校研发"新生入家课程",包括"汇贤探秘"——认识学校的校园环境,各功能区地理位置;"串起你我他"——以游戏的方式快速认识、了解同学、教师;"学校文化"——认识、学习学校办学理念、精神等;"常规教育"——了解初中学习生活要求,学习训练《汇贤学子典范》;还有"队列课程"和"班级文化建设"等近 10 项活动。

(2) 榜样引领课程

学校每周评选一次行为规范示范班,在升旗仪式的时候进行表彰,每个班级门口有荣誉栏,用来颁发行规示范的骏马盾牌。每月评选一次月行规示范班,发放流动红旗和奖励。每个学期末会根据班级一个学期的表现和参加活动的获奖情况以及学习成绩等综合考量,评选出先进集体,在休业式进行全校表彰。同时,每个学期中在学习进步的学生中评选"骏马飞跃"和"一马当先"奖,并与校长合影留念;每学期末评选出成绩优秀的学生,授予"骏马好学生"的称号,并将照片放到学校墙面上进行表彰。但成绩不是一个学生的全部,我们每年评选一次"汇贤美少年",并举行隆重的颁奖典礼,让美德的芬芳在校园里传播。

(3) 学生领袖课程

制定"学生领袖"培养计划。通过搭建校内领导力培养的平台,如大队委换届选举、团校建设、千里马讲坛、年级组长助理等,通过实践活动有效提升学生综合能力,如在每个年级招聘"学生年级组长助理",期望学生在这个岗位上锻炼自己的能力,得到不一样的成长。通过两年多来的摸索和实践,学校进一步完善和优化工作机制,通过招募、中队推荐、面试的形式选拔,并在年级大会上正式聘任上岗。组建以来,大队部通过"岗前培训"、每周"十分钟例会制度"、每学期末总结交流,两届的年级组长助理岗位激发了学生无限潜能,提升了学生的工作积极性和主动性,充分发挥学生的主体地位和主观能动性,也使得年级部的工作有了抓手,更容易开展,也更加有声有色。

2. 加强两纲渗透,实施德育"文泽工程"

"文泽工程"旨在打造纪律严明、温馨活泼、团结关爱、创意无限的班级文化,提升学生的集体精神、自律精神和创新素养,并使班级成为两纲教育及学生创新素养培育和多元智能发展的重要舞台。

比如,有的班主任擅长从古人的智慧中寻求管理之道,学生也总能以《弟子规》等经典文本来规范和反思自己的行为;而有的班主任善于从大自然中寻找为人处世之道,学生也往往清新而灵秀。不同的班级精神,展示着不同的人文情怀。

3. 制定课程方案,实施文明礼仪"优雅工程"

"优雅工程"旨在围绕"高雅大气""卓然俊秀"等学校价值追求,融合区域贤文化教育资源,通过校本德育课程的实施,提升学生行为举止、待人接物的优雅水平,养成适应现代文明社会所必需的礼仪素养和大度气质。

(1)生活指导课程

学校结合现实的生活情境,开发生活指导课程,指导学生的学校、家庭、社会生活,帮助学生养成良好的生活习惯,提高学生适应生活、创造美好生活的能力。课程内容包括《健康饮食课程》《高雅品行课程》《阳光生活课程》等。课程实施的目的是使学生在学校中及离开学校后,能够安全、健康、文明、快乐、负责任、有尊严、有爱心、有创意地生活。

(2)学习指导课程

学习指导课程分为两个板块:一是学习态度指导,以学校制定的《汇贤学子典范》之"学习典范"为指导文本,将学习规范细化为预习、收交作业、晨读、课堂发言等11项规范,同时根据不同学科在课前准备、上课要求及作业规范等方面制定了相应的学习常规,从而规范学习,养成良好的学习习惯,培养善思力行、善学笃志的学子风尚。二是学习方法指导,即指导学生采用科学有效的学习方法,促进学习成绩的上升和学习能力的提高。

(3)活动育人课程

优雅更是自信、创意的代名词,而这些不一定是每个学生与生俱来的品质,学校为学生创设舞台,他们就能创造无限惊喜。所以在"文泽工程"的基础上,"优雅工程"努力让每一位学生都彰显属于自己的优雅气质,这是学校德育工作的重中之重。学校以"追求卓越,不甘平庸"为宗旨,举办与时俱进、不落俗套的,为学生所喜爱的活动,这些活动是学生发生蜕变破茧成蝶的舞台,是落实学校育人目标的载体。

因此,学校在每一项大型的活动之前,都会把大队委、年级助理等学生代表全部召集起来进行一场激烈的头脑风暴,将当下最时尚最流行的元素融入进来,如"达人秀""汇贤好声音""汉字听写大会""英语趣配音""小剧场""辩论赛""奔跑吧,汇贤""大声说出我的爱"和"喜欢的老师共进午餐"等活动,这些都已经成为了汇贤学生茶余饭后交谈话题的中心,甚至可以说这些已经成为了学生初中生涯最浓墨重彩的一笔。

4. 融合家校力量,实施积极向上的"聚力"工程

网络时代青少年心理健康教育的有效性是当前教育不容忽视的一个课题,

除了学习能力以外,孩子乐观、阳光的心态是健康成长的首要前提,所以在原有三大工程的基础上,学校于2020年增加了"聚力工程"。

"聚力"工程旨在通过开展学校心理健康教育的各项工作,提升教育者对心理健康教育重要性的认识;提升学生的心理素质,增强学生面对困难的抗挫能力,塑造健康的心理、健全的人格;融合家庭教育的力量,创设有利于学生心理健康发展的环境,为营造积极向上的健康心态做保障。

二、德育工作的途径和方法

(一) 寓行为规范教育于学校课程中

学校根据行规教育总目标制定了《做善喻之贤师,育俊秀之学子》行规教育课程方案,分年级分阶段进行有序指导,通过丰富多彩的专题教育,让行规教育内化于心,外显于行。

学校通过一系列的学科德育活动,在引导学生学习知识的同时,挖掘学科蕴含的德育因素,实施无痕的思想道德教育。要求每位教师注重学科教学中对行规内容的梳理、渗透,注重养成学生良好的学习习惯和课堂礼仪,在学科教学中找到中华民族传统美德教育与行为规范教育新的结合点,从而不断提升行规教育的实效。

(二) 寓行为规范教育于学生综合实践中

随着中考改革的推进,对学生综合实践能力的要求也越来越高。从书本上间接获得的经验已经不能满足学习的要求,带领学生走出校园的实践活动成为全方位育人的新的途径。为切实落实学生社会实践活动,学校行政班子对其进行专门讨论,探索具有校本特色的社会实践课程体系,根据不同年级学生的年龄特点,设定不同的社会实践内容并列入德育工作计划。每次活动都能做到活动前设计好方案、活动中全程管理、活动后及时总结。

(三) 寓行为规范教育于教师垂范中

"善喻启智,和而不同"是学校教风,要求每位教师都能用自己的智慧打开学生的思想之门。行规教育应当包含学生和教师的行规,教师在校园中,在学生面前,理应处处引领典范。

学校开设"汇贤讲坛,校本培训"课程,让每一个汇贤教师对未来的工作与个人定位都有了清晰的认识,从而树立崇高的职业理想。

进一步加强班主任队伍建设,形成"班主任工作研讨培训"制度。定期开设专家讲座、班主任沙龙、课堂研讨等形式的培训。

建立青年班主任研修班。加速青年班主任教师的成长,为学校的班主任队伍储备人才。

(四) 寓行为规范教育于特殊学生关爱中

学校重视特殊学生帮教,充分发挥网络化的帮教体制,多层次、多方位开展教育。通过家、校、社的共同努力,营造和谐的人文环境。

每一学期对学生近况进行排摸,根据心理问题、家庭贫困、行为偏差、学习困难等方面建立特殊学生档案,学校行政、年级组长、班主任与特殊学生开展结对帮教活动。

班主任是特殊学生帮教的第一责任人,副班主任、年级组长、政教处及学校领导也定期开展谈心交流,及时了解学生的思想动态和困惑,做好学生的行为规范和学习习惯的转化工作。

学校每年投入经费资助家庭困难的学生,主动联系共建单位,让他们与共建单位牵线搭桥,达成协议,进行结对资助。

(五) 寓行为规范教育于学生自主管理中

学生的行为规范教育要充分调动学生自身的积极性,充分发挥学生的自我管理能力。学校评选"行为规范示范班""骏马好学生""骏马"单项奖,招聘"学生年级组长助理",建设"奔腾"志愿者库等,通过这些平台的搭建,让更多学生能参与到校园管理中来,把自己真正当成班级的主人、学校的主人。

(六) 寓行为规范教育于科研实践中

教育科研是提升教育理念、优化教育行为的过程。在行为规范教育过程中,学校本着"问题即课题"的理念,积极开展各项课题研究活动。

同时,由于学校班主任队伍中年轻教师居多,为通过提高班主任队伍专业化水准提升教育实效,学校政教处引导班主任立足本职岗位,注重实践反思、总结提高,要求每位班主任每学期都要撰写教学案例、教育随笔、教育反思、个案研究等,定期结集和呈现教师教育研究成果,编辑校内教师研究刊物《善喻志》和《奔腾》。

(七) 寓行为规范教育于家校共育中

学校是上海市十三五家庭教育基地校之一,学生钟睿莹的母亲赵晓燕女士被授予"上海市智慧家长"荣誉称号。自建校以来,学校始终重视家庭教育指导,挖掘并利用家长的教育资源,发挥家长潜在的教育能力,提升家长的家庭教育指导能力,共同构建学生成长的连续一贯的优良环境,发挥家校共育功能。

针对不同年级的不同需求,学校每学期都充分利用资源,邀请有关专家、有家教经验的家长、学校教育教学名师进行专题讲座,丰富的内容和形式受到了家长的赞赏和认可。学校每学期至少组织三次有主题的家庭教育指导实践活动,组织针对新生家长的"新生准备期"指导实践活动;期末进行家长接待日活动的任课教师与学生家长分批进行交流。

为了使家长学校能够更好地引导家长根据实际情况有的放矢地教育指导学生,学会使用正确的教育方法,学校采用多种形式开展家庭教育指导活动,如邀请家长参加学校的各项活动,担当校园辩论赛、家人达人秀评委,指导并参与班级合唱比赛,参与学校义卖等活动。

三、德育工作管理和评价

(一) 管理制度精细化

完善的制度和机制是实施行为规范教育的保障。学校根据师生的实际发展需要,修订和完善了《学校规章制度汇编》《汇贤中学教师手册》《班主任岗位职责及考核细则》《副班主任岗位职责及考核细则》《班主任工作考核制度》《汇贤中学"先进班级"评选条件与评选方法》,以制度保障行规教育有序正常开展。带动班级间、学生间的良性竞争,形成良好校风和学风。

(二) 完善行为规范评价机制

完善初中学生综合素质评价制度,是此次上海中考改革承担的任务之一,需要学校自主完善原有的评价体系,构建综合素质评价模块。

我们已经有意识地在《上海市学生成长记录册》的基础上改进评价机制,在每一项活动之后,采取一定的评价方法。其中较有学校特色的是少先队开发的《骏马护照》,每个年级设定不同的颜色、不同的争章要求,有意识地突出学生成长的过程性评价。引导学生把课程学习与生活体验相结合,培养全面发展的小骏马。

特色德育篇

课程融合　汇育贤才

——汇贤中学以"贤文化"为载体激活学科育人的实践与思考

"敬奉贤人，见贤思齐"这句话，在我们奉贤的土地上广为流传，"贤文化"也由此绵延不绝。学校作为育人的土壤，如何将"贤文化"根植在每个学生的内心，如何使中华民族的文化传统在青少年一代继承和发扬，是值得每一个教育人需要思考的。以"贤文化"为载体激活学科育人的途径，汇贤中学以及汇贤教育集团的兄弟学校做了一些尝试探索。

一、课程推进，德育渗透

（一）基础型课程中的贤文化渗透

课堂是育人的主阵地，学科教学是传播贤文化最直接的途径。如语文、思品（道法）、历史、地理等人文气息较为浓厚的学科本身就蕴含着很多的贤文化因子。教师在教学中有意识地挖掘贤文化的内涵，创造教育的契机，贤文化便能潜移默化地走进人文课堂。

（二）拓展型课程中的贤文化因子

为了让学生进一步了解贤文化，学校在基础型课程之外，发挥教师的特长，从不同角度开设了多个领域的拓展型课程，如我思故我辩、小小演说家等课程，让学生体会博大精深的语言魅力；趣味衍纸、趣味橡皮章、彩铅画、趣味刻纸等课程让学生从艺术的角度欣赏文化之美；足球、武术课程让学生在体验传统运动的过程中学会团结与合作；历史剧、沪剧等课程更是让学生穿越时空感受古贤人之风骨。

（三）探究型课程中的贤文化精髓

汇贤中学于 2012 年和 2017 年两次接受区教育局委任编写贤文化区本教

材。学校组建编辑团队,在查阅《奉贤县志》等大量资料的基础上,搭建了编写框架,在教育局领导的关心和指导下,完成了区域初中学段的《i奉贤·贤文化》读本,读本共有8个单元16个主题,涉及奉贤的历史与发展,旨在引导学生全面了解家乡的文化和风土人情,生发对家乡和祖国深沉而浓烈的爱,真正从知"贤"到践"贤"。学校安排了六年级的班主任执教这一读本,带领学生进一步探究贤文化。

二、学科文化,拓展途径

每年的读书节,语文组教师都会精心准备一场"善思杯"辩论赛,目前已成为汇贤学子最喜爱的活动之一;读书节的保留节目还有每届六年级语文备课组举办的"汇贤小剧场",学生用自己的方式演绎传统经典;2017年的读书节,语文组又与时俱进地开展了"朗读者"活动,学生们身穿汉服有声有色地朗读经典,"小贤子"的形象也给校园增添了文化的信息;同时,借助青海果洛中学副校长在我校跟岗的机会,我们开展了"见字如面"活动,让学生给青海的学生或者自己的爸爸妈妈写一封信,让学生在信息时代感受日渐消失的传统沟通方式。

三、班级文化,润泽心灵

每个学年学校都有关于班级文化建设交流的展示活动,班主任们总是善于从先贤的智慧中寻找教育途径。比如,有的班主任擅长从古人的智慧中寻求管理之道,她的学生也总能以《弟子规》等经典文本来规范和反思自己的行为;有的班主任善于从大自然中寻找为人处世之道,其学生也往往聪颖灵秀。不同的班级精神,展示不同的人文情怀。

每个学年的第一个学期会有主题教育课的评比,不同年级有不同的主题,六年级的主题就是以《i奉贤·贤文化》读本为载体进行贤文化的主题教育,师生对贤文化都有了更加深入的探究。

四、校园文化,氛围熏陶

圣贤文化不仅是历代先贤留给我们的宝贵遗产,更是学校德育的重要资源,在校园中营造贤文化的氛围,让每一面墙都有圣贤和经典,抓住每一个育人契机。

学校校名中有一个"贤"字,校训是"汇智以远,育贤为本",办学理念、教风、学风、学子形象都出自圣贤典籍,期望用贤人智,育出贤德学子。君子之风,是每个汇贤教师的追求;卓然俊秀,是每个汇贤学子的行为准则。

学校四个楼层的文化墙上,有两面墙的内容是古代先贤及经典著作的介绍,学生每天走过即能看到;图书馆取名为"诗远阁",是希望学生可以从诗文中寻找自己的远方;食堂里也有"一粥一饭当思来之不易,半丝半缕恒念物力维艰""谁知盘中餐,粒粒皆辛苦"之类的标语张贴在醒目的位置,希望圣贤的话语时时在学生耳边回荡,给学生提供更多亲近圣贤的机会。

五、家校共育薪火相传

贤文化的传承更需要家庭教育的合力,我们请家委会出面,为学校聘请了一大批家长教师,他们发挥自己的业务专长,不仅把不同领域的知识送进课堂,而且把学生带进了不同的德育空间,拓宽了学生的视野,收到了学校教育达不到的效果,很受学生的欢迎。

我们邀请家长给学生开设关于"贤文化"教育的讲座,学校、家庭形成合力,有效促进学生争做具有"贤人"品质的好学生。在民政局工作的王嘉业妈妈,为我们请来了殡葬协会的教师来给学生上了一节主题为"气清景明,敬之以礼"的主题班会,让学生对"清明"这个节气的含义有了更为深刻的思考和感悟。钟睿莹妈妈组织了家长沙龙活动,与家长们一起探讨阅读经典对孩子成长的意义。我们邀请唐雨祚妈妈来校为学生做茶文化讲座和茶道演示,激发了学生对传统文化的热爱之情。

作为有着"贤文化"渊源的奉贤本土学校,我们肩负着传承和发扬的责任,让贤文化走进校园,进入课堂,充分发挥学科育人的功能,挖掘贤文化中蕴涵的智慧,汇集多方之力,拓展育人的途径。相信通过我们的努力,奉贤的土地上,必将成长出一代又一代"见贤思齐"的小贤人!

专家点评

上海市奉贤区汇贤中学的德育顶层设计,能够结合学校自身的地域历史文化,在不断学习中转换思维模式,与时代接轨,具有鲜明的时代特征。

学校秉承"汇智以远,育贤为本"的校训,前者立足智贤,后者根植德育,将学校的办学风格和育人目标完美地统整起来,架构合理、思路清晰。特别是学校的学子形象"骏马"标志极具特色,让人印象深刻,其衍生出的"矫健之躯、千里之志、乐群之品、敏锐之智"的培养目标明确,符合新时代育人的要求。

德育工作主要通过"四大工程",围绕"典范""文泽""优雅""聚力"展开,对应学校的培养目标,目标明确、层次清晰。特别是"聚力"工程基于新时代师生、家长的心理特点,满足现代人的需求,非常实在且必要。但是对于四大工程的关键词解释可以再具体一些,模糊的界定不利于具体实践活动的开展。

四大工程的内容开展很扎实,关注到了德育建设的各个领域,能够体现汇贤标准和学校特色,特别是主题教育课程的序列化,体现各年级学生特点,分年级分层次开展,具有针对性和实效性。很多活动紧跟时代步伐,极具创意且深受学生的喜爱。德育工作的途径和方法多样化,充分体现了"人人都是德育工作者"的理念。在管理和评价部分,学校将工作制度化,形成了全校一致的文化追求,并且在实施的过程中能够有效地去落实和实施,同时通过教代会发扬民主,不断改进和完善,也契合了当今时代的发展趋势。

作为有着"贤文化"渊源的奉贤本土学校,"特色德育"部分充分发挥了学科育人的功能,挖掘贤文化中蕴涵的智慧,汇集多方之力,拓展育人的途径,其中"班级文化"部分,有较强的操作性和辐射性,从多个角度让贤文化与班级文化融为一体。

（点评专家：奉贤区教育局德育活动科科长　唐　华）

高中教育篇

以人为本　协同为径
培养"厚德笃行"的民本人

上海市崇明区民本中学德育顶层设计　文/董红玲

⬤ 学校简介

　　上海市崇明区民本中学位于崇明堡镇，创建于 1925 年 9 月，解放前有着"红色民本"的美誉，现为区实验性、示范性高中。学校现有师生千余人，占地 70 亩，建筑面积 23 000 平方米，环境幽静，设施齐备。在最近 20 年的发展中，形成了"以人为本，协同发展"的办学特色，连续多年获得上海市文明单位、上海市安全文明校园、上海市行为规范示范校、上海市基层党组织先进工作集体、上海市五四红旗团组织等荣誉称号。

◼ 理性思考篇

一、育"厚德笃行民本人"的必要性

　　我国正处在伟大复兴的关键时期，为实现中国梦，需要大量适应时代发展需求的社会主义建设者。为此党和国家明确提出了"把立德树人作为教育的根本任务，培养德智体美劳全面发展的社会主义建设者和接班人"的历史使命。

习近平总书记指出,新时代教育核心命题是"为谁培养人,培养什么人,怎样培养人"。基于此,我校提出"以人为本,协同为径,培养厚德笃行的民本人"的德育目标。"为国育才,为民教子",谓之以人为本,回答了"为谁培养人"的问题;"协同为径"回答了"怎样培养人"的问题;"厚德笃行的民本人"回答了"培养什么人"的问题。"培养厚德笃行民本人"是应时代之需,答使命之问的应然之举。

崇明岛正朝着建成世界级生态岛的目标迈进,需要培养和造就大批适应生态岛未来发展要求的人才,这就要求岛内各级各类教育都要以培养适应生态崇明发展要求的人才为己任。作为崇明教育中坚力量的民本,必须顺势而为。学校提出培育厚德笃行的民本人是服务崇明社会发展、满足岛内群众对优质教育需求的客观要求。

民本,出自《尚书·五子之歌》,取自"民惟邦本,本固邦宁"。民本中学自建校以来一直秉持"民惟邦本,本固邦宁"的理念,以启民智、固邦本为己任。这是所有民本中学教育人的初心和使命。新时代,民本中学教育人要守初心、担使命,必须与时俱进,确立新的育人目标。培养厚德笃行民本人是当下民本中学传扬学校办学思想的客观要求。

目前岛内教育竞争日趋激烈:一方面全区生源整体锐减,尤其是优质生源外流他区严重;另一方面区外各种教育资源大量涌入,这使得学校生源数量和质量大幅下滑,民本中学进入转型发展关键期。因此,民本中学若想屹立不倒,永葆荣光,必须要找新路、谱新篇。"培养厚德笃行民本人"亦是突破和创新的客观需要。

二、概念界定

以人为本:当代中国,以人为本是科学发展观的核心。它不仅适用于社会经济的发展,更适用于教育。教育的本质就是关于人的工作,必须从"人"出发。以人为本不仅主张人是发展的根本目的,回答了为什么发展,发展为了谁的问题;而且主张人是发展的根本动力,回答了怎样发展,发展"依靠谁"的问题。以人为本是一切为了人和一切依靠人的有机统一。这里以人为本是指学校的一切工作都是以师生发展为本,一切为了师生发展,一切依靠师生发展。

协同:是协调两个或者两个以上的不同资源或者个体,协调一致地完成某一目标的过程和能力。文中的协同是指做好学校德育,需要协调校内外与课内外,协调德育与教学,德性养成和智育发展等,使之充分发挥系统的力量,取得最大合力,达成最终目标。

"厚德笃行的民本人":厚德,出自《周易·坤》,原指"深厚的德泽",这里指"使德厚"。即通过学校德育,使每一个民本学子的社会主义之德日渐深厚。

笃行,出自《礼记·儒行》,原意"切实地实行;行为淳厚,纯正踏实"。这里取"切实地行"之意,引申为实践。即通过学校德育,使每一个民本学子都能通过实践活动,明德、崇法、学技、强体、健心,成长为一个心怀家国天下的实践者。

民本人,就是心有"以民为本"之情,手有"为民服务"之技的德智体美劳协同发展的社会主义建设者。

 **德育工作篇**

一、德育工作目标与内容

(一) 总体目标

以世界级生态岛建设和文明城区创建为契机,以人为本,以协同德育为径,立德树人,培养"厚德笃行"的民本人。

(二) 具体目标

高一年级:适应高中生活,规范行为举止,学会自我管理,着手生涯规划;

高二年级:培养学习习惯,明确发展目标,展现多彩自我,践行生涯规划;

高三年级:坚定理想信念,体悟国家使命,拼搏书山学海,完善生涯规划。

(三) 德育工作内容

高一年级:以"四进教育"为抓手,帮助学生适应高中生活,规范行为举止,学会自我管理,着手生涯规划。

进民本。观校园,识建筑——熟悉民本;学校史、唱校歌——认同民本;学校规,知校训——融入民本。

进班级。定班规、班歌;设计班徽、挑选班服;认识同学,布置教室——融入班级。

进自己。开展"SWOT"分析,班团干、校学团干竞选,学校各社团招新活动的参与——发现自我、规划自我、管理自我。

进课程。"名师对你说""学长与你面对面""选科那些事儿",让学生了解高中课程,树立生涯规划意识,着手规划高中学涯。

高二年级:以"学习·实践·体验"为主线,帮助学生培养学习习惯,明确发展目标,展现多彩自我,践行生涯规划。

通过"民本学霸成长记"系列活动,培养学生"乐学、好学、会学"精神,抓住智育不放松。

通过学农和"当一周民本校园保洁人"校园劳动活动,让学生了解三农、认识劳动,学习基本的劳动技能,培养劳动观念,养成劳动习惯,达成"劳育"目标。

通过各种志愿者服务实践活动,让学生深入社会的各行各业,了解职业分工、体验职业生活,认识职业要求,初步掌握一些职业技能、形成职业生涯规划蓝图,进而做出正确的学涯规划。同时在实践中全面提升综合素质,为将来实现生涯规划奠基。

高三年级:以"十八岁成人"为契机,以"时事形势教育"为载体,坚定理想信念,体悟国家使命,拼搏书山学海,完善生涯规划。

二、德育工作实施方法与途径

"十年树木,百年树人",培养"厚德笃行的民本人"是一个系统工程,需要协同一切可以协同的资源和力量,通过管理育人、课程育人、活动育人、文化育人、实践育人、协同育人六个具体的途径,有计划有步骤地持续推进。

(一) 通过制度人性化,实现管理育人

制度与道德紧密相连。要培养厚德之人,学校的管理制度首先应以人为本,体现教育性和引导性。因此学校首先要与社会主义之德对标,不断完善学校管理制度,提高学校管理水平,实现学校管理的人性化和精细化,并以此将社会主义核心价值观贯穿于学校管理制度的每一个细节中,让学生在接受管理、参与管理的过程中,潜移默化地受到道德约束、人性滋养,实现管理育人。

第一,对标社会主义核心价值,梳理现有学校管理制度,删除不适应目前德育目标的制度,修订适应时代发展要求和蕴含当前德育目标的制度体系,让制

度本身散发着人性和德性的光辉,用制度育人。

第二,完善协同德育工作体制机制,实现过程育人。首先制定全员德育工作机制,明确岗位育人职责,做到人人言传身教、人人管理监督。其次建立表彰激励机制,用榜样的力量引领全体教职工爱育人、会育人,营造全员育人的氛围。再次完善班主任队伍管理机制,探索建立首席班主任制,从而让制度激发各类育人主体的积极性和创造性,实现制度育人。

(二) 通过课程建设多元化,实现课程育人

课程是学校教育教学活动的基本依据,是育人目标实现的主渠道。以往,学校发挥课程育人功能,主要是通过语文、历史、思想政治课德育显性课程的学科渗透来实现,现在推进高中学校育人方式改革,需要我们在课程建设方面更加丰富多元,以实现课程育人。

首先抓好国家课程德育渗透的校本化实施,这是德育课程建设的主渠道。尤其要打造一批德育精品课,培养一批学科德育能手。同时重视挖掘德育隐性课程的育人功能。

其次大力开发校本德育活动性课程,以提高德育活动的育人效果。

再次积极打造特色德育课程,以满足学生多元发展需求。根据当今学生德育发展的客观需要,整合各种资源,以拓展型、研究型课程的形式,开发更多适应学生发展需求的特色德育课程,多角度地开展课程育人。

最后通过德育课程进课表、进校历,构建德育课程实施的保障机制,推进德育课程质量建设,构建德育课程体系网,达成课程育人目标。

(三) 通过主题活动精细化,实现活动育人

主题活动是开展教育教学的重要形式,也是学生道德形成和发展的重要载体,更是学生喜欢的一种学习方式。在活动中学生很容易得到道德认同和价值引领,也能直接习得各种技能,促进自己的特长发展和个性成长,是促进全人教育的有效渠道。因此,学校在设计策划、组织实施主题活动时,从以下三个方面入手,以实现活动育人。

1. 找准形式,分类实施

学校根据特点为每一类德育内容设计了恰当的活动形式。一是结合5.4青年节、9.3抗战胜利纪念日、12.4国家宪法日等重要纪念日开展理想信念和社会

核心价值观主题教育活动,培养爱党爱国的社会主义大德;二是结合春节、清明节、端午节等传统节日开展优秀中华传统文化主题教育活动,培养中华传统美德;三是结合植树节、世界水日、世界地球日、世界环境日等时间节点,开展生态文明主题教育活动,培养学生健康绿色私德;四是利用校园科技文化艺术节、体育运动节、读书节、"校园之星"评选等活动,培养学生自立、自信、自强的个性美德。

2. 统分结合,重点落实

基于学生全面发展的需要,学校德育活动非常丰富,需统分结合、重点落实。统筹全年的主题活动,以每月"校年班 123"的模式协调主题活动的时间安排,坚持统一性和分散性、共性和个性统一的原则来组织实施德育活动。这样既避免了活动太多学生疲于应付,又能将学校发展规划和班级实际发展需求在主题活动方面统一起来,真正发挥活动育人的功能。

3. 序列安排,层层推进

育人是一个长期的过程,需要持续努力和不断深入。特别是对于夯实学生基本道德价值体系和核心素养的主题活动,必须从学生身心发展规律和各年段培养的核心目标出发,采用序列化安排、层层推进的方式来落实。

(四) 通过文化浸润,实现文化育人

文化是人们思维方式和行为方式的总和。文化无处不在。文化不仅存在于校园环境、教室环境等有形载体中,而且存在于学校的人际氛围、学习氛围等无形环境之中。这些都需要通过深入其中、日积月累、浸润式的方式对学生的德性进行滋养,并逐渐引导学生形成正确的世界观、价值观和人生观,成长为一个大写的人。长期以来学校从"校园环境熏陶人、校园生活引领人、品牌活动塑造人"等方式将"和·协"的学校文化渗透到一届又一届民本人的骨子里,融入到民本学子的血脉里。

(五) 通过实践课程化,实现实践育人

实践育人是让学生通过参与社会实践,获得和提升道德体验,促进道德养成。它是学校全面育人不可或缺的重要环节,对学生道德品质的形成和学校育人目标的实现具有举足轻重的作用。学校主要从"实践活动课程化"和"课程化实施实践活动"两个方面落实实践育人。

首先分门别类地将各种实践活动课程化。比如,整理、规范常规德育实践活动,建立常规德育实践活动课程;整合资源,开发并实践好研学课程;规范现有志愿服务项目,实施志愿服务体验课程;挖掘本土资源,开发本土特色实践活动课程,尽可能将学校开展的比较成熟的实践活动都开发为德育课程。

然后按照课程的要求来实施这些活动。课程化实施每一项实践活动,补充了实践活动前和实践活动后的学习任务与育人目标,弥补了以往实践活动前和实践活动后的育人空白,能充分挖掘每一个实践活动环节的德育落脚点,延伸实践育人的长度,拓宽实践育人的深度,提高实践育人的效度。

(六)通过保障明确化,实现协同育人

达成学校育人目标,德育部门的冲锋在前固然重要,教学部门的并肩战斗、后勤部门的有力保障、学生家长的充分理解和全力配合、社会其他行业的大力支持都是不可或缺的。必须要协同好校内各部门,以及学校、家庭、社会等各方力量,实现协同育人。

建立学校德育活动联勤保障组,协同德育、教学和后勤三方力量,给予学校德育开展时间、空间上的保障,人、财、物方面的保证,以便让德育活动顺利实施,实现活动育人。

利用校内心理专业教师和心理咨询室、校外关工委和法治辅导员等专业和专门机构的力量,为学校德育工作的有效展开保驾护航。

搭建各种平台,协同学校、家庭和社会三方力量,共同促进学校德育目标的实现。利用社区学校、乡村未成年人保护站、校外社会实践基地等机构,协同社会力量共育民本人;利用民本公众号、家长委员会、家长微信群等平台,协调家校力量,协同育人。

三、德育工作的保障与评价

学校育人目标的达成离不开一套科学有效的评价机制。学校从个体评价和集体评价两个维度,建立了以评选"校园之星""星级班集体"和"五四红旗团支部"为抓手的多元协同评价体系,对个体和集体进行全方位的评价,通过以评促建、以奖激学、榜样引领的方式带动全体学生和所有班级积极进取,共同进步。同时还建立了一套以"组织、制度、队伍和硬件"四个方面为主体的保障体

系,为学校德育工作全面展开保驾护航。

学校成立了以校长为首的学校德育工作领导小组和工作小组;架构家校一体的德育网络化组织管理体系,对学校的德育工作进行统一领导;建立了一整套的实施、管理和考核制度,引导师生全员参与重点德育项目和办学特色的创建,充分发挥制度的约束、激励功能;切实加强德育队伍校本研训,发挥德育骨干教师的示范辐射作用,整合盘活有形资源,努力建设一支适应学生发展需求、特色品牌建设和专兼职相结合的德育师资队伍,确保学校稳定和可持续发展的德育师资力量。在新高考制度和全员走班制度下,学校还拟打造一支专业的"导师"队伍,进一步充实德育队伍。设立学校德育发展规划专项活动开展经费,实行专款专用,支持和保障项目设计、教师培训、课程开发、特色展示、品牌活动推广等工作需要,为重点项目的实施与德育品牌的打造提供资金保障。

 特色德育篇

"在水之湄"
——培育"绿色"民本人

一、背景与概况

学校位于堡镇,堡镇港周边的江堤美景,江滩摸蟹抓鱼,曾经陪伴了许多民本学子的成长,成为他们生命过程中的美好记忆和割舍不掉的情结。然而每次潮涨潮落后,生活垃圾便会随着江水漂到江滩或江滩的芦苇丛中,成了民本学子心中的痛。滩涂垃圾不仅破坏了江景,影响了周边居民的生活环境和生产生活,更为重要的是,与崇明区提出的创建世界级生态岛的目标格格不入。

从2015年起,在县海塘所、水务局的大力支持和堡镇团委与海上慈怀公益组织的帮助下,学校团委、学生会最先参与了"保护母亲河净滩活动"公益环保活动。随后,学校团委化被动为主动,在堡镇团委的指导下,主动承担了这一地域性的环保活动。

为便于组织管理,学校专门成立了保护母亲河净滩环保社,定期发动全校青年加入"保卫母亲河,建设生态岛"的环保净滩活动。每月第三周周日组织学生在堡镇码头东侧堤岸大约三公里范围内开展净滩活动。

2017年暑期开始,该项目更是在原有的基础上着力开发了更加多元化的志愿服务形式:百人净滩徒步、千米长堤彩绘涂鸦、公益手工艺品制作和义卖、水质调研、污水净化研究、公益竞走 APP 研发等。

活动的持续开展,使得"保护生态,绿色环保,积极参加社会公益,人人争当环保先锋"的理念在民本中学风靡成潮。几年里参加过保护母亲河净滩活动的学生达数千人次,更为可喜的是越来越多堡镇地区的市民也主动参与进来。活动也得到了社会各界的广泛肯定和赞扬:以本活动为核心和载体的实践项目,分别荣获 2016 年、2017 年上海市高中生"未来杯"社会实践大赛二等奖。并且,上海新闻综合频道和崇明电视台等媒体多次予以报道,取得了较好的社会反响。

二、思路与实施

兼葭苍苍,净水一方。"在水之湄"系列净滩活动是一项以环保为主题的公益净滩特色实践活动,主要实施思路如下:

1. 探索"绿色募集"徒步健身活动,引导学生增强生态环保意识。

2. 组建"绿色团队",在全体民本学子中招募绿色环保净滩志愿者,成立环保社团,以团队互学互帮互助互生的形式,为本项目提供稳定的人员保障。

3. 践行"绿色生活",激发青少年创新创造活力。

4. 定期"绿色行动",形成定期定点共同参与环保公益的常态机制。自 2015 年起,每月第三周周日在堡镇码头堤岸结合不同公益主题开展净堤活动。

(1) 百人净滩行:组织志愿者定期于崇明区堡镇码头的江堤边开展净滩清洁活动。

(2) 水质调查行:组织学生开展课题研究,深入了解近滩垃圾堆积对入海口水质的影响,呼吁进行更深层次的净滩活动。

(3) 生态保护圈:深入调查分析江滩上芦苇对污水的净化作用,引导周边居民重视对江滩生态链的保护,重视芦苇的护堤和环保作用,构建小型的生态保护圈,积极倡议民众保护生态、建设生态的责任意识。

(4)长堤涂鸦墙:加强宣传,积极倡导社会、家长和学校师生志愿者在长堤上绘制环保壁画,避免随意涂鸦,在为长江大堤增加人文景观的同时,使其重新焕发出艺术的生命活力。

(5)公益手绘园:用滴胶制作并还原滩涂风貌,用于展览宣传环保,同时将滴胶饰品在校园手绘园的组织下举办义卖活动,所得义款用于种植植物、放生和保护芦苇等公益活动。

(6)公益竞走极:借助网络和手机 APP,真实记录行走里程,根据自己的预设目标,完成对个人极限的挑战。将全民健身运动与环保相联系,根据个人所记录的里程,在 APP 上兑换树苗种植或小动物放生等公益活动。

5. 开展生态环保探索研究。在实践基础上引导学生从研究长江滩涂生物多样性保护等相关领域着手,将实践行动和研究学习有机结合起来,从而促进学生综合能力和科学精神的提升,为民本人的全面发展奠基。

三、过程与方法

学校通过海报、橱窗、校园网等途径,启动社团志愿者招募工作。组建志愿者社团,确立特色创建的共同愿景,邀请崇明海塘所、堡镇团委、校外公益活动组织等负责人,对全体志愿者进行岗前培训,在此基础上形成具体的行动方案。

在每月的第三个周日上午八点半,社长负责召集志愿者,集中崇明堡镇码头,到堡镇码头的滩涂上进行活动。全体志愿者到齐后,领取净堤、保滩等工具,分小组开展各项工作,实行组长负责制。活动结束后,由负责人集中点评,有序撤离。

活动过程中,有摄影特长的学生进行过程跟踪拍照,活动素材收集,然后交给文字功底好的学生撰写宣传稿件,在民本微信群、堡镇团委公众号等平台上进行推广,宣传环保理念,弘扬志愿精神,凸显本活动的示范引领作用。

四、成效与反思

经过几年的实践,我们培养了一批又一批的绿色民本人。如 2016 年邬天宇同学荣获"热爱劳动"十佳"美德少年"称号,张杰和胡晨曦同学荣获"尊重自然"荣誉称号。至今,每年都有学生因长期参与此项目,获得各种荣誉。平常每月报名参加净滩环保活动的学生更是络绎不绝,绿色生态理念在学校蔚然成风。不仅如此,每月参加净滩环保活动的市民也越来越多,整个堡镇的生态保护意识也日益提升。我们正在以己之力推进崇明生态岛建设。

但是,净滩行动多以捡拾江边垃圾为主,清理时没对垃圾进行科学分类与记录,并未探寻这些垃圾的来源和回收利用问题,也没有深挖德育实践活动中的学科价值,将德育活动与智育有机结合还不够,学生从此实践活动中产出的理论性学习成果不多,实践体验的多元化还不够。这都是今后深入开展此活动、打造此品牌要重点突破的地方。

专家点评

基于学校德育系统性的特点、实效性的追求,学校需加强顶层设计,注重整体架构。崇明区民本中学董红玲老师向我们呈现了一个纵向衔接、横向贯通、层次递进、螺旋上升、具有顶层设计的学校德育发展设计方案。在目标上,注重年级衔接;在课程上,注重三类统整;在途径上,注重三位一体;在方法上,注重校本实践;在评估上,注重一体推进,是一个全面贯彻落实《中小学德育工作指南》的学校德育好方案,凸显了以下四大特点:

一是体现了"一体化"的德育理念。基于学校"以人为本,协同发展"的办学理念及协同教育的思想,方案设计充分体现了以"整体化育人"为目标追求,以发展需求为工作导向,以项目驱动为推进方式的"一体化"德育特点。

二是形成了"分层化"的德育目标。基于秉承"民惟邦本,本固邦宁"的建校思想,"爱国为民"的民本情怀,"和·协"的学校文化,方案设计围绕学校"厚德笃行"育人总目标,注重并形成了年级衔接、螺旋递进的学校育人分目标。

三是融合了"五专题"的德育内容。基于德育内容是对德育目标的具体落实,方案很好地将理想信念教育、社会主义核心价值观教育、中华优秀传统文化教育、生态文明教育和心理健康教育五大德育内容有机融入分年级目标的落实之中。

四是彰显了"六育人"的德育路径。方案设计立足学科德育,夯实课程育人本质;立足主题活动,彰显活动育人功能;立足价值导向,坚持文化育人引领;立足机制保障,深化实践育人推进;立足内涵建设,增强协同育人品质;立足人文关怀,发挥管理育人价值。

当然,本方案也存在一些需完善之处,建议做好以下两点优化工作:

一是进一步加强对学校德育管理制度建设的设计。管理是育人系统的重要组成,既是一种制度,也是一种实践,更是一种理念,要管用,行事有规程,行动有准则;要能用,服务于日常,能用于实践;要好用,适合当下实际,内化为自觉文化。

二是进一步加强对学校德育特色项目培育的设计,德育特色项目的培育需关注项目的历史积淀、内涵与特点、形成过程、平台与机制、实践成效、示范与辐射等方面的设计。

(点评人:崇明区教育学院德育室　郭春飞)

让每一个学生个性舒展、创意高雅

上海大学附属嘉定高级中学德育顶层设计　文／郭　飞

 学校简介

上海大学附属嘉定高级中学坐落于有着 1 500 多年历史的南翔古镇。为承续嘉定 800 多年教化之风,探索"高标准、高品质、国际化"的特色高中创建之路,2018 年 3 月,嘉定区政府与上海大学签署办学协议,正式创办上海大学附属嘉定高级中学。

学校依托与上海大学合作办学的优势,在上海大学各相关学院、嘉定区教育局和南翔镇政府的支持下,坚持"闳约深美　朴质卓涵"办学理念,探索普通高中特色发展办学之路。学校以"闳美"课程体系落实立德树人根本任务,培养学生核心素养;以"影视传媒"教育特色课程——YING 课程培养"创意高雅　个性舒展"的新时代学子;以"闳深"课堂助推"双新"背景下学校教育教学改革,促进课堂教学迭代更新,为培养具有"深厚广博的文化底蕴、科学扎实的求索能力、高雅立美的创新素养、开阔多元的发展视野"的学生创设全方位的保障。

☐ 理性思考篇

一、办学理念：闳约深美　朴质卓涵

"闳约深美"一词最早出自于清代词人张惠言的《词选序》："唐之词人，温庭筠最高，其言深美闳约"。1918 年，蔡元培先生题写"闳约深美"并赠予上海大学美术学院前身的上海美术专科学校校长刘海粟先生，赞赏其因不满时人"重实用而轻思想，重物质而轻审美"的社会风气而大力推行中国近代美育办学实践，"闳约深美"遂成为上海美育界以及上海大学上海美术学院的教育哲学。

"闳约深美"的办学理念在今天看来仍然具有现实意义，其与《国家中长期教育改革和发展规划纲要》《上海市推进特色普通高中建设实施方案》所提倡的"全面而有个性地发展"的育人观相吻合，与"五育并举"的办学要求相一致，与国家提倡的普通高中特色化发展的办学探索相契合。

"闳"就是知识广博，兴趣广泛；"约"就是在博采的基础上加以慎重地选择，发展适合自己的专长；"深"就是钻研精神；"美"就是向往美好的境界，并不断接近它，最后达到完美之境。其既是教育教学的规律，又是学生能力培养的目标和方法，是为"树人"的目标与路径。

"朴质卓涵"是"闳约深美"理念背后的德性内涵的追求。朴，《说文解字》释为"木素也"，即没有细加工的木料，用来比喻不加修饰；质，《论语·雍也》这样阐述："质胜文则野，文胜质则史，文质彬彬，然后君子。""朴质"即诚朴率真，乃君子为人之本；"卓涵"则意味着具有超越不凡之质，且能够包容万物。"朴质"与"卓涵"相辅相成，铸就本真谦逊、睿智和雅的为人治学的品格，进一步阐释了"闳约深美"理念背后的人生德性内涵。

"闳约深美，朴质卓涵"是学校育人的方向，也是学校德育的崇高目标。

二、校风教风

（一）校风：运心于美　和合共生

"运心"即"用心、动心"；"运心于美"则是在美好之处动心，于细微之处发现

美、于内心深处孕育美,让美成为生活的一部分,成为生命的底色。"和合共生"是充满哲理的发展思想。"和合"语出《管子·兵法》:"畜之以道,则民和。养之以德,则民合。和合故能谐,谐故能辑。谐辑以悉,莫之能伤。""和"表示不同事物、不同观点的相互补充,是新事物生成的规律。"和""合"互通,是"相异相补,相反相成,协调统一,和谐共进"的意思。

(二)教风:博学善导 激发创造 治学育人 敬业执著

全体教师开拓视野,博采众长,不断激发学生创造的激情。无论是研究学问、传授知识,还是培育学生都追求不断完善。基于对教育的敬畏和热爱,教师应该全身心投入,坚持有耐心地做学生的领航者。

(三)学风:乐学善思 勤奋扎实 智慧创新 精益求精

培养全体学生乐观学习、善于思考的良好习惯,使其既能注重基础、勤奋学习,又能凭着智慧不断创新、凝神聚力,从而到达学习的艺术之境、艺术的美好之境。

德育工作篇

一、目标与内容

(一)总体目标

培育个性舒展、求真务实、明辨是非、向善向美的高素质人才。

1. 政治思想目标

热爱祖国,遵守法律,关心国家大事,关注国内外社会重点、热点、焦点问题;初步懂得社会主义经济建设的规律;有较强的民族自尊心、自信心、荣誉感,逐步形成正确的社会意识。

2. 道德行为目标

能够遵守社会公德,懂得健康、文明的生活和交往礼仪;具有热爱劳动、勤俭节约、诚实善良的崇高品德。热爱集体,主动关心他人,形成良好的师生、同学关系。珍惜同学之间友谊,男女同学能够互相尊重、大方得体地交往。

3. 个性心理品质目标

逐步形成自尊、自爱、自主、自强、自立的心理品质；建立起独立思考、勤奋踏实、乐于创新的个性心理品质；形成乐观、开朗的性格和多方面的兴趣爱好；具有一定的自我教育、自我管理能力，初步形成适应现代社会生活的健康心理状态。

表 17-1　学校德育目标细化表

总目标：培育个性舒展、求真务实、明辨是非、向善向美的高素质人才		
目标项	关键词	目　标　简　述
思想政治	责任、担当	具备公民基本素质，有权利、义务、责任、规则、法制等意识
道德行为	诚实、向善	具有热爱劳动、勤俭节约、诚实向善等崇高品德
个性心理品质	自尊、向上	具有健康的心理和健全的人格，具有一定自我教育、自我管理能力

（二）分年级目标

高一年级：调整适应，志存高远

发掘学生行为习惯里的美德，丰富养成教育中的内涵。一是通过开展入学教育，让初高中衔接更加顺畅；二是通过贯彻荣誉教育，用科学评比的方式提升班级凝聚力；三是通过推动生涯教育，为学生未来发展打下基础。

高二年级：脚踏实地，日臻完善

强化学习过程中的实践，注重亲身参与后的发展。通过落实责任教育大主题，全面而深入地培养学生的责任意识；通过课外、校外活动教育，在具体实践中磨砺学生意志；通过各类主题教育，明确阶段性育人重点和创新性育人方式。

高三年级：矢志不渝，成人成才

深挖德育过程中的内涵，加大理想教育的延伸。以理想教育来唤醒学生潜在成长需要，激发自我奋斗意识；通过丰富心理教育形式，健全心理教育机制来强化学生心理辅导，助力学生健康成长；充分发挥家长力量，形成家校联动机制，努力培养出心理健康、人格健全、理想远大的优秀高中毕业生。

表 17-2 "闳美"德育体系

年级	德育主题	主题课程	校园文化活动	社会实践活动
高一年级	调整适应，志存高远	入学教育 行规教育 荣誉教育 安全教育 生命教育 禁毒教育 幸福课程(一) 生涯教育(一)	"讲美丽身边人"主题活动； "我的人生我规划"主题活动； "最美班牌、班规"自主设计与网络评比活动	"研旅者行动"主题活动
高二年级	脚踏实地，日臻完善	责任教育 环保教育 法制教育 爱国主义教育 传统文化教育 幸福课程(二) 生涯教育(二)	"我的校园我管理"主题活动； "建活力社团群"主题活动； "最美班级"班级文化建设展示活动	"探究者行动"主题活动
高三年级	矢志不渝，成人成才	社会主义核心价值观教育 幸福课程(三) 生涯教育(三)	"我的梦想我追求"主题活动； "十八而志·怀瑾以行"主题活动	"仿真者行动"主题活动； "做快乐奉献者"主题活动

二、途径与方法

(一) 努力形成"全员育人，全程育人"的德育工作机制

进一步加强德育工作的针对性、实效性和主动性，面向全体学生，把德育工作落到实处，努力形成"全员育人，全程育人"的德育工作机制。以"首遇责任制"为抓手，首遇人(在校教职员工)负有教育和帮助学生、维护学校形象、及时制止不良事件发生、引导和帮助解决问题等责任。注重德育队伍的素质培养，注重德育工作的经常性、针对性、实效性、渗透性和主动性。提高学校心理健康教育的实效性，积极营造和谐的校园环境，突显隐性教育的作用，减少学生由于心理问题而导致的各类不良事件的发生。

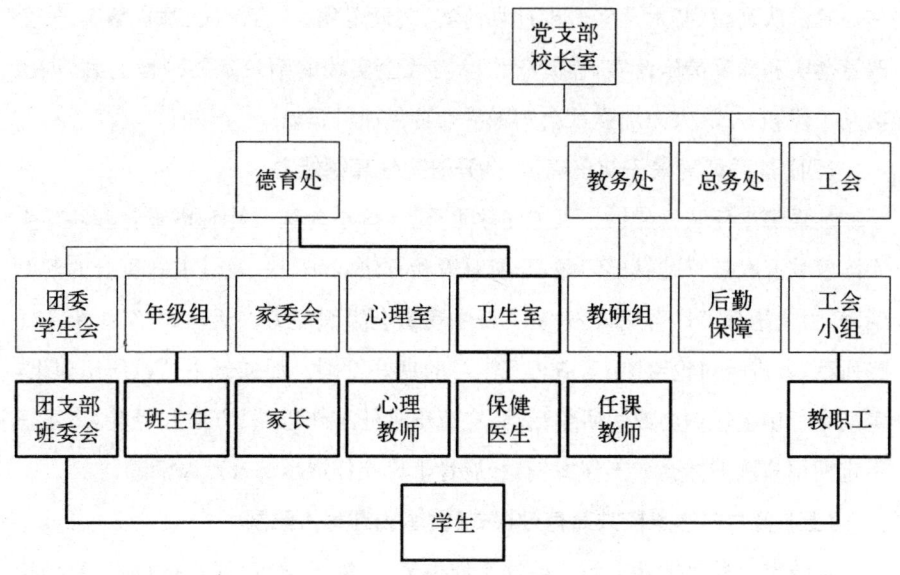

图 17 - 1　学校德育管理体系

（二）加强心理健康教育，注重学生身心健康成长

不断完善学校心理教育工作体系，充分发挥领导小组和组织部门的作用，完善领导组织制度，把心理健康教育作为学校重要工作来抓，积极创建区心理健康教育达标校。重点开展职业生涯教育。根据高中三年学生的认知和心理发展特点，针对艺术特色学生的专业发展需求，开展系统的、有针对性的职业生涯教育，让学生在实践中增进生涯探索：如设计生涯规划相关专题活动方案，组织更多领域的校外参观实践活动，提高学生感性认识体验，从而使学生在实践和感悟中渐进性地完成生涯启蒙、自我探索、学业规划、职业探索、生涯规划等阶段。开展拓展活动，提升学校的心育氛围。重点开展心理健康活动月系列活动、"助考圆梦"高考考前辅导讲座，完善学生心理危机干预与转介机制，加强心理健康教育教师队伍建设。

（三）加强学生社会实践活动管理，提升学生参与社会实践的效能

认真落实上海市和嘉定区《关于进一步落实中小学生社会实践工作的若干意见》精神，按照实践育人的要求，进一步加强中学生社会实践工作，注重知行统一，尤其做好高中生社会实践的组织和管理，注重实践体验，注重寓教于乐，培养良好的道德品质、创新意识、实践能力和社会适应能力，增强社会责任感和使命感。认真做到"六落实",即计划落实、时间落实、内容落实、师资落实、安全教育落实和保障措施落实,提升学生参与社会实践的绩效。要因地制宜,创新活动手段和方式,大力加强社会实践活动特色项目建设。

(四) 加强德育骨干队伍建设,提升班主任育德能力

加强班主任队伍建设。班主任教研重点"落小落细",针对班级管理和学生实际及其家庭教育的突出问题,开展对策和方法的研讨。通过主题班会的观摩活动,强化德育工作重点,提升班主任主题班会组织能力。活动后,组织班主任畅所欲言,进行讨论交流,营造相互学习的良好氛围。加强班主任教研组建设,定期举行班主任例会或教研组活动,交流班主任工作思路、方法和经验,班主任不定期撰写读书体会或工作案例,开展骨干班主任展示课及观摩活动。

(五) 着力打造家校共育有效模式,营造和谐育人氛围

加强家庭教育指导工作。通过家长委员会、家长学校、家长接待日、家访等形式与家长建立经常性联系,不断完善学校、家庭、社会合作协商的制度和机制。邀请专家开展家庭教育指导专题讲座,帮助家长更新教育理念。召开学校家委会工作会议,全面推进家长微课堂活动,参与学校课程建设。完善家长驻校办公制度,改进家长参与学校管理的模式。利用好家长督学的契机,让家长能够督查学校工作,如教育收费、学生评优推荐、安全卫生等重点工作,促进学校规范办学。学校一些重大教育教学活动和决策都会听取家委会的意见,确保家长对学校工作的参与权、知情权、监督权和决策权,保证学校工作的公开、公正、公平和透明。

三、管理与评价

(一) 德育管理

1. 积极优化德育队伍

转变德育工作理念,积极倡导"全员育人,全程育人"理念,深入推进"学科德育",重点抓好班主任队伍建设,构建班主任队伍科学管理的机制,建立班主任岗位职责规范,进一步强化考评激励机制,不断提高班主任工作的积极性。

2. 加强班级文化建设

优化育人环境,突出人文关怀,体现学校、班级特色。深化学生"自尊、自信、自律、自主、自强"的五自教育,建立相应的评估监督机制。加强学生干部队伍建设,引导学生社团开展工作;引导班级管理以学生自主为主;积极开展团支部、学生会工作,落实各年级德育工作目标。

3. 重视学科渗透

将学科教育、艺术教育、环境教育、安全教育等方面纳入德育体系,以行为养成教育为切入点、道德伦理教育为基础、艺术特色教育为亮点、心理健康教育为辅助,形成富有时代特征的综合德育框架。加强德育科研,与教务部门合作,积极开展学科渗透研讨、观摩、评比活动,大力开发校本课程,研究德育工作的新情况、新亮点,寻找德育渗透的切入点。

4. 探索学生自主管理新模式

切实做好学生的生涯规划工作,整合校内外资源,开发生涯规划校本课程,组织实施各类生涯规划活动,引导学生认识自我,并确定适合自我发展的目标。

5. 重视家校联系,发挥教育合力

通过家长驻校办公,家长微课堂,家长参与民主评议等形式,充分发挥广大家长在学校管理中的作用,积极规划、严格管理、认真实施,广开社会育人渠道,积极构建家庭、学校、社会一体化的教育体系。

(二)德育评价

1. 建立行为规范评价机制

注重学生行为规范教育,积极做好学困生和行为偏差学生教育转化工作,加强学生学习态度教育,提高学生的学习积极性。关注校园环境管理和文化氛围创建,确保校园室内外环境整洁。规范学生用餐秩序,住宿、校车等常规管理基本实现常态化、制度化。强化专课专用制度,保障主题班会作为德育主阵地的作用。把考核与争创活动结合起来,在校内建立班级日常行规考核,对表现突出的班级颁发流动红旗,评选每月之星,表彰在行为规范中表现突出的班级和个人。各年级结合德育的社会实践活动,学校和社会实践基地对学生的行为规范进行反馈和评价,使学生从中得到充分有效的实践、参与和体验。

2. 建立学科德育考核机制

学科是德育的主渠道,课堂是德育的主阵地,教师是学科德育关键的组织者。学校通过培训与讨论相结合的方式,让每位教师认识学科德育的重要性。学校制定了《教师学科德育实施考核办法》,把教师学科德育课程开展情况作为考核教师履行

岗位职责和专业成长的一项重要内容。教师以学科德育课堂论坛活动为载体,认真研究如何充分挖掘并丰富教材中的德育内涵,通过上公开课、研讨课、示范课、撰写案例、课后反思等形式积累经验,不断提高教师学科渗透德育的水平。

3. 建立全员德育考核机制

学校把德育工作放在首位,注重实效,表彰先进,完善激励机制。在教师绩效分配、师德考核、专业发展考核、年度考核中将德育工作列入考核内容,考核结果作为任、评职级、晋升的重要依据,强力推进了全员育德工作。学校的德育工作有法可依,逐渐步入系统化、制度化、规范化和科学化的轨道。在学校领导的统一部署下,各部门联动,相互配合、联成网络,共同参与学校德育的管理、研究、实施。定时组织全体教职工进行德育理论的学习研讨、经验交流,组建了一支思想素质好、业务能力强、经验丰富的德育工作队伍,增强学校立德树人工作的实效性。

 特色德育篇

影视育人　以德润心

2018 年,教育部、中宣部联合发布的《关于加强中小学影视教育的指导意见》中指出,要提高学生的集体观影量,增强教师、家长对影视教育的关注度,这为校园电影育人带来了新的发展契机。利用电影开展中小学生教育,是加强中小学生社会主义核心价值观教育的时代需要,是落实立德树人根本任务的有效途径,是丰富育人手段的重要举措。

一、理论背景

在上海大学四大艺术院系的支持下,学校德育特色课程的研发和实践有了一定的基础。依托融合艺术素养的各类课程和多样丰富的综合实践活动,开展学校"对接基础、专题拓展、延伸研究"为特征的电影育人的相关研究,使之成为学校特色课程的重要组成部分。为了满足课程结构运转的需求,学校在精心设计电影育人课程的同时,致力于挖掘、整合校内外各类资源,打造校内影视创新实验室、地域电影实践基地和以上海大学电影院系资源为核心的广阔的课程资源网络。

二、现实意义

(一) 进一步提升学生的综合素养

电影是综合的育人载体,具备德育、智育、美育等多方面的育人价值。电影能为学生提供言行典范和精神榜样,能在潜移默化中传播正确的历史观、世界观、价值观等,能促进学生的社会化,具有德育价值。电影能以生动的画面、声音、剧情形象地呈现相关的知识和技能,作为说明学习问题的佐证增添学习兴趣,最终达到拓展学生知识技能的作用。同时,电影富含美育价值,其中的各种艺术表达有助于提高学生的鉴赏能力,熏陶学生的审美情感,培养学生的媒介素养。作为校园文化的重要组成部分,影视文化在帮助学生形成正确的人生观和价值观以及帮助他们改善知识结构、思维方式、心理性格、审美情趣等方面具有重要的、其他手段不能替代的职能作用。

(二) 进一步完善学校的德育课程

"校园电影育人"借助有效的策略和方法,连通学校的课程体系和活动安排,推进电影在校园中的深度应用,最终在校园生活中更好地实现优秀电影作品对学生的育人价值。学校为了满足课程结构运转的需要,在精心设计电影育人课程的同时,致力于挖掘、整合校内外各类资源,打造校内影视创新实验室、地域电影实践基地,建设以上海大学的电影院系资源为核心的广阔的课程资源网络。将电影融入学校日常的课程与教学工作,发挥更大的育人价值,探索校园电影育人工作的课程实践,构建电影育人生态圈,最终在校园生活中更好地实现优秀电影作品的育人价值。

三、课程设置

(一) 体验感悟类课程

通过一系列主题电影,配合主题班会和学校主题活动,以达成情感态度的感化和正确价值观的引导。

学科融合课程：在语文、历史、政治、心理等基础学科课堂教学中融合电影育人课程，以达成学科教学目标，培育学生学科核心素养。

卓凡讲坛课程：借助上海大学资源，学校每学期开设"卓凡大讲坛"，并通过校园高雅艺术普及类讲座、专题艺术讲座、艺术互动实践等多元方式进行。

（二）通达迁移类课程

通过拓展课、社团等形式，接触电影制作的基本技巧和技能，将观影体验内化后通过创作来升华表达。

特色影视社团：为引导学生学习电影作品中宣扬的积极向上的价值观念，学校组织学生开创并参与各影视类相关社团，其中包括"摄影社团""配音社团""话剧社"等，让与影视相关的社团课也发挥育人作用。

主题观影课程：结合学校育人目标，分层分类分主题地开展"主题"观影活动。全校集体观影主题包括人格与品质、责任与尊重、价值与追求等。编导类考生观影主题包括时代特征、人物剧情等。学校建立主题电影库，选择达成共同育人目标的同系列电影。通过在校师生集体观影、家校联通等形式，达成主题电影的情感迁移。

（三）实践创作类课程

通过实践基地的参观和电影幕后制作等活动，激发创新精神，并增进对电影行业的专业性特征的理解。

创艺拓展课程：在高一开设关于电影育人方面的拓展课，如《数码摄影基础》《认识电影》《短视频制作》《剧本创作》等课程。师资除了上海大学电影学院的教师之外，还有本校的教师参与。本研究拟在原有的课程基础上，继续开发、完善。

实践拓展课程：在上海大学和社会资源的支持下，学生的校外实践活动场所和观影资源大大拓展，尤其是在上海大学电影学院的支持，以及加入上海市校园电影院线建设项目后，无论是教师还是学生，都期待获得更多与电影相关的学习资源和途径。

四、实施与保障

（一）丰富影视教育内容

学校积极开展校园影视教育活动，通过电影赏析、拍微电影等活动，营造浓厚的校园影视文化氛围,让学生在看电影、评电影、拍电影、演电影中收获体会和成长。另外,学校还可以结合教育需要组织师生自拍校园微视频、微短剧、抖音等,并在校园电视台播放,丰富影视题材,增强影视教育功能。

(二)做好观后影评工作

当下中学生对网络的依赖性很大,学校必须运用教育、校纪校规、技术等多种手段,加强监管,努力为广大学生提供良好的网络影视生态。影视教育落脚点在"教育"二字上,必然要落实到教育过程和教育效果上来。不同的影片具有不同的教育功能,它们充分发挥了"寓教于乐""寓教于情"的教育特色,要通过教育活动使其真正转化为学生的精神营养。学校要将影视教育与德育和学科的课堂教学及主题班、团会相结合,提高学生对影视作品的审美和鉴赏能力,培养学生形成正确的世界观、人生观和价值观,增强学生的民族自信心和自豪感。影评形式可以多样,比如可以谈感想、写体会、手抄报等。

(三)重视家庭教育的作用

影视教育无时无刻不影响着孩子的心智发展,这是对家庭教育的全新挑战。学生家长可以通过家长学校、主题活动、卓凡讲坛等形式,引导孩子自觉提高教育素养,观看优秀影片,在家庭教育中引导自己的孩子多接触优秀影视作品。

专家点评

顶层设计不但是学校科学发展中的一种管理工具和方法,更是一种管理的理念。上海大学附属嘉定高级中学的德育顶层设计坚持立德树人的教育根本任务和正确的办学指导思想,围绕学校的办学思路、办学理念、校训校风、发展战略、管理体制改革、可持续发展的长效机制等事关发展方向性、战略性的重大问题,从整体设计、系统架构出发,以建立完善学校德育目标内容、方法途径、评价管理和组织保障等元素为重点,遵循纵向衔接、横线贯通、分层递进和螺旋上升的原则,聚焦学校德育发展的关键点和突破学校德育发展的制约点,在创新办学理念上下功夫,在理清办学思路上花力气,在找准办学定位上做文章,在提高教育质量上攻坚克难,切实将党和国家关于中小学德育工作的要求落细落小落实,着力构建方向正确、内容完善、学段衔接、载体丰富、常态开展的德育工作体系,大力促进德育工作专业化、规范化、实效化,努力形成全员育人、全程育人、全方位育人的德育工作格局,促进了学校德育又好又快发展。

值得一提的是,学校德育顶层设计是学校德育工作的新理念,将其转化为学校德育的实践,需要注重其实施的策略;同时,作为关注学生成长的教育实践,顶层设计又是在学校的教育理念下形成的一个完善的实践体系。上海大学附属嘉定高级中学的德育顶层设计在实践中很好地处理了设计与实施、预设与生成、顶层与基层、整体与局部等具有策略意义的众多关系,体现了整体性、过程性、需求性、整合性和实践性等原则。

(点评专家:上海市特级教师　陈镇虎)

百年树人　责任担当

上海市松江二中德育顶层设计　文/焦仁萍

◯　学校简介

上海市松江二中创建于 1904 年,是上海市首批命名的实验性示范性高中。千年古城楼"云间第一楼"为学校校门,恢宏典雅。校园内花香四季,绿树成荫,是上海市花园单位。

在学校办学历史上曾涌现了丰子恺、郎静山、陆维钊、王季思、徐震堮、施蛰存等一大批名师、大家,他们在各自的岗位上为社会发展贡献着才智,其中不少人在国内外享有盛誉。

学校现有学生近 1 400 名,教职员工 175 人,先后涌现出全国劳模 1 位、上海市劳模 9 位,培育了特级教师 13 位、市优秀园丁 20 人、正高级教师 9 人。学校以"求真、求实、自立、自强"为校训,弘扬"百年树人、五育兼进、健全品格、张扬个性"的传统办学理念,办学成效显著,荣获教育教学方面的多项殊荣,连续19 次被评为上海市文明单位。

近年来,学校实践"树人、固本、尚思、励行"的办学思想,着眼学生创新素养培育和国际合作办学,取得了长足的进步和发展。学校被上海市教委批准实施"创新素养培育实验项目"。学校与美、英、德、澳、日、荷等国进行国际交流,开展国际课程合作,不断拓展学生视野,促进学生的全面发展。

▣ 理性思考篇

中国学生发展核心素养以培养"全面发展的人"为核心,分为文化基础、自主发展、社会参与三个方面,综合表现为人文底蕴、科学精神、学会学习、健康生活、责任担当、实践创新六大素养,具体细化为国家认同等 18 个基本要点。根据学生核心素养中的责任担当,在"百年树人、五育兼进、健全品格、张扬个性"的办学理念的引领下,学校以责任教育为核心、以行规教育为抓手,整体构建学校德育体系。让学生在学习中接受,在生活中体验,在实践中感悟反思,外现于行,内化于心,形成个人的道德意识和思想品质,从而成为德智体美劳全面发展的社会主义建设者和接班人。

一、责任教育的必要性

(一)责任教育是国家富强、民族复兴的必然要求

公民的责任感,关系着一个民族的凝聚力和战斗力,体现一个社会的文明程度,影响一个国家的对外形象。从古至今,责任始终植根于中华民族优秀文化传统之中,从"修身、齐家、治国、平天下"到"先天下之忧而忧,后天下之乐而乐"再到井冈山精神、长征精神、航天精神、抗疫精神等,都诠释出一代代中华儿女的家国情怀和责任担当。所以培养学生的责任意识是德育的核心要求。只有时时、处处、事事都讲责任的民族,才能实现民族的伟大复兴,并且永远地繁荣昌盛下去。

(二)责任教育是传承学校文化、实现办学理念的必然选择

云间第一楼是三国时期东吴元帅周瑜的点将台,周瑜本人就是为国家尽职尽责的英雄人物。松江二中校友侯绍裘是松江地区第一名共产党员,他把宣传社会主义思想当作自己的最大责任。他还曾讲过"一个人不是为一己而生,是为社会、人类而生,以最多数人之最大幸福为人生的最终目的、最大责任"(松江二中校园内建有侯绍裘烈士的雕像)。松江二中校友赵祖康被誉为中国公路泰

斗,一生以筑路救国为己任。所以在松江二中开展责任教育是一种基因的传承、文化的延续。

(三) 责任教育是学生适应未来社会发展的必然需求

责任心是工作和生活的一种积极的态度,只有拥有责任心才会少一些抱怨、少一些牢骚、多一份认真、多一份激情,工作也会因此更加出色,人生也会更加精彩。责任心是人一生中必不可少的东西,如果没有了责任心,人终将一事无成。责任心,代表了一个人的品质,使人知道自己的义务,使人真正关心、帮助和爱护自己的朋友。决定一个人成功的重要因素不是智商、领导力、沟通技巧等,而是责任心———种努力行动、使事情的结果变得更积极的意识。

因此,培养高中生的责任意识,使之成长为一名负责任的公民,是德育的当务之急。学校德育工作要增强责任教育的实效性,利用多形式、多渠道培养学生的责任感,努力探索可行、有效的责任感培养模式,为培养真正的高素质人才,为国家培养社会主义建设者和可靠接班人找准路径、找到好的模式。

二、责任的概念界定

责任是一种职责或任务,它伴随着人类社会的出现而出现,有社会就有责任,作为社会成员必须承担责任,带有强制性。责任感是衡量一个人精神素质的重要指标,责任与自由是不可分割的。自由以责任为"边界",责任以自由为"外延"。履行责任与享受自由是相辅相成的,享有自由,就意味着负有责任;履行责任,才会享受更充分的自由。

所谓的责任意识,就是清楚明了地知道什么是责任,并自觉、认真地履行社会职责和参加社会活动过程中的责任,把责任转化到行动中去的心理特征。有责任意识的人,受人尊敬,招人喜爱,让人放心。

社会在发展,责任内涵也在不断发展,改革开放和现代化建设的伟大实践,赋予责任日益丰富的时代内容。负责任的大国、负责任的政府、负责任的企业、负责任的公民,是实现中华民族伟大复兴必须具备的条件。

三、责任意识、责任行为培养的基本原则

(一) 主体性原则

学生是教育的主体,更是发展的主体、体验的主体,最终的成效要在学生的身上得以体现。学生的道德品质、责任意识,是在家庭、学校、社会等各种实践活动中通过自身的努力和外界的相互作用,经过长期的培养与熏陶才能形成的。

(二) 实践性原则

德育课程目标主要通过学校设计的各种教育教学实践活动来实现,实践活动是教和学的中介,只有通过实践活动才能把教师教的东西转化成学生学到的东西。教师在活动中要有目的地为学生创设恰当的情景,引导学生积极参加学校、家庭、社区的活动,在活动中培养责任意识,在活动中体验责任的重要性。

(三) 系统性原则

责任意识的培养是一项复杂的系统性工程,不是一朝一夕、一次两次活动就能培养出来的。所以学校要整体、系统地设计责任意识培养方案,要将工作中的众多要素有机地结合起来,从整体着眼看待各个部分之间的关系,使局部服从整体,实现效果的最大化。

(四) 生活化原则

美国教育家杜威提出"教育是生活的过程,而不是为将来生活所做的准备""学校教育不能和生活脱节"。学校的德育不能脱离学生生活实际,要走出过去的理想化、政治化、模式化,走向实际、走向生活,这样才能让学生在生活中认识自我和社会,从体验中学会辨别美与丑、善与恶、真与假、对与错,并在生活中学会做"负责的人"。

(五) 大小结合的原则

大的方面是引导学生树立正确的世界观、人生观和价值观,把个人的前途命运融入中国特色社会主义的伟大事业中;引导学生把职业目标同远大理想结合起来,在自己的岗位上忠实地履行对社会、对国家、对人民的责任,自觉地把责任意识转化到"全心全意为人民服务"的行动中去。小的方面是做好自己的本职工作,每个人的尽责是对集体的尽责,每个集体的尽责是对社会的尽责。要让学生懂得:负责任光荣,不负责任可耻。

 **德育工作篇**

一、"责任教育"为核心的德育工作目标与内容

学校以责任教育为主线,通过学校、家庭和社会"三教合一",有计划地开展活动,培养学生的责任意识,使学生成为具有健全品格和正确价值观的人,成为具有责任担当的社会主义建设者和接班人。

(一) 完善"责任教育"为核心的德育校本课程体系

1. 德育校本课程序列化、层次化、结构化

本着科学、客观、实效的理念,遵循"巩固、提高、内化、外行"的步骤,结合高一、高二、高三年级三个阶段学生的不同特点,形成具有学校特色的以"责任教育"为核心的德育校本课程体系。

2. 研究型课程和社团活动课程纳入德育课程体系

学校研究型课程的理念是:培养具有良好人文关怀与社会责任感,了解本土自然、人文、经济社会现状与问题,并能为优化本土自然、人文环境及经济社会发展做出积极贡献的创新人才。为此学校将三类环境(Environment)问题(即自然环境、人文环境和社会环境)作为创新素养培育课程的载体,从科学(Science)和艺术(Art)两大视角入手,在发展学生创新素养的同时提升学生的社会(Society)责任感。

学校社团课程分为体艺类社团和学科类社团两种。学生社团是指学生在自愿基础上形成的各种群众性文化、艺术、学术团体,由兴趣爱好相近的学生组成,在保证学生完成学习任务和不影响学校正常教学秩序的前提下开展各种活动。

(二) 树立"责任教育"为核心的德育品牌项目

学校已经形成了"传承红色基因,凝聚发展力量"的爱国主义教育课程、"三自三明"为主题的行为规范教育课程、"三自心育,和谐心灵"为主题的心理健康教育课程、"遇见更好的自己"为主题的生涯教育系列课程、"用艺术温润校园"

为主题的艺术教育课程等品牌课程,培养学生对社区、对社会的责任意识。

(三)加强"责任教育"为核心的德育队伍建设

学校提倡人人都是德育者、事事都是德育事、时时都是德育机、处处都是德育空间的工作氛围。扎实推进学科德育,鼓励学科教师参加德育培训、尝试德育课程的开发和实践,注重学年之间德育的衔接与巩固;关注青年班主任的培养工作,成立"0—5 年青年班主任成长工作坊",为其快速成长搭建舞台;成立"区班主任工作室",充分发挥优秀班主任的引领作用,扩大优秀经验的影响力和推动力;鼓励团员教师发挥自身的优势和特长,积极参与到德育工作中来,壮大德育队伍。

二、"责任教育"为核心的德育工作途径与方法

(一)明确德育建设目标,形成全面互动格局

学校通过开展德育课程一体化实施工作,有效整合学校、家庭、社会教育资源,做好学段之间、学科之间和课内外实践活动的整合,构建起各学段纵向衔接、各学科横向贯通的立体交互式的德育工作体系,促进德育目标、德育内容和德育实施的一体化。不断总结提炼,形成具有二中特色的德育工作新格局,进一步实现全员育人、全程育人、全方位育人,为培养德智体美劳全面发展的社会主义事业建设者和接班人奠定基础。

(二)传承校园文化,弘扬二中精神

校园文化是学校教育不可或缺的重要组成部分,是学校所特有的精神环境和文化氛围。健康、和谐、拼搏、进取的校园文化能在师生中形成强烈的思想共识,能在无形中统摄全体师生的灵魂,起到"润物无声"的教育效果。松江二中有着 117 年的办学历史,文化底蕴极其深厚,这期间培养了无数知名的杰出校友。这些人对于我们来讲是一笔宝贵的财富,我们一定要继承好,发扬好。

(三)增强学科育德意识,全员传承红色基因

1. 结合新课程改革和新高考改革的要求,在教育教学中注重学科核心素养与责任教育的结合。

2. 挖掘教材红色因素,在学生心中深植红色基因。在历史和思想政治课中,结合教材内容,渗透红色基因。利用上海市语文德育协同创新中心力量,组

织高中语文教师挖掘语文各单元德育元素,特别是革命传统教育素材,渗透学科德育。

(四) 整合主题系列活动,促进德育课程化

1. 构建以"传承红色基因"为主题的爱国主义教育系列课程

推进以"重体验"为主要目标的主题教育活动的课程化。通过雷锋活动月系列活动、纪念侯绍裘烈士主题团日活动,18岁成人仪式,江苏南京、安徽金寨、浙江绍兴、北京等地的社会考察实践活动,使学生进一步了解国家历史。加强以"重提升"为主要目标的专题理论学习内容的课程化,通过专题讲座、专题党课、专题阅读、专题论坛等方式,提升学生对党的了解、对国家的认同。

2. 构建以"三自三明"为主题的行为规范教育系列课程

在培养学生"自律、自理、自治"的规范意识,培养学生"明规、明礼、明责"的规范行为这一核心思想的指导下,更好地落实分层化、差异性教育,设定更为具体的分年级目标。

3. 构建以"美在身边"为主题的艺术教育系列课程

完善艺术教育课程。进一步加强对艺术教育校本课程的开发,形成具有松江二中特色的艺术教育模式。打造云系列艺术社团,进一步整合学校现有艺术社团(包括音乐、美术、戏剧、舞蹈等),着力构建"云"系列社团特色活动。

4. 构建以"遇见更好的自己"为主题的生涯教育系列课程

进一步丰富生涯教育类主题活动的内容,通过主题活动周(月)、主题班会、仪式庆典等多种方式,引导学生探索生涯,促发学生对生涯的思考,引导学生制定合理的生涯规划。

5. 构建以"我在云间楼下"为主题的家园文化系列课程

成立"校史文化宣传团",在三个年级中分别组建学生校史文化宣传团,在深入学习松江二中优秀历史文化的基础上,提升对松江二中的了解、认同。通过宣传讲解的方式,向更多的人群(包括校内师生、校外各界人士)介绍松江二中的优秀校园文化。以校史文化宣传团为主要力量,组织编写《松江二中校史文化读本》,并在每年新生入学第一天发到每一位新生手中。开展"走近校友"系列活动。

6. 构建以"三自心育　和谐心灵"为主题的心理健康教育

围绕学校心理健康教育总目标"塑造学生健全人格,提升学生心理素质",从学校发展需求出发,结合学生的需求、时代的需求,整合各方力量,开展内容丰富、形式多样的长期性心理健康教育实践。

(五) 细化评价指标、发挥激励功能

德育评价要为学生的品德成长服务。学生的品德成长包含道德认知、道德情感、道德意志和道德行为等多个方面的变化和发展。德育评价要注重评价的激励和引导功能,通过评价激励学生道德意识的形成、道德行为的发生、道德水准的提升。学校目前比较量化的评价指标有:劳动指标、班级行为规范指标、精神文明指标、志愿服务指标、宿舍管理指标、学校重大活动评价指标等。这些评价指标的核心任务是起到激励的作用。

1. 过程性激励

道德修养最终是通过人的道德行为表现出来的,人的行为从动机产生到行为发生之间有一个复杂的心理过程。过程性激励主要选择在这一过程中对行为起决定作用的某些关键因素,通过激励引领过程,在过程中激励,最终促使人的行为举止和思想状态不断改善。

2. 结果性激励

结果性激励是相对于过程性与阶段性激励而言的。在某个长期的复杂行为中,对其中某个阶段或者某些因素的激励是过程性激励,但对于该阶段的任务或某个相对完整的行为来讲,这个激励就是结果性激励。结果性激励是对行为结果的肯定和赞许,是一种终结性评价,适用于对有明显阶段性特征或者完整独立的任务或行为的评价,一般在课尾、活动总结、学期末、学年结束时进行。

(六) 以科研为助力,加强责任教育规律的研究

学校开展"高中责任教育的研究"课题,围绕高中生责任意识的界定、培养路径、培养方式方法、评价等方面进行系统的研究,编制出符合学校实际情况、具有学校特色的责任教育校本读本,使教师更加明确责任教育的重要性,更加明晰高中开展责任教育课程的实施原则与策略,提升教师在学科教学、班级管理和学生活动中渗透责任教育的意识。

（七）推进学校、社会、家庭三方合作，开拓教育的新力量，开创责任教育一体化的新局面

家庭教育关系孩子终身发展，关系千家万户幸福，关系社会和谐稳定，家长要担负起家庭教育的首要责任。德育处、年级组定期召开各级家长会、家委会，组织家长论坛、家长沙龙等活动，邀请优秀学生家长在家长会上作交流发言。借助"全国家校共育数字化项目试点学校"这一平台，为家庭教育提供指导。

社会教育也是学生成长成才过程中至关重要的部分。学校定期邀请学校的法制副校长来校做法制方面的报告；与 G60 启迪经济园区建立校企合作，学生跟园区企业的专业人员一起做课题、搞研究；与上海市第一人民医院南院、区公安局、区特警支队、税务局、缉毒支队、建设银行、区科技馆、城市规划馆等单位建立长期合作关系，让学生了解各行各业。

学校通过"三教合一"让学校教育、社会教育、家庭教育融为一体，互相促进、互相补充、互相完善，让学生学会做人、学会做事、学会学习，使学生做家庭的好孩子、学校的好学生、社会的好公民。

 特色德育篇

"红色、爱心、生存、励志"之旅活动案例

一、活动背景

"红色、爱心、生存、励志"之旅，是学校德育处和团委组织开展的一项品牌特色活动，是鼓励青年团员实践和弘扬"二中精神"的一种重要方式与途径。以共青团工作的影响力和号召力来凝聚青年和影响青年，努力践行社会主义核心价值观，力争培育一批具有强烈的社会责任意识、勇于担当、能肩负历史使命的时代青年。

学校下设 37 个团支部，其中 36 个为学生团支部（以班级为单位）、1 个为教工团支部，在每年的 7 月中旬，组织带领各团支部的学生团员代表搭乘大巴车或以小组为单位坐火车前往安徽省金寨县开展"红色、爱心、生存、励志"之旅活

动。每个团支部事先都通过网络通讯的方式,与当地的南溪中学(省级实验性、示范性高级中学)结对一位家庭贫困的同龄小伙伴,由前往的学生团员代表实地走访其家庭,并将所在团支部捐赠的1 200元助学金亲自交至结对伙伴手中,帮助他们顺利完成高中学业。

二、活动设计

(一) 活动目的

1. 了解革命老区的光荣历史,感受革命老区精神;

2. 弘扬红色文化,缅怀革命先辈的丰功伟绩;

3. 进一步强化青少年学生的社会责任意识;

4. 增进与老区贫困学生的情谊,促进相互成长;

5. 提升学生的人际沟通、交往、生存及生活自理能力;

6. 帮助学生准确定位,进一步明确个人生涯规划的发展。

(二) 活动意义

本次活动对于学生而言,既是一次爱国主义教育的洗礼,又是一次感恩与责任教育。通过该实践活动,不仅要使学生的理想信念更加坚定,更要让其深切地感受到身上所肩负的历史使命与责任担当。让学生不仅要继承革命先烈遗志,更要用实际行动来珍惜和捍卫和平,为实现民族复兴的中国梦而努力奋斗。两天的大别山区生活体验过程中,学生既能得到生存能力及生活自理能力的锻炼,同时也学会了彼此之间的相互关心与照顾,更懂得当下幸福生活来之不易。

面对当下的高考综合改革,准确定位与规划个人生涯发展、深入社会开展调查研究,对学生学业能力的提升、专业与志向的形成等方面起着尤为重要的作用。本次活动的后半个过程,正是给学生提供了这样一个宝贵的实践平台,通过走访参观重点高校,了解当地社会的政治、经济与历史文化,不断激励学生进一步树立阶段性的奋斗目标,为其今后的成长成才奠定扎实的基础。

(三) 活动安排

1. 活动时间:每年暑假的7月中旬

2. 活动地点:安徽金寨

3. 活动参与对象:

（1）各支部团员学生代表（每班 1 名）

（2）部分党员及民主党派教师代表

4. 活动行程安排（每年根据实际情况而定）

（四）活动任务

1. 专题学习

（1）了解大别山革命老区的历史文化；

（2）了解武汉大学的校史文化；

（3）了解辛亥革命；

（4）了解新中国成立以来武汉的经济和社会发展状况。

2. 参观考察

（1）参观安徽金寨革命历史博物馆；

（2）参观辛亥革命纪念馆；

（3）沿途安排考察项目。

3. 学习心得体会撰写

撰写学习心得体会，字数篇幅为 1 000 字左右。

三、活动宣传展示

（一）活动简讯发布到校园网，活动进行微信推送和橱窗展示

（二）秋季开学后，各个小组向本年级全体学生进行汇报，并评选出优秀个人和优秀小组

（三）由获得优秀的个人和小组向高一年级学生做报告

专家点评

　　松江二中作为一所百年名校，有着丰富的实施责任教育的资源和文化传统。近二十几年来,松江二中的责任教育经历几任校长,一直传承至今。从 1997 年起,松江二中就开始全面开展责任教育——把"以责任促成长"作为德育工作的主线,将责任教育作为"三义"(爱国主义、社会主义和集体主义)教育的落实点、"三观"教育的切入点和学生"自主发展"教育的激发点,将责任教育渗透在校园生活的各个方面,贯穿于教育教学之中,促使学生逐步意识到自己肩负的责任,做到对自己负责、对他人负责、对集体负责、对国家和社会负责,并以此驱动学生的自主发展。这可以说是对松江二中责任教育的目标、内容、实施途径与方法等比较系统的论述。

看到焦老师的文章,便引发了对松江二中责任教育发展现状的认识兴趣,试图从中发现其责任教育的特点和最新进展。

首先,对责任教育这一学校德育工作传统的充分继承。从文章标题看,"百年树人,责任担当——上海市松江二中德育顶层设计",很明确地体现出该校传统的"以责任促成长"的德育工作主线。在结构框架上,也明显体现出责任教育这一德育工作核心。在具体内容上,学科育德、环境文化陶冶、家校合作等传统的德育途径与方法继续发挥作用。

第二,责任教育的课程意识增强,形成并完善了以责任教育为核心的德育校本课程体系,德育校本课程走向序列化、层次化、结构化。这些课程的开发与实施,体现出学校在德育工作方面的深化与创新。

第三,着力打造以责任教育为核心的德育品牌项目。依托学校的历史文化和红色资源形成了"传承红色基因,凝聚发展力量"的品牌,其他系列课程也在朝品牌化迈进。品牌课程的形成,既体现出课程建设的独特性,也反映出课程建设的规范性和成熟性。

(点评专家:松江区教师进修学院　张忠山)

培养有责任感的生活者

上海市安亭高级中学德育顶层设计　文/李　坚

⬤　学校简介

上海市嘉定区安亭高级中学地处嘉定国际汽车城中心城镇安亭镇,是一所公办全日制高级中学。学校具有悠久深厚的历史文化底蕴,前身安亭中学始建于清朝道光 8 年(公元 1828 年),是为纪念明代著名散文家归有光(字开甫)在安亭讲学和生活 25 年,由道光皇帝御批建造的震川书院发展而成,至今已有一百九十多年历史。2010 年学校被命名为区实验性示范性高中。2011 年初高中分离,高中部建制上海市嘉定区安亭高级中学,校址迁至安亭镇墨玉北路868 号。

学校先后获得上海市安全文明校园、上海市绿化合格单位、嘉定区文明单位、嘉定区办学先进单位、嘉定区学校文化建设示范校等荣誉称号。

在当前高考改革的背景下,学校在传承百年历史文化的基础上,依托地域优势,以安亭的支柱产业——汽车为思考基点,引入"汽车文化"的概念,将"汽车文化教育"融入日常教育教学和社会实践,通过将校内特色课程的实施和校外活动相结合,培养学生的创新精神和实践能力,为提升学生综合素质奠定基础。学校在原有"身心为健,躬行为责"德育工作导向的基础上,提出了"培养有责任感的生活者"的德育目标。

□ **理性思考篇**

一、理论基础

《现代汉语词典》指出:"责任,是指分内应做的事。"相应地,责任感就是指一种自觉地把分内的事情做好,并愿意承担相应责任的情感。责任感分为历史责任感、社会责任感、集体责任感、家庭责任感、主人翁责任感等。

"责任教育"是指通过一定的教育内容、途径、方法,培养责任主体的责任素质,以使其对承担的职责、任务和使命加以确认、承诺并履行的教育。

"生活者"是指真正意义上活着的人。

一个人有责任感的,就会有明确的人生目标,有对自己、家庭、社会勇于负责的精神,能遵守社会规范,有承担责任和履行义务的自觉态度。托尔斯泰说:"一个人若没有热情,他将一事无成,而热情的基点正是责任心。"人要有爱心、信心、进取心等,而最重要的是责任心。因为责任心是一个人能否立足社会、成就事业最基本的人格品质,在某种程度上讲,责任心有多大,人生舞台就有多大。

二、学校历史与办学思想

当前,安亭高中依托区域资源(同济大学汽车学院、嘉定区汽车博物馆、安亭汽车城),结合学校现实发展需要,创新(融合、转化、更新)形成学校特色德育文化理念体系,促进学校在环境、课程、教学、师生行为与管理等整体层面的变革,引导学校形成特色鲜明、有责任感、服务大众的气质。

在传承归有光"以文载道、以教启智、以福维桑"精神的前提下,学校在原有"身心为健,躬行为责"德育工作基础上,引导学生做有责任感的生活者,使其准确理解和把握社会主义核心价值观的深刻内涵和实践要求,养成良好的政治素质、道德品质、法治意识和行为习惯,形成积极健康的人格和心理品质,促进核心素养提升和全面发展,为一生成长奠定坚实的思想和行为基础。

三、社会对高中学生健康成长的需求

《国务院办公厅关于新时代推进普通高中育人方式改革的指导意见》中指出，为学生适应社会生活、接受高等教育和未来职业发展打好基础，努力培养德智体美劳全面发展的社会主义建设者和接班人。因此，高中教育的目标必须从"升学"转向"生活"[①]。高中教育是正式教育中的一个环节，这个环节的任务不是或不仅仅是为下一个教育阶段升学做准备，更应当为下一阶段乃至以后更长时期的生活做准备。高中教育的任务不仅仅在于把成绩最好的那一部分学生送进大学，更重要也是更艰巨的任务在于，要为那些成绩不理想的学生提供改善和进步的机会，通过高中教育凝聚社会共识，凝聚起绝大多数学生对国家、社会和本土文化的基本一致和有约束力的理解。学校应该通过促进学生全面成长的方式去帮助学生适应未来生活。

四、学生发展情况

作为区实验性示范性学校，学生整体素质较高，有较强的责任感基础。学校结合学生特点，利用汽车城地域教育资源，主动与安亭地区 14 家单位联系，建立校外社会实践活动基地，开设每周 4 课时校外七彩课堂德育拓展型课程。学生走出教室，走进社区、法庭、司法所、医院、墓园等，从"教室小课堂"向"社会大课堂"延伸，从而了解社会、走进社会、适应社会。学生在各级各类活动中，表现良好，社会声誉较高。

德育工作篇

一、"培养有责任感的生活者"德育工作的目标和内容

（一）目标：奠基人生，为生活责任而"实践"

学校提出"培养有责任感的生活者"的德育工作目标，帮助学生科学正确地

---

① 顾明远、秦春华、高淑英：《从"升学"转向"成人"重新定位高中教育》，《光明日报》，2016 年 12 月 6 日第 15 版（基础教育版）。

认识自己，不断理性思考和明晰自身发展的道路，理智地寻找自己的学业方向，提高责任意识；通过为生活而"实践"，培养学生的责任意志和信念，使学生能坚定地履行责任而不是遇到干扰或困难就逃避责任；通过教育使学生养成责任习惯，自觉地把分内的事情做好，并愿意承担相应责任。概括而言：有责任感的生活者是具有自主规划未来、经营自己幸福人生和推动社会进步的愿景与能力的规划者，是有头脑、有条理的积极生活者。

（二）年级分目标及重点内容

根据高中每个年级学生的不同发展特点，满足不同年级学生的真实需求，按照"纵向衔接，横向贯通，分层递进"的原则，架构各年级学生分目标。

高一年级以"规范"为支点。为学生从初中到高中"转弯""爬坡"的心理适应提供多方面的帮助。高一学生处于生长发育的重要时期，身心发展是初中阶段的继续，自我意识高度发展，日趋成熟，具有较强的自尊心，人生观、价值观、世界观逐渐形成。面对高中的新环境、新要求，需要寻找自己的位置。深入分析高一学生的特点，拟定高一年级的教育以"规范"为核心概念，尊重生命个体的独特性、潜在性、创造性，加强行为规范教育，帮助学生通过认识个人职责的具体性质，提高责任意识，促进学生全面、自主、有个性地发展。

高二年级以"自主"为支点。为学生健全人格，形成较强的自控能力、强烈的责任感和使命感提供帮助。高二学生交往和学习自信出现两级分化。大部分学生乐于与他人交往，建立一定的师生、生生情谊。成绩分化明显，部分学生找到自信，成绩稳步上升；部分学生缺乏自信，学习较为被动。高二学生教育目标设定"自主"教育。加强学生的自我教育、自我管理、自我服务能力。在强化行为规范的同时，学会自爱与他爱（爱他人），学会自信和信任他人，建立诚信、友善的人际关系。特别通过参与志愿服务实践活动，牢固树立艰苦奋斗和勇于奉献的精神。培养学生的责任意志和信念，使学生能坚定地履行责任而不是遇到干扰或困难就逃避责任。

高三年级以"责任"为支点。围绕学生步入成年所面临的诸多严肃的人生课题，指出追求真理、积极向上、奉献社会、报效祖国的正确航程。高三学生特点是能够意识到自己即将走向独立，面对升学压力、择业的选择，价值观、择业观逐渐成熟，部分学生表现出迷茫状态。设定对高三学生的教育目标是"责任"

教育,深化社会主义核心价值观教育,深入开展理想教育,引导学生树立正确的学习观以及正确坚定的理想信念。增强对择业的了解,了解自身兴趣、特长与社会要求,确定升学或就业方向。通过责任教育使学生养成责任习惯,即时时尽职尽责,失职主动承担责任。

表 19-1　各年级德育主题教育目标表

学段	高 一	高 二	高 三
总目标	规范学习	自主管理	责任担当
具体目标	1. 理解并遵守规范,适应高中的学习环境,提高自律性; 2. 了解我国传统文化,讲文明有修养,完善习惯; 3. 认识并悦纳自我,自知自爱自尊; 4. 掌握健康的生活方式,具有责任意识,能与自然和谐相处; 5. 培养爱自己、爱集体、爱学校、爱自然、爱生活以及尊重规律、敬畏自然的积极心态。	1. 理解个人与他人、社会的共存关系,学会与人交往和沟通; 2. 面对生活,培养抗压能力,增强生命韧性; 3. 提高自我管理能力,掌握规划人生、管理时间、管理情绪等技能; 4. 能够与集体互助共融,提升责任信念; 5. 培养同情、宽容、合作、自强、感恩的品格。	1. 直面生命,实现理想与现实的和谐统一; 2. 坚定理想信念,做好学习管理和人生规划,奠基未来人生; 3. 培养积极心态,掌握自信自控的技能,树立科学、正确的价值观; 4. 感恩他人,提升责任感和使命感,养成责任习惯; 5. 提高法律意识,做合格公民。

二、"培养有责任感的生活者"德育工作的途径和方法

(一) 构建科技人文和谐的汽车文化——"培养有责任感的生活者"德育工作核心

学校汽车文化建设是学校未来发展的重点主题,也是提升学校品质和内涵的基础。学校营造浓郁的汽车校园文化、班级文化氛围,形成"让师生共同健康成长"的和谐环境。汽车文化是学校师生精神风貌、思维方式、价值取向和行为规范的综合体现,涉及到学校的方方面面。

根据学生成长阶段的不同,深化三个年级的年级文化:高一年级的"规文化"培养学生学会对自己负责的秩序感,初具责任意识。开展以"我与生活"为

主题的行为规范系列教育和文化认同教育活动,为学生从初中到高中"转弯""爬坡"的心理适应提供多方面的帮助;高二年级的"自文化"培养学生学会关心他人,初具责任信念。开展以"我与修养"为主题的人格教育与集体主义教育活动,促进学生践行学校文化,学会自主管理并与他人、集体相融合;高三年级的"责文化"培养学生学会反思的使命感,初具责任习惯。开展以"我与责任"为主题的理想信念教育和目标教育,引导学生注重自身兴趣、特长与社会要求,确定升学或就业方向,养成责任习惯。

(二)培养有责任感的德育队伍——"培养有责任感的生活者"德育工作的基础

学校坚持民主、人文、科学、和谐的管理方式,健全现代学校管理机制,建构学校、教师、学生管理文化,提高学校、家庭和社会"三位一体"的教育共建合力,实现学校管理的科学化、规范化、人本化、民主化。热忱、科学、高效的健康管理目标,奠定了学校"培养有责任感的生活者"德育工作的基础。

抓好两支德育队伍的建设。一是在校长室、党总支及学生发展处领导下的以班主任为骨干的教职工全员参与的全员德育队伍(全员导师制);二是团委、学生会带领下的以责任倡导为核心的学生自我管理队伍。目前学校德育工作形成校长——德育分管校长——学生发展处——年级组——班主任——任课教师全员参与的德育网络。着重抓好四条德育工作线:班主任教师的教育主导线,学科教师的学习指导线,学生的自我管理线,家庭社会的辅助教育线。

(三)建设"四位一体"的德育课程体系——"培养有责任感的生活者"德育工作的载体

学校全面构建德育课程、学科课程、传统文化课程和实践活动课程"四位一体"的德育课程体系。倡导"全科育人、全员育人、全程育人"。按照"人与自我,人与他人,人与社会,人与自然"四个维度的伦理关系,设计责任教育的具体内容,把课堂作为德育的主渠道,要求任课教师在教学中把教书和育人结合起来,既教授知识又能倾注人文关怀,使学校形成"人人育人,事事育人"的良好氛围,让每一名学生时时事事处处都能得到教育的滋润,成为品行文明、品性健康、品德高雅、品质高尚的合格的人。

（四）打造多元开放的德育实践活动品牌——"培养有责任感的生活者"德育工作的追求

德育实践活动是指在德育过程中,为帮助学生正确理解德育理论,加速学生对德育理论的认知过程,而采取的有利于学生德育观念形成的各种考察、学习实践活动。目前,学校德育实践体系的构成主要包括以下内容:

1. "三学"活动,即学军、学农、学工活动

高一年级开展为期一周的浏河营地军训活动和为期一周的东方绿舟国防教育活动。高二年级开展为期一周的浏河营地农村社会实践活动。高一、高二年级各另有为期三天的大众工业学校学工活动。

2. 校外志愿服务活动

学校开展"学期+暑期"的双通道模式,组织学生开展校外志愿服务活动。在学期中,学校利用平时教学课时,安排每周三13:00—16:30,2个班级分8个小组,开展为期半天的志愿服务活动。各班轮流进行,每学期每班每生安排2个下午的活动。另外,暑期进行全校大联动活动。通过学生亲身体验实践,树立和发扬"奉献、友爱、互助、进步"的志愿者精神,丰富自己的社会经验,提升自己的道德评价,学习一定的知识技能,在实践中锻炼成长。

3. 主题教育活动

学校开展各类主题教育活动,有围绕安全的疏散演习、灭火行动等;有围绕法制教育的模拟法庭、法制小品表演等;有围绕"我的节日"的春节、元宵、清明、端午、国庆等各传统节日活动;有学校传统的大型歌会诗会活动、班主任节活动、迎新活动、十八岁成人仪式、毕业典礼等大型活动。这些活动均由学生发展处统筹,学生参与策划、组织、落实、评价等过程,让学生在自主实践中感悟体验,提升责任感。

4. 日常行为评比管理活动

形成《安亭高级中学学生一日常规》,由学生自主管理团进行监督、检查,并统一反馈。同时,每月开展星级班级考核,每学期进行开甫之星、优秀集体、文明寝室等文明竞赛评选活动。这些活动要求学生不断地用正确的观念和行为规范要求自己,不断约束和修正自己的言行,是学生进行道德修养的直接体验,培养良好思想政治素质的有效途径。

5. 心理咨询调适活动

学校根据不同年级学生的年龄特征和心理发展特点,有针对性地开展适合不同年级学生的心理游园、心理拓展等活动。如高一新生的入学适应活动、高二学生的"我就是我,颜色不一样的烟火"拓展活动、高三学生的高考考前游园减压活动等。学校心理辅导室每天中午和下午的部分时间面向全体师生、家长开放,可预约进行个案咨询。同时,心理辅导室也开展面向家长的心理讲座、沙龙等活动。

6."研学旅行"考察实践活动

每学期开展一次优秀学生"红色之旅"考察实践活动,考察对象一般是历史文化遗迹、革命斗争遗迹、城市标志景区等。在寻访活动中学习红色精神,深入了解红色景区所承载的革命历史、革命事迹和革命精神,感悟体会革命奋斗精神,激发学生的自信心和自豪感,增强学生的使命感和责任感。

(五)丰富校园社会融合的"七彩课堂"基地——"培养有责任感的生活者"德育工作的沃土

在学生的成长中,如何选择一条适合自己发展的人生道路至关重要,这也是学校德育工作的重要内容。让学生在有限的时间内了解更多的社会角色,是学校丰富学生活动、"培养有责任感的生活者"的重要目的。七彩课堂是学校结合学生身心发展特点,发掘和利用社会教育资源,为学生提供的一份校外志愿服务实践"自助大餐",具体见表 19-2。

表 19-2 安亭高级中学"七彩课堂"基地

项目名称	地 点	志愿服务内容
"爱心天使"绿色课堂	安亭医院基地	爱心书屋
		生活护理
		大厅导医
"我爱我家"紫色课堂	墨玉社区基地	暖巢行动
		清理城市"牛皮癣"
		美化环境
		出宣传黑板报

续　表

项目名称	地　点	志愿服务内容
"爱我家园" 紫色课堂	博泰社区基地	整理、分发报纸
		整理书籍
		美化社区环境
		出宣传黑板报
		整理、分发报纸
		小家教上门
"法律讲坛" 青色课堂	安亭法庭基地	情景剧编排、表演
		案件审理稿撰写
		模拟法庭
"生命乐章" 绿色课堂	长安墓园基地	参观学习"人文嘉定""上海印象""人民英雄"等
		擦拭墓碑,敬名人墓园,叹生命沉重
		修剪植被、绿化环境
"公民警校" 青色课堂	安亭派出所基地	体验综合监控室
		体验办案区窗口接待
"公民警校" 青色课堂	安亭派出所基地	参观装备机械室
		随车出警

七彩课堂以开发学生综合素质为宗旨,通过学生"自选课程—实践体验—自我提升"的模式,让学生在不同的基地活动中体验生活,获取书本以外的知识和感悟,养成责任习惯,充分践行社会主义核心价值观,为学生健康成长搭建实践平台。

三、"培养有责任感的生活者"德育工作的管理和评价

(一)健全德育管理网络,明确躬行工作职责

健全学校德育管理组织机构,形成分工明确、各司其职、相互协调的德育管理格局。各部门明确管理责任,保持管理的连续性、合作性。层层落实责任,定

期监督检查各项工作,并及时总结反馈。

(二) 完善德育工作制度,细化管理具体过程

形成完善的班主任工作制度、班主任考评奖励制度,评选班主任优秀群体、骨干班主任。学生自主管理工作制度不断完善,形成完善的学生自主管理体系。完善家委会工作制度、家长学校管理制度,细化家校联系工作。形成七彩课堂工作方案、课程体系,形成七彩课堂学生积极分子评选方案、优秀带队教师评选方案等。

(三) 开展多元评价方式,健全完善评价机制

建立学生个人成长记录袋,改善原有学生综合素质评价方式,从不同方向挖掘学生闪光点,使其基本实现多元化评价功效。在实施评价中,注重导向、诊断和强化,变以往的终结性评价为教师、学生、家长共同参与的综合性评价。既帮助学生查找不足,又突出学生的闪光点。每学期评选"开甫六星",自荐和推荐相结合,发挥积极导向功能。开展日评、周评、月评制度,加强对学生仪表、习惯、行为、出勤、安全、学习、活动等方面的综合评价,拓展德育的评价空间。从年级组、行政实行走动式管理,实施监控评价,到师生的多元评价,再到学生的自我评价,共同树立以评价促发展的意识。

 特色德育篇

七彩课堂　促进师生全面健康成长

——上海市嘉定区安亭高级中学高中生志愿服务项目介绍

在培育和践行社会主义核心价值观的教育大背景下,2015年高中学生综合素质评价成为高考改革"两依据一参考"的重要组成部分,安亭高级中学以开发学生综合智能为宗旨,积极融入嘉定教育提出的"品质教育下的课堂转型"变革,以"自选课程—实践体验—自我提升"为建构核心,开设七彩课堂志愿服务特色课程,为学生全面健康成长搭建平台。

一、追本溯源　夯实基础

学校开设每班每学期为期 2 天的校内志愿服务课程,结合高中学生特点,利用汽车城地域教育资源,主动与安亭地区 14 家单位联系,建立校外社会实践活动基地,开设每周 4 课时校外七彩课堂德育拓展型课程。学生走出教室,走进社区、法庭、司法所、医院、墓园等,从"教室小课堂"向"社会大课堂"延伸,从而走进社会、了解社会、适应社会。学校前期的探索与实践为推进高中学生综合素质评价工作打下了扎实的基础。

二、改革创新　与时俱进

2015 年,高中学生综合素质评价成为高考改革"两依据一参考"的重要组成部分。上海市作为国家高考综合改革的试点省市之一,公布了《上海市普通高中学生综合素质评价实施办法(试行)》。学校结合高考改革,落实习近平总书记培育和践行社会主义核心价值观的相关要求,走嘉定"品质教育下的课堂转型"变革之路,在原先工作的基础上,制定了学校推进学生志愿服务工作的具体方案,进一步完善七彩课堂志愿服务工作,主要在以下四方面进行了重点突破。

(一)"学期＋暑期"双通道,"学生＋教师"共成长

根据《上海市普通高中学生综合素质评价实施办法(试行)》要求,高中学生社会实践须到市教委授权的社会实践基地进行志愿服务,并完成 60 学时的实践学分。学校为学生提供社会实践机会,高中阶段教学时间内完成 36 学时,暑期内完成 24 学时,共计为 60 学时。目前共有 14 家校外志愿服务基地。

(二)抓好指导队伍建设,坚持全员立德树人

1. 成立社会实践领导小组

面对高考改革现状,学校积极应对,成立学生社会实践(志愿服务)工作领导小组。校长为组长,分管副校长为副组长,具体负责人为学生发展处主任、团委书记、社会实践工作教研组长,主要成员包括活动指导教师、年级组长及班主任。工作小组做好全面规划、协调组织等工作。

2. 建设社会实践指导教师队伍

社会实践指导教师队伍共由三部分组成:学校指导教师＋基地指导教师＋招募大学生志愿者。

学期中课程内的志愿服务学校指导教师通过竞聘上岗。设置每个岗位 0.2 的学期工作量,纳入学校教师绩效考核体系。当遇到"供不应求"的教师队伍瓶颈问题时,招募大学生志愿者作为补充。从 2015 学年第一学期开始,学校从上师大天华学院招募五位大学生并对他们进行指导员岗位培训,其中四位每周指导学生社会实践活动,另一位作为候补。以大学生为指导教师的方案已推行至今,每一批次的指导教师都会在原有基础上为志愿服务的有效开展提出更多创新的见解。

暑期中的社会实践指导教师由学校全体教职工组成。岗位设置采取轮岗制度,以年轻教师为起点,依次按年龄从小到大进行安排,每位教师约每四年轮到一次暑期带队。至 2017 年暑期,全校教职工都担任过指导教师一职,他们都为学校志愿服务活动贡献了自己的力量。

每个基地安排一名校外基地指导教师,负责每周服务内容的具体安排及每次活动的具体指导,与校内带队教师及时沟通协调,一同落实学生活动过程的各项教育工作。

学校教师通过与学生一同参与志愿服务活动,进一步构建了和谐的师生关系。

(三) 丰富实践体验内容,评优调研促进发展

在校内外指导教师的共同开发下,不断完善活动内容。学校还在进一步开发地方教育资源,形成更多志愿服务基地。同时,做好活动的评优工作,开展每次活动学生积极分子的评选工作及每学期优秀带队教师评选工作。召开每学期 3 次的校内带队教师经验交流会议,每学年 1 次的校内外教师座谈会议。通过评优鼓励先进,通过交流完善志愿服务。学校通过调查问卷了解民意,收集来自学生、教师、家长、基地、社会各方面的意见和建议,在每次调研中,学生满意度均为 98% 以上,并收集和分享了大量学生真挚的感言。

(四) 完善实践活动流程,确保及时完整记录

学校做好组织培训工作,形成活动流程图。建立相应的工作 qq 群,及时沟通活动情况。为确保志愿服务活动博雅网的学分认定,学校专设志愿服务活动博雅网操作工作人员 1 名。学校形成志愿服务活动博雅网操作程序说明、基地须知、学生须知等文本,分层次组织学生、班主任、指导教师培训,活动当场完成学分确认,确保记录及时完整。

三、高瞻远瞩　提升品质

学校定位七彩课堂志愿服务课程向"三高"方向发展,即高立意、高品位、高效应,由此提升内涵品质发展。

一是高立意,指课程设置与时俱进,为学生喜闻乐见,在活动中践行社会主义核心价值观,突破常规德育难点。充分利用基地教育资源,将社会教育资源、学校课程实施与校外教育活动有机整合,使学生的学习从"教室小课堂"向"社会大课堂"延伸,大大丰富学生的学习生活。

二是高品位,课程要特色鲜明,充分以学生为主体,整合区域优质资源,在整体构架下形成一定的系列性,形成适合高中学生身心发展的系列活动内容,发挥活动的整体性功能,作为品牌促进学校工作、教师队伍、学生发展整体提升。

三是高效应,要让学生通过课程实践,不断内化正确的世界观、人生观、价值观,促进学生把志愿服务转化为一种长期的自愿服务活动,实现感恩社会、服务社会、自我成长的效果。课程也邀请家长、社会人士一同参与,得到家长及社会人士的大力支持,后期更要发挥好家长资源、社会资源等的作用。

我们将一如既往地开拓进取,不断弘扬志愿服务事业,优化校外志愿服务社会实践课程,为学生的健康成长保驾护航。

专家点评

我用心学习了《培养有责任感的生活者——安亭高中学校德育顶层设计》,个人认为该设计具有三大特点值得大家借鉴:有根有据,有章有法,有条有理。

有根有据:根植于学校深厚的办学历史、"让师生共同健康成长"的办学理念和"身心为健,躬行为责"的德育基础,根深才能叶茂;依据

区域资源、学校现实发展需要、学校德育特色、新时代普通高中育人方式改革和高中生健康成长需求,五大依据充分。

有条有理:条理在于"培养有责任感的生活者"的总目标下架构了3个年级目标,目标层次清晰;理清了年级分目标之间的"纵向衔接,横向贯通,分层递进",整理了相应的重点内容,帮助学生不断理性思考和明晰自身发展的道路,理智地寻找自己的学业指向,提高责任意识,顺理成章。

有章有法:章程在于该顶层设计纳入了学校办学总体的德育规划之中,贯通了《中小学德育工作指南》中的课程育人、文化育人、活动育人、实践育人、管理育人、协同育人六大途径,可以大做文章;方法在于构建科技人文和谐的汽车文化、培养有责任感的德育队伍、建设"四位一体"的德育课程体系、打造多元开放的德育实践活动品牌、丰富校园社会融合的"七彩课堂"基地,实践操作可行。

如此完备的顶层设计也使得后续的底层设计有了根基,有了理论视角,两者相辅相成。但需要注意先期的顶层设计与后期的实践回应之间的碰撞,可以进行顶层再设计。

（点评专家：松江区仓桥学校,上海市特级教师　王卫明）

以国际理解素养为核心的
德育大课程顶层设计

上海师范大学附属外国语中学德育顶层设计　文/李玉刚

○ 学校简介

上海师范大学附属外国语中学地处松江仓城历史文化风貌区,校园古朴优雅,办学起点可追溯到 1927 年,是松江区实验性示范性高中、全国师德建设实践与创新基地、全国生态文明教育示范校、全国国防教育特色校、市文明校园、市首批双语学校、市科技教育示范校、市知识产权教育示范校、市家庭教育示范校、区行为规范示范校、上海市花园单位和国际生态学校。

近年来,学校以国际理解教育为特色,以"中华精神、世界眼光、人文情怀"为育人目标,创建上海市特色普通高中,形成了国际理解教育特色课程群。英语教学、二外课程、书院教育、三分课堂、国别文化研究、模拟联合国、海外研学、外事交流、十大公学等成为学校文化品牌项目和特色。

目前,学校积极探索外语教学创新,形成了听说训练、小班化教学、情景教学等教学特色,开设了一系列特色课程,如外语视听课程、双语教学、二外法语、对外交流等。基于学校办学基础、办学传统、办学特色,并结合时代需求,学校将创建特色高中的目标设定为:聚力国际理解教育,培育中华时代新人。

□ 理性思考

一、学生可持续发展的需要

学生的成长应该伴随人格、思想、文化的提升。学生成长的过程需要通过各类教育教学活动对学生进行人格塑造、思想渗透、文化熏陶,以此真正地实现教育对人的成长、成人、成才的价值与意义。

二、学校特色发展的需要

学校办学的最终目的始终是促进人的发展,特色学校的发展就是要为师生的发展打开视野、提供更广阔的舞台。习近平总书记曾说过:"不同国家、民族的思想文化各有千秋,只有姹紫嫣红之别,而无高低优劣之分。每个国家、每个民族不分强弱、不分大小,其思想文化都应该得到承认和尊重。"

国际理解的本质是文化理解和文明互鉴,我们基于培养国际理解素养的外语特色高中建设,就是要让师生通过中华传统文化的学习,对不同民族、地区文化进行了解,根植中华文化,延续中华优秀文化基因,博采众长、兼容并包,形成引领人类未来发展的中华文化的话语体系,为人类文明发展做出新的贡献。

2014年9月以来,学校开始创建上海市外语特色高中,围绕国际理解素养的培养,全面推动学校在德育顶层设计、教师队伍建设、课程设置、教学方式、学习方式、评价方式等各方面的全面开拓和创新。将外语特色融入国际理解素养,培养"中华精神、世界眼光、人文情怀"的时代新人,以此作为学生标志性集体人格品质。

培养学生的国际理解素养,要求无论哪一门学科的教师都要更新教育教学理念,在研究本学科教学的同时,不断放眼世界,将国际理解的意识融入到学科教学中。

基于此,学校要在德育顶层设计上不断开拓创新,以支持学校发展,在不断创新中激发学校发展的生命活力。

三、国家对未来人才的需要

2014年,教育部研制印发《关于全面深化课程改革落实立德树人根本任务的意见》,提出"教育部将组织研究提出各学段学生发展核心素养体系,明确学生应具备的适应终身发展和社会发展需要的必备品格和关键能力"。学生发展核心素养是落实立德树人根本任务的一项重要举措,也是适应世界教育改革发展趋势、提升我国教育国际竞争力的迫切需要。为适应时代对教育的需求,如何培养学生的核心素养成为教育者所要研究的课题。

核心素养是基于适应世界教育改革发展趋势的背景下提出的,是提升我国教育国际竞争力的迫切需要。随着世界多极化、经济全球化、文化多样化、社会信息化深入发展,各国都在思考21世纪的学生应具备哪些核心素养才能成功适应未来社会这一前瞻性战略问题,核心素养研究浪潮席卷全球。面对日趋激烈的国际竞争,我国要深入实施人才强国战略,提升教育国际竞争力,也必须解决这一关键问题。于是在核心素养的社会参与、责任担当这个维度中强调了国际理解,就是要求新时代的学生具有全球意识和开放的心态,了解人类文明进程和世界发展动态;能尊重世界各国文化的多样性和差异性,积极参与跨文化交流;关注人类面临的全球性挑战,理解人类命运共同体的内涵与价值等。

德育工作篇

我们认为:德育课程应该有人格、思想、文化的支撑,不断在实践中探索,在探索中前行,坚持"表里结合",将外显的行为规范要求与内在的人格教育结合起来;形成以文化氛围熏陶引导为途径、全面管理为抓手的教育方式。在注重学生行为的同时,更要关注学生人格的塑造、思想的渗透、文化的熏陶,以此真正地实现德育对人的成人、成长、成才的价值与意义。所以围绕学校的育人目标,构建了"三线""四主题"的学校德育体系。"三线"即班级德育课程、学校文化主题月和学生成长导师制。"四主题"即文明修身主题、自主发展主题、人文情怀主题和国际理解主题。

一、明确德育课程目标,落实德育工作具体化

确定德育课程总目标,建立分阶段教育体系。结合高中生的身心特点与高中阶段学习生活现状,从外显性与内化性两方面落实、推进行为规范教育,促进学生养成良好习惯、塑造健康人格、形成高尚品格。以班会课进行专题教育活动,提高认识、明确要求,达成共识、促进自律,注重感悟、实现内化。

表 20 - 1　德育课程主题(简版)

高一年级:塑造青春的我(30 课时)

主　　题	具 体 内 容
一、如何做一个青年	1. 行为规范教育
	2. 形象教育
	3. 青春与美
	4. 人际交往
	5. 文明礼仪
二、青春的我	6. 人格教育
	7. 心理健康教育
	8. 道德教育
三、青春的价值	9. 生命教育
	10. 价值观教育
	11. 安全教育
	12. 劳动、消费教育
四、我看世界	13. 传统文化
	14. 国际礼仪

高二年级：思考今后的航程（30课时）

主　　题	具 体 内 容
一、优秀是一种习惯	1. 行为习惯教育
	2. 学习习惯教育
二、人生与责任	3. 责任教育
	4. 感恩教育
	5. 社区民情教育
	6. 环境保护教育
三、青春与生命	7. 青春期教育
	8. 意志品格教育
	9. 职业规划教育
四、青春与世界	10. 当代中国社会文化
	11. 国际化的发展

高三年级：追求人生的梦想（20课时）

主　　题	具 体 内 容
一、具备基本的公民素养	1. 行为反思教育
	2. 民主与法制教育
	3. 感恩教育
二、健康地学习与生活	4. 心理健康教育
	5. 生命教育
三、让梦想起航	6. 理想教育
	7. 职业规划教育
四、适应全球化	8. 了解时事
	9. 多元文化的认识与反思

为此学校还编撰了校级德育课程资源,班主任以此为抓手,结合班级特点,完成各项德育指标。

二、丰富德育内容,促进德育形式多样化

"十三五"规划明确了学校坚持"教文化理解,育人文情怀"的教育理念,确立了培养"中华精神、世界眼光、人文情怀的时代新人"的育人目标,旨在通过教育理念和教育行为的实施落实核心素养的培养。为此学校依据实际情况设置了学校文化主题月活动,以丰富多彩的各类活动为载体,培养学生的核心素养。以 2019 学年学生主题月活动为例:

表 20-2　2019 学年学生主题活动月安排表

活动时间	活 动 名 称	主要落实部门
7—8 月份 社会实践季	主题:理解世界,服务社会	
	高一新生民防教育(校外)	学生处
	高二学农社会实践活动(校外)	学生处
	高一新生入学教育(校内)	学生处、教务处
	高三第一课夏令营(校内)	学生处、教务处
9 月份 温馨校园季	主题:新梦想·新航程	
	高一学生行为规范、学习习惯教育	学生处
	"我们的班,我们的家"班级名片评比与展示	学生处
	温馨教室创建	学生处
	教师节活动: 1. 给初中老师的一封信(高一) 2. "老师,我想对您说"	学生处、团委
10 月份 文化艺术季	主题:传承中华精神,感受传统文化	
	高一国防教育(东方绿舟)	学生处
	中华传统文化节	学生处、团委
	国庆节文艺汇演暨艺术节	学生处、教务处、团委

活动时间	活 动 名 称	主要落实部门
11月份 成长感恩季	主题:励志·成长·感恩	
	高二南京励志之旅(十八岁成人仪式)	学生处、团委
	班级自主活动	学生处、团委
	主题活动:感恩的心	学生处
12—1月份 欢乐创新季	主题:青春·创造·欢乐	
	元旦迎新欢乐节	学生处、团委
	"魅力科技,精彩校园"科技节	教务处
2月份 修身礼仪季	主题:国际语言——礼仪	
	"知法守法促和谐"法制教育	学生处
	人格是金——学生文明素养自测	学生处、团委
	"我是女生"优雅女生节	学生处、团委
	学雷锋从身边小事做起	学生处、团委
3月份 英语节	主题:English——A Bridge to the World	
	高一年级英语桥	教务处
4月份 阳光青春季	主题:青春朝气,风采照人	
	高一绍兴文化之旅	学生处
	阳光体育节:春季运动会	教务处、团委
	"男儿当自强"阳光男生节	学生处、团委
5月份 心香阅读季	主题:五月书香芬芳	
	纪念"五四"青年节系列活动 (发展新团员,班歌、团歌比赛等)	团委
	心香读书季,走进大师之路	学生处、教务处 办公室、团委
6月份 班主任节	主题:耕耘,探索,收获,快乐	
	班主任沙龙	学生处

每一项主题月活动由学生处、团委、学生会负责计划、组织、实施、反馈，各主题月、各项活动都有具体落实方案和计划。

三、加强分层分类指导，推进德育工作精致化

（一）成立学生发展指导中心，学生发展明确化

为深入贯彻《国家中长期教育改革和发展规划纲要（2010—2020）》关于建立学生发展指导制度，加强对普通高中学生理想、心理、学业与生涯等方面指导的要求，促进学生综合素质的提高，学校成立"学生发展指导中心"。学生发展指导中心由校长室、学生处、教务处、团委和指导教师共同组成。学生发展指导工作坚持以人为本，以学生发展为中心；以促进学生全面健康发展为主，预防矫正为辅；尊重高中阶段学生的成长需要，遵循其身心发展规律和特点；尊重学生的独特性，考虑学生个性化需要；注重挖掘和利用各种资源，充分发挥学校、家庭、社区、社会等各方面的力量，进行包括学业、生涯和心理三方面的指导。

（二）建立学生成长导师制，学生发展个性化

坚持"以学生为本"，注重学生个体差异，促进学生整体发展。

建立学生成长导师制，邀请校级领导、中层干部、年级主任、心理辅导教师、学科骨干等担任导师，开展分层分类指导。学科骨干与各个学科的拔尖学生结对，对其进行学业上的辅导，激发学习兴趣、指导学习方法、培养学习能力，进一步提升学科特长。校级领导、中层干部、年级主任、心理辅导教师与班级里需要特别关注的学生结对，加强思想上引导，关注学生行为习惯、道德品质与思想动态；心理上疏导，研究分析个性特征、缓解心理压力、消除心理障碍；生活上指导，关心日常生活、确立生活目标、端正生活态度、养成良好生活习惯。班主任与班级其他学生结对，进行全方位指导，充分发掘每个学生的发展潜能。成长导师制让学生人人有导师，学生有"需"必有教师的"导"，实现精致化教育。

四、营造人文校园氛围，促进德育工作人文化

学校各项德育活动凸显文明修身主题、自主发展主题、人文情怀主题和国际理解主题。通过四大主题活动实现培养"中华精神、世界眼光、人文情怀的时

代新人"的育人目标,旨在通过教育理念和教育行为的实施落实"人文底蕴、科学精神、学会学习、健康生活、责任担当、实践创新"六大核心素养的培养。

(一) 文明修身

学校倡导"三雅"——学校高雅、教师儒雅、学生文雅,倡导环境育人、文化导行。言谈举止是展现气质心灵的窗口,文雅修身是礼仪文明的内驱力。礼仪文明不止于自身修养的提升,也当有志于点染氛围、感染他人。为进一步提升师生的文明素养,引导学生养成文雅得体的行为习惯,并在更大的舞台上展现师生礼仪文明的言谈举止,每年二月在全校范围内开展"礼仪促文明,修身显文雅"修身礼仪季主题活动。

"小银幕,大文化"电影教育校本课程,通过观赏中外经典影片,引导学生走进电影文化,培养审美能力,增进国际理解,激发自强、自主、自律的热情,提升人文素养,促进人格塑造。"心·香"读书季,通过名家名著介绍、美文品读交流、读书伴我成长、名家现场指导等,鼓励学生共赏经典、走进经典,体会读书的乐趣、领悟读书的真谛,养成读好书、好读书的习惯。生活区整洁温馨,教室内洁净和谐,教学区秩序井然,校园内幽静雅致,师生间和睦融洽,女生更衣室、教学楼大厅、食堂不同方位的电视机……处处彰显人文气息,也激励着学生将爱校的热情落实到日常的行为规范中。

(二) 自主发展

根据新形势新要求,结合学校发展现状与学生成长需求,不断完善体制机制,坚持以制度服务学生发展,以管理促进学生自我认识,培养学生自主发展的核心素养,促进终身发展。

将行为规范的要求具体化,编印《学生手册》《文明礼仪手册》《日常行为规范检查细则》《学生成长日记》等,细化行为规范要求,加强宣传与学习,开展行为规范训练,进行文明礼仪与行为规范测试,促进学生自查、自纠、自律。进一步健全三级管理网络,即班级、年级、学校自主管理体系,实行班级、个人日常行为规范检测与评价制度,做到全面了解、及时反馈、即时调整。坚持公平、公正、公开原则,注重教育过程,关注学生成长。完善学生自管会值周班制度,开展行为规范训练,提升学生对行为规范要求的认识,增强自主教育意识,提高自我教育能力。

（三）人文情怀

人文情怀既是源自学校多年的"情感为本、大度为怀"的学校文化积淀，又是深植于我们对教育的理解。教育使人获得发展，其中很重要的一个方面就是让人去探究、明了人生的价值与意义。

1. 以社会实践活动课（高一绍兴文化之旅、高二南京成人之旅、高三上海创新之旅）引导学生走进社会，规范行为，塑造人格。

2. 开设"快乐星期三"活动课，单周"小银幕、大文化"电影教育课程，提升学生的审美能力与人文素养，确立崇尚美好的自我要求；双周学生社团活动，学生自主管理、自我发展。

3. 开展"心·香"读书季系列活动——"走大师之路，做文雅学生"。结合"心·香"读书季，组织学生品读大师传记或著作，走进大师、了解大师的人格魅力与优秀品质；引导学生了解学校文化内涵，注重环境文化熏陶，提升自身人文素养。通过组织开展"未来达人"文雅奖学生评选，鼓励学生欣赏大师、学习大师，提升自我认识，促进自主发展。

（四）国际理解

加强文化交流。让教师和学生直接参与国际交流活动，是实施国际理解教育最有效的手段。通过与境外学校建立伙伴关系，积极推进友好互访，让学生更直观感性地了解西方各国不同的生活习惯、文化理念。

学校举办了"英语桥"系列活动、美国惠顿中学来访、澳大利亚爱伦莫中学教育讲座、中法中学生数学交流活动、卢森堡学生来访活动，同时选拔优秀学生对加拿大、卢森堡等中学进行互访。通过一系列的国际交流，学生的行为、思维、交流、文化、认知等直接和国际接轨。

"教育即生活"。德育必须回归学生的生活，寓教于生活，注重学生个性发展，让学生在生活中实践、在实践中感悟，最终外显为习惯，内化为品质。

总之，学校德育就是要让走出校门的青年一代，在全球化的时代，继承并发扬中华民族精神，让我们的民族文化传统代代相传；要让青年一代放眼世界，用更高的标准要求自己，学习、汲取世界上最优秀的文化来丰富自己，提升自身的知识能力素养，争取为人类共同进步贡献更多的中国力量；要让我们的学生具有理解世界的包容态度和服务社会的志向。

特色德育篇

培育世界眼光　胸怀人文情怀

一、德育特色定位

在"教文化理解，育人文情怀"教育理念的引领下，我们确定办学理念为：为学生终身发展打好基础，提供精致的教育服务。办学目标：办人民满意的教育，建学生喜爱的学校，筑师生圆梦的课堂。育人目标：培养具有"中华精神、世界眼光、人文情怀"的新一代。学校特色建设定位为：聚力国际理解教育，培育中华时代新人。

学校在进行国际理解教育中，更加重视中华优秀传统文化教育，以中华优秀传统文化照亮中华儿女的精神底色。以推进构建人类命运共同体为鲜明的价值指向，让国际理解教育在人类命运共同体构建中发挥价值引领的功能，并将国际理解教育理念有机渗透到学校的教育教学体系之中。

OECD（经合组织）认为，"国际理解素养"的框架是建立在知识、认知技能、社会技能、态度和价值的基础之上的。我们将其与学校育人目标有机融合，探索形成了校本化的内容框架。

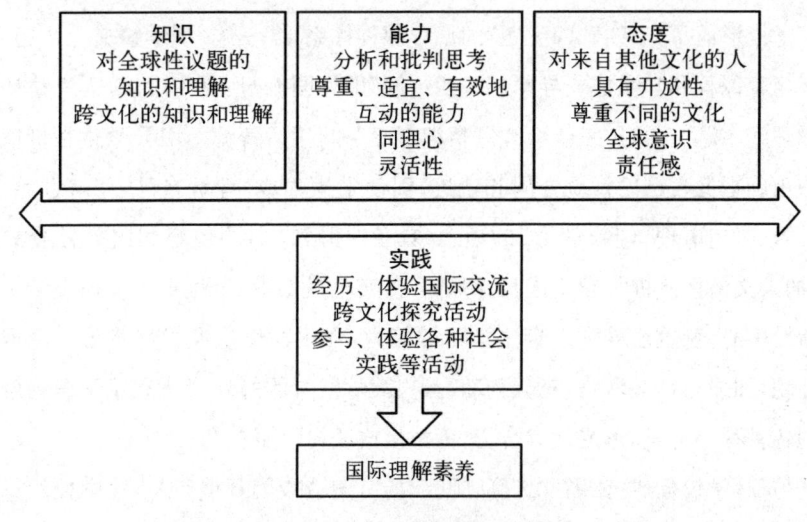

图 20-1　国际理解素养内容框架

国际理解素养应是知识、能力、态度的综合体现,通过感悟、体验等综合实践进行培养和发展,最终形成国际理解素养相关的能力。

二、德育特色课程

学校积极探索和实践基于国际理解素养培养的校本课程建设,在保证国家课程目标落实的前提下,加强创新特色课程建设,从文化生态的视角来深化全校师生对高中学校国际理解教育的认识,科学规划课程设置,完善课程结构和教学资源,提升课程质量、改进教学模式、优化评价方式,推进课程与教学改革,满足学生深耕文化交融,"中西合璧"培育人文情怀。

1. 深耕文化交融,"中西合璧"培育人文情怀

"教文化理解,育人文情怀"是学校的教育理念,重视人文教育是学校的传统,在国际理解教育中我们更加重视传统文化教育,给学生绘满"中华精神"的底色,同时引入优秀的外国文化,以丰富学校人文教育,给学生点上"世界眼光"之睛,形成中西合璧的特色。在语文、英语、政治、历史、地理等学科的基础型课程教学中,强调立足教材、国情、乡情,挖掘人文思想的精华。开设《老子选读》《论语选读》《中华太极》《民乐》《文艺复兴》《大师之路》《西方哲学》《中外小说比较鉴赏》《从社会舆论角度看历史变迁》等拓展型课程,丰富人文教育内容。

2. 强化全员育德,"三全育人"养成中华人格

学校形成了"三线""四主题"的德育课程体系。"三线"即学校文化主题月、班级德育课程和学生成长导师制,"四主题"即文明修身、自主发展、人文情怀和国际理解主题。通过"三全育人""精细育心"和"生活育德",引导学生在价值选择中正确把握自己的发展方向和轨迹,促使学生养成"理解自己、理解世界、注重心智、明白事理、创新学习"的理念,具备"理解世界的包容和服务社会的志向"的人文情怀。推行学生成长导师制,落实全员德育、个性育人。通过学生发展指导中心,着重培养学生自主学习的能力,强化学生生涯发展指导。注重家校互动,加强与社区联络,充分调动街道、大学城资源等一切有利于学校特色发展的各种社会力量,形成教育合力,为学生成长提供服务。

另外,学校建成"四园""二廊""两广场",塑造校园环境符号,让学校的每一堵墙都传递国际理解教育的话语,让学生在潜移默化中加强对"同一个地球,同

一个世界"的文化理解。

3. 突出文化比较,"一班一国"实践文化探究

国际理解的本质是文化理解和文明互鉴。学校重点推行了"一班一国"国别文化探究学习,学生参与率达100%。"一班一国"文化探究活动引导学生深入理解并增进与其他国家、其他民族的文化交流,认识国际相互依存关系与全球共同存在的问题,形成人类命运共同体的意识。

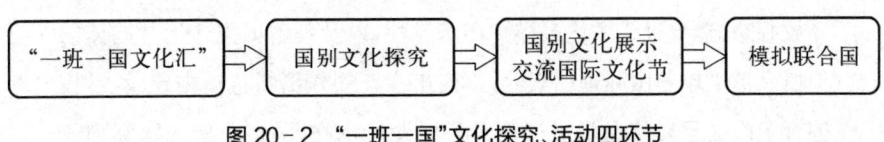

图 20‑2 "一班一国"文化探究、活动四环节

一是每个班级选择一个国家作为研究对象,初步了解该国的文化,在班级布置形成"一班一国"文化汇,营造国别文化探究氛围。二是在雨果书院教师指导下开展深入探究,以小组为单位选定研究课题,并完成研究性学习报告。期间,书院会邀请著名学者专家作与国际文化相关的主题讲座。三是评选优秀的研究成果,进行全校的交流展示,打造"国际文化节"。最后,在全校范围内推进"模拟联合国"活动,各班推选"国家代表",先参加年级的"模拟联合国"活动,再参加全校的"模拟联合国"活动,优秀"国家代表"将参加市级、区级的"模拟联合国"比赛。雨果书院下属"经纬模联公学"还会组织邀请赛,请区内其他学校的模联代表队共同参加活动。

学校办学的最终目的始终是促进人的发展,学校的德育工作特色发展就是要为学生的发展打开视野、提供更广阔的舞台。

国际理解的本质是文化理解和文明互鉴,我们基于国际理解素养为核心的德育大课程顶层设计,就是要让师生通过中华传统文化的学习,对不同民族、地区文化的了解,根植中华文化,延续中华优秀文化基因,博采众长、兼容并包,形成引领人类未来发展的中华文化的话语体系,为人类文明发展作出新的贡献。

面对上海国际大都市建设的新形势,我们努力培养具有国际理解素养的时代新人,这是我们的责任,也是我们德育工作新形势下的意义所在。我们将在探索之路上坚守初心,勇担使命,砥砺前行。

专家点评

  该顶层设计聚焦高中生的国际理解素养,具有重要的时代意义。文章从社会参与、责任担当维度提出培育新时代高中生的全球意识和开放心态,尊重世界文化多样性和差异性,以及理解人类命运共同体的价值。基于培养国际理解素养,该校正在开展外语特色高中建设,学校德育工作的重要使命是通过德育顶层设计,将外语特色融入国际理解素养,培养"中华精神、世界眼光、人文情怀"的时代新人,其培养目标具有传承性与时代性。为了达成此目标,学校构建了"三线"(班级德育课程、学校文化主题月和学生成长导师制)、"四主题"(文明修身主题、自主发展主题、人文情怀主题和国际理解主题)的学校德育体系,将国际理解直接纳入德育体系之中,保证了国际理解素养培育的针对性和有效性。不仅如此,还进一步明确德育课程目标、丰富德育活动内容、加强分层分类指导,保证了"教文化理解,育人文情怀"教育理念的践行。学校开展的众多德育活动具有可操作性和实效性,成立学生发展指导中心,建立学生成长导师制等机制建设也具有一定的推广性与可借鉴性。

  国际理解教育要加强文化理解,学校一方面通过丰富校园文化,积极营造人文校园氛围,倡导学校高雅、教师儒雅、学生文雅的"三雅"环境育人体系,保证了国际理解教育的日常实施和文化熏陶;另一方面通过加强文化交流,让教师和学生直接参与国际交流活动,促进了国际理解教育的特色实施。文章有理论、有实践,有目标设置与分层要求、活动方案,其中"中西合璧"培育人文情怀、"三全育人"养成中华人格,总体来说,"一班一国"实践文化探究思路还是很值得思考与借鉴的。

  (点评专家:松江区教育学院德研室主任 王洪明)

平民本色　个性生涯

上海大学市北附属中学德育顶层设计　文/孟晓玮

⭕ 学校简介

上海大学市北附属中学原名上海市铁路中学,原属全国铁路系统重点完中。2000 年转地方,合并了育群、和田的高中部,更名为上海大学市北附属中学,成为一所转制高中。2009 年回归公办。学校现有教学班 17 个,学生 578 名,教职员工 79 名。

近年来,学校荣获上海市行为规范示范校、上海市安全文明校园、上海市教卫系统文明单位、区文明单位、上海市心理健康合格校、家庭教育合格校、上海市绿色校园等荣誉称号;成功申报上海市手球二线队、全国校园足球特色学校、上海市第二批体育专项化试点学校、上海市高中篮球联盟校;学校被评为上海市首批"高中生涯辅导课程开发"特色项目学校,并立项市级课题《浸润式生涯教育课程体系的建构与实施》。2016 年以来持续推进相关项目的研究试点。

⬛ 理性思考篇

一、基于教育理论的德育目标设计

杜威的理论是现代教育理论的代表。他提出"学生中心""活动中心""经验中心"的"新三中心论",强调教育能传递人类积累的经验,丰富人类经验的内容,增强经验指导生活和适应社会的能力。杜威解决了教育的三个重要问题:一是解决教育与社会的脱离问题,强调教育即生活、学校即社会;二是解决教育与学生的脱离问题,强调教育即生长;三是解决理论与实践的脱离问题,强调教育即经验(实践)的改造、做中学、要有解决问题的思维方法。

基于这个理论,在充分整合学校、学生、社会、教育理论与实践的辩证关系后,学校将德育工作整体设计为——平民本色 + 个性生涯。"平民本色"指培养学生适应社会的核心素养。具体来说就是通过学校教育为社会建设储备"全面发展的合格社会人",加强以核心素养为指向的全面德育。"个性生涯"指培养学生成功自信、发展方向和与之匹配的能力。我们从学校办学历史、生源现状等方面来确立的这一德育目标,在杜威"新三中心论"理论指导下,将学校教育与学生发展、社会需求相结合,实现教育理论与实践的有机结合。具体来说就是通过学校教育引导学生"寻找生命的色彩",加强以生涯教育为指向的个性化德育。

二、基于校情的德育工作顶层设计

我校生源在中考中大多位于全区后段,需要学校和教师关注他们的非智力因素。其中,"悦纳自我"和"科学规划"是学生的最大关注点和发展点。

同时,新高考改革鼓励学校为学生成长成才提供更多机会和舞台,鼓励学校关注"增加学生选择权","促进学生发展学科兴趣与个性特长"。

在此背景下,学校重新梳理了办学目标,将其表述为:"开启生涯导航教育,为学生 HAPPY 人生奠基"。"HAPPY"一词蕴含了学校"四格"育人目标——

格尚尚德(Honor):品德高尚

格业业绩(Achievement):业绩丰富

格行行知(Practice):知行合一

格韵韵美(Personality):气质得体

学校期望在"让优秀成为一种习惯"的办学理念引领下,以"四格"育人目标为指向,通过生涯教育帮助每位学生找到自己身上最亮丽的一抹色彩,扬帆起航(Yacht),实现 HAPPY 人生。

以上因素逐渐形成了基于校史与校情的德育工作整体设计——平民本色＋个性生涯，推动着学校德育工作崭新的规划与管理，即在填补和夯实规范教育的基础上，发展生涯教育，形成"平民本色（规范）＋个性生涯（特色）"的德育工作格局。

德育工作篇

为了落实学校德育工作目标，我们结合不同年级的特征，梳理出分年级德育目标与重点内容。我们整合资源并形成了"让美的行为闪光"的德育基础课程群，以及"寻找生命的色彩"生涯特色课程群。我们以科研引领和师资建设为抓手，以"爱的教育"促进和谐师生关系，推进和保障德育课程的实施。

一、目标与内容

多样化课程设置，促进学生个性品质发展。为了落实"平民本色＋个性生涯"的德育目标，我们将理想信念教育、社会主义核心价值观教育、中华优秀传统文化教育、生态文明教育和心理健康等教育内容有机整合，将基础课程育人、文化育人、活动育人、实践育人、管理育人、协同育人等多途径育人方式系统化，为每一位学生提供发展机会，促进个性品质成长，营造校园立德树人的良好生态。

（一）分年级德育内容

我们将"爱国爱党（国家层面）、遵纪融社（社会层面）"确立为必修内容，三个年级体现螺旋上升的特点。将"道德品质、行为习惯（个人层面）"确立为选择性必修内容，三个年级按类别区分，体现同一内容的不同方面。将"个性特点"确立为选修内容，让学生结合自己的现有情况和发展方向，在教育教学活动中逐步形成。我们将德育重点内容进行分年级侧重设计并实践落实，以期更符合不同年级段的学生实际与特点。

表 21-1 分年级德育培养重点

分年级内容	高 一	高 二	高 三
	养成教育 规范教育 集体观念 自律意识 树立目标 学习习惯	理想教育 传统文化教育 爱校荣校 生涯规划 成才教育 学习能力	个人与国家 社会价值 生涯实现 抗挫教育 学习素养

（二）指向核心素养的基础德育课程群

表 21-2 "让美的行为闪光"德育基础课程

主题	校 本 课 程		主要核心素养培养方向
常规教育	《学生手册》专题学习	行规教育 法制教育 安全教育 健康教育 禁毒教育 逃生演练 时政讲座	科学精神（理性思维、勇于探究） 健康生活（珍爱生命、自我管理、健全人格） 责任担当（社会责任） 实践创新（问题解决、技术应用）
传统节日教育	春节：年俗活动介绍、对联收集、撰写有关春节的年俗趣闻		人文底蕴（人文积淀、人文情怀、审美情趣） 学会学习（乐学善学、信息意识） 责任担当（社会责任、国家认同） 实践创新（劳动意识、问题解决）
	元宵节：灯谜会、板报布置评比		
	清明节：寻找先烈的足迹、民俗民风小调查		
	端午节：撰写端午习俗文章		
	中秋节：师生古诗文诵读大赛		
	重阳节：送长辈一份惊喜、东风敬老院活动		
仪式教育	"香樟树下的追梦之旅"开学典礼		人文底蕴（人文情怀、审美情趣） 科学精神（理性思维、勇于探究） 学会学习（乐学善学、信息意识、勤于反思） 责任担当（社会责任、国家认同、国际理解） 实践创新（问题解决）
	"香樟树下的成长"升旗仪式		
	升旗手护旗手、主持人交接仪式		
	高三18岁成人仪式、毕业典礼		
	入团仪式、感恩教育仪式		

主题	校　本　课　程	主要核心素养培养方向
校园文化教育	校史教育 文化体育节、文化艺术节 读书节、学科节 唱响国歌 诸子百家历史故事演讲	人文底蕴(人文积淀、人文情怀、审美情趣) 科学精神(理性思维、批判质疑、勇于探究) 学会学习(乐学善学、勤于反思、信息意识) 责任担当(社会责任、国家认同) 实践创新(问题解决)
社会实践活动	高一军训、高二学农 志愿者服务活动 江西"红色"主题研学旅行 武汉"艺术"主题研学旅行	人文底蕴(人文情怀、审美情趣) 科学精神(理性思维、勇于探究) 实践创新(问题解决、劳动意识、技术应用) 责任担当(社会责任、国家认同)
德育特色活动课程	"观大师　学做人"课程 "附中讲堂"微课程 "走入最美的花季"女子课堂 社团活动 中外国际交流活动 "校园之星"评选活动 "学生业余党校"活动	人文底蕴(人文积淀、人文情怀、审美情趣) 科学精神(理性思维、批判质疑、勇于探究) 健康生活(珍爱生命、健全人格) 学会学习(乐学善学、勇于探究、批判质疑) 责任担当(社会责任、国家认同、国际理解) 实践创新(劳动意识、问题解决、技术应用)

(三) 培育个性化发展的生涯特色课程群

表 21-3　"寻找生命的色彩"生涯特色课程

全学科	各学科生涯元素渗透(1—3 年级必修) 生涯基础课(1 年级必修)
全方位	生涯拓展课(1、2 年级选修课)
	班会课(1—3 年级,每学期 3—5 节关于生涯教育) "让美的行为闪光"德育课程 (1—3 年级,体育节、学科节、艺术节、升旗仪式及其他活动渗透生涯元素)

全方位	体育专项课(1—3 年级必修,学会 1—2 门体育技能)	
	社团课(1—2 年级必修)	
	研究型课程(1、2 年级必修,通识培训＋个性化课题;3 年级选修,课题论文答辩)	
	家长学校(1—3 年级,家长生涯教育、家庭教育辅导)	
全贯通	数据测试(1—3 年级,性格、兴趣、能力、压力、情绪、家庭亲子关系等)	
	生涯护照(3 年所有修读课程和活动的参与记录)	
	"邂逅未来的自己"职业人成长课程群	校内角色体验 (必修:志愿者服务、爱心义卖、生涯规划书撰写与演讲; 选修:自管会、植物园地、每个楼层生涯探索园地、创新实验室等)
		"我和未来有个约定"生涯营(1、2 年级选修,暑期夏令营)
		企业岗位体验(1、2 年级选修,暑期 2—4 天的岗位体验)
		展示教育(1—3 年级各展示活动、仪式教育、"校园之星"评比)
	A·I 美术特色课程群	美术馆现场教学(1—2 年级选修)
		市内公园采风(1—2 年级选修)
	(Art＋ initiative＋ interdiscipline＋ identity)	市外研学采风,出版"文·画"作品集(2 年级选修)
		"视觉艺术"综合课(2 年级选修)
		创意设计艺术鉴赏课(1—2 年级选修)

二、途径与方法

(一) 课题引领,挖掘德育内涵,探索有效模式

学校以科研引领回应学生成长需求和教师专业提升的问题。从德育实践中发现问题,在研究中探索德育问题,进而推动学校德育的整体发展。

我们以国家级课题《普通高中学习困难学生课堂学习心理分析与调适策略探究》为推手,探索"个性化的教育教学计划"和"多样的教学组织形式",提炼学困生在记忆、思维、理解、表达、学习风格和社会性等维度的特点,进行课堂教学的心理调适与策略反思,从理解、赏识的角度进行分层教学,提高学生的学习自

信心。

我们以教育部重点攻关课题子课题、市"德尚"课题《高中英语学科德育的实践研究》为抓手,研究学科教师的育德意识与育德能力,学生的语言知识、语言思维和社会能力的培养模式,提出全员德育、融入学生发展观的学科教学等实践模式。

我们以市级课题《普通高中"浸润式"生涯课程体系建构与实施的实践研究》为契机,研究师生的生涯意识与能力、生涯实施的影响因素,提出"浸润式"生涯教育与德育课程、个性化德育评价等实践模式。

(二) 建设高素质德育队伍,提高德育工作实效性

1. "一日常规"工作记录表,提升队伍的规范性和专业性

学校推出一系列德育制度,如:"班主任常规管理工作要点""班主任一日常规工作记录表"等,加强班主任对班级建设从控班——管理——特色发展的全过程实践,提升班主任工作的规范化和专业化水平。

2. 班主任工作日志,提升育德能力

学校推出"班主任工作日志",记录并探讨针对学生和班集体的德育方法,鼓励班主任开展德育科研。迄今已探讨了主题班会课授课方法、特殊学生面谈技巧、学生个体生涯规划案例、班本化德育评价探索、家访后的家庭教育指导、班集体特色建设、青年教师德育主张等近 20 个主题。班主任在总结、探讨与反思中不断提升育德能力。

3. 生涯导师证,提升生涯教育精准度

学校选拔骨干班主任和青年教师,参加讲座和体验式培训,共有 30 余名教师考取"国家生涯规划师"资格证书,其中有 20 余名教师被聘为"生涯导师",履行生涯教育的职责。

4. 学科德育,形成全员德育良好氛围

学校搭建平台推广英语学科德育的经验,激发全体教师对立德树人的思考和学科德育的探索。此外,学校每年开设"用爱与智慧守望成长"德育专场论坛,分享经验,还开展学生心理健康和生涯教育等专题培训。

5. 个体内差异评价,促进教师个性化成长

学校创新德育队伍评价模式,由教师寻找自身带班或育德能力的增

长点和突破点,在工作实践中不断进行自我评价、自我修正、自我完善。"自己和自己比",有效避免了评价形成的一刀切现象,从而提升教师的积极性。

(三) 借助资源平台,形成德育工作支撑力

1. 丰富校内资源

在校内依托每周升旗仪式等资源,搭建学生展示平台,充分形成学生自信自发的展示氛围。再借助学校的整体文化、环境等资源,共同形成规范性与个性化并存的德育培养氛围,帮助学生在浸入式氛围内形成发展内驱力。同时通过学生自治管理机制,搭建对学校德育工作的良性参与途径,形成德育工作整体支撑力。

2. 发挥家长和校友资源

学校除了加大经费投入、切实提高德育工作者地位之外,还着力拓宽校外资源,并整合高校、家长、社区、校友等资源,组成专家顾问团、生涯导师团,为德育工作把脉问诊,出谋划策,保驾护航。除了举办家长学校,普及家庭教育、心理教育、生涯教育之外,学校选送了多名家长参加"国家三级心理咨询师课程"公益项目,部分家长已顺利结业并积极投入到学校的家庭教育指导队伍中。

3. 多元社会资源

学校不断开发多元社会资源,通过上海大学、江汉大学等高校平台,上海国际艺术节、上海市生涯营会等市级活动平台,以及各级各类社会场馆、企事业单位等社会协同育人平台,共同搭建起多元立体的校外社会德育架构。从学生的社会适应、社会责任感培养和生涯体验等多方面提供实践和体验认知契机,与学校德育工作形成有效的互补,为学校德育工作和学生的全面培养提供支撑力。

三、管理与评价

(一) 建立学校德育保障系统,发挥"规范+特长"的长效机制

1. 加强德育管理组织架构

学校党组织充分发挥政治核心作用,把握正确方向。校长亲自抓德育,推

动学校德育工作落到实处。学校将德育处更名为"学生发展中心",进一步明确了德育工作的核心主体和工作方向。

2. 营造温馨校园,促进师生和谐

学校倡导温馨校园的营造,在校园各项活动中强调"以爱育爱",设计开展"校长眼中不一样的你""爱上学生的 N 种理由""我的爱对你说"等活动,每年的艺术节、体育节都是师生同台,和谐合作,让爱的暖流布满校园的各个角落,处处流淌着共情共荣,互爱互信的美好时光。

学校鼓励全体教师在生活中关爱学生,在学习中指导学生,帮助学生先学做人、再做学问,让学生得到教师的精心指导并体验成功。多年来,我们坚持班主任老师接班全员家访;所有校园活动、校外社会实践,班主任老师全程陪同,与学生共同体验;各种特殊学生与党员教师、德育专职教师、班主任及科任老师一一结对,不留任何失控人员。

(二) 创新评价机制,提升学生的自信力

1. 学生之星,扬己之长

学校不断完善"学生之星"多级评价体系,在日常活动中以活动为载体评价多元学生之星;再以学期为单位提升整体评价效能,结合"四格"育人目标评选综合性学生之星;最后以学年和高中学段为阶梯式评价递增,评选"附中之星",引导学生在各类德育课程中聚焦优势项目,最终服务于成长,用以表彰和鼓励学生的特长和精神。

2. 生涯护照,多元评价

学校还借鉴了过程性评价和档案袋评价的方式,研发并使用《生涯护照》,对学生参与"浸润式"生涯课程进行评价。通过《护照》的颁发实施,如实记录学生践行"浸润式"生涯课程体系的各种经历,积极推进学生自主参与并收获成功的体验,正面评价学生在成长过程中的各类表现,多维展现学生未来的发展方向和竞争力。

我们将这两项校本化的评价方式纳入学生德育评价体系,做好学生成长记录,以循证的方式帮助学生发挥所长、明确发展方向。

特色德育篇

《观"大师" 学做人》大师生涯范式生涯路径实践课程

一、实施背景

党的十九大报告中关于教育的根本任务阐述,以及中共中央《关于培育和践行社会主义核心价值观的意见》、教育部《中小学德育工作指南》等文件中都明确要求尽量利用社会教育资源,形成教育合力;高中学段学生存在的普遍特点,也从源头上要求我们的生涯教育探索一条连接当代学生与社会现实、整合学生个性与成功范式、联结学生当下发展需求与未来适配可能的课程载体与发展道路。

根据学校"平民本色 + 个性生涯"的德育顶层设计背景,在三年学习生活中,需要学生既了解社会发展历史,明确公民责任;同时也需要学生能对自己的生涯发展进行基础性思考,在有范式的生涯人物引导下,初步寻找自己个性化的生涯目标。

《大师》系列影片作为历史文化传承下来的结晶,总结人类思想、引领社会文明的发展方向,也预示着能够超越时代,回应当下以及人类社会中所涉及到的重要问题,大师们的思想成果与成长经验也应当成为当代学生发展成长的养分资源。

二、思路与目标

采用影视资源与学校的德育活动课程相结合的方式,形成"认识—实践—再认识"的深化认知过程,帮助学生从影视资源中探索自身适切的生涯要素培养路径,也在观影过程中将德育价值观的培养渗透内化为自身认识。同时达成以下目标:

1. 了解大师们的生平成就,了解对百年中国产生深远影响的重要人物的个性化发展背景,并将大师们的生平成就与历史背景和当代现实相联系。

2. 学习大师们的精神实质。第一就是开风气之先而影响深远;第二是与中国最大多数人的利益相联系,为最大多数的人谋福祉,为建立和培育民族的根基而殚精竭虑;第三就是为了伟大的目标而奉献一生,矢志不渝。

3. 探索学校生涯教育实施路径。作为学校德育课程项目,我们尝试搭建传承真知的平台,帮助学生寻找"大师"生涯发展的共性要素,同时寻求民族精神的自我认同的发展动力。

三、实施过程

(一) 影片介绍与人物背景了解

通过《大师》系列影片内的大师生平简介,要求学生了解 1—2 位大师生平事迹,包括其取得成就的领域和具体成就。了解大师的生活与学术背景,获得初步的人物认识。在此过程中对人物成就内涵提出问题,包括大师的生涯发展核心内涵要素有哪些,取得的成就为中国的发展带来了哪些正面作用和意义,哪些核心的生涯要素可以对我们自身的生涯发展形成指导性意义,等等。

(二) 影片播放与人物分析

利用不同时间段播放《大师》系列影片,将影片中详细的史实资料与前期收集的资料作对照,完善对人物的立体化理解,丰满人物形象。同时回答前期提出的问题,完成一个完整的从资料收集到验证的自我教育过程。在此基础上,寻找自身生涯培养的核心要素,将两者有机联系。然后可以充分利用影视资源直观、全面、立体以及易吸收、可重复的特点,再次观影后,进行要素思考的再循环,保证认识的准确、全面和阶段深化。

(三) 征文演讲与拓展分享

利用学校文化节日等活动平台,进行"观《大师》 学做人"主题征文演讲比赛,分享观影的认识,使思维的交流成为一种高层次的常态分享,让本项目的活动效益得以扩大和升华。在此基础上,进一步形成部分学生的研究小组,以系列化的方式,依托学科或非学科的研究性学习,将具有同质性的大师资料系统化,形成更具意义的研究性学习课题项目,使基础性和浅表化的学习更深入。

四、特色与亮点

(一) 社会影视资源与学校德育课程相融合

《大师》系列影片以新的教育资源弥补了课堂教学和社会实践教学的真空地带。将这种精品化、主题性和适切性强的影视资源作品作为学校的一项德育课程,既能满足学科外的各项德性价值观教育,也能提升和拓展德育活动课程项目的新形式和新内容。

(二) 民族精神、核心价值观教育与校本生涯特色相融合

《大师》系列影片的社会学和教育学意义,是涌现出来的各领域先贤凝结而成的民族精神结晶。这种融入中华民族基因的精神值得我们学习传承。经过实践证明,这样的影视课程载体,在德育和生涯教育上都很好地达成了德性价值教育的深层次目标。

(三) "大师"生涯路径探索与自我生涯要素培养相结合

《大师》系列影片立足已被历史和中国文化认同的大师群体,通过详尽、准确的史实和人物资料,从不同角度寻找大师人物共同的生涯发展元素,是被证明了的具有借鉴意义的生涯发展路径,从中也能探索提炼出生涯的核心发展要素。这种人物范式的生涯要素学习,能够最直接地帮助学生通过对照的方式达到自我生涯要素培养的目的。

(四) 以影视资源为载体、德育为抓手,推进跨学科教学和学科德育工作

在《大师》系列影片中,大师生平成就内容横跨语数英、政史地、理化生乃至艺体、科技、医学等诸多学科,同时承载大师精神实质和价值内涵,是进行学科德育和跨学科教学极好的教育资源,也是学校德育融合教学的系列化创新实践尝试。

专家点评

该德育顶层设计依据杜威"教育即生活""教育即生长"、教育即为

"经验改造"的理论,结合学校、学生的发展状况,厘清理论与实践的关系,从学校实际出发,将德育工作整体设计为——平民本色＋个性生涯,既关注学生的个体需求,又推动学校德育整体发展。

课堂是德育的主阵地,学校以"指向核心素养的基础德育课程群"和"培育个性化发展的生涯特色课程群"的架构来落实德育内容,课程通过传统节庆、校园文化活动、社会实践等途径开展内容丰富、形式多样的爱国主义、中华传统优秀文化、安全健康、道德法规等教育,培养学生科学精神、健康生活、责任担当、实践创新、人文底蕴、学会学习等素养。全学科、全方位、全贯通地开展生涯教育,引导学生"寻找生命的色彩",充满自信地迎接未来。

该设计强调科研引领,注重队伍建设、整合研究教育资源。通过课题研究,寻找困难学生的个性化教育策略,探索学科德育的实践模式,研究生涯教育的有效性。通过多种途径、运用多种形式来加强队伍建设,全面提升教师教育理念,改进教育方法,提高教育实效。通过整合校内外教育资源,搭建教育平台,形成学校、家庭、社会的教育合力。

在德育管理方面,架构组织体系,落实教育岗位,保障学校德育工作的顺利开展。

（点评专家：上海市杨浦区教育学院　德研员　戴耀红）

传承红色基因　培育责任学生

上海市宝山中学德育顶层设计　文/沈雅琴

⭕ 学校简介

上海市宝山中学诞生于 1920 年,是一所历史悠久、文化底蕴深厚的百年老校,现在是上海市特色普通高中项目学校,宝山区实验性示范性高中。

百年来,学校秉承"勤敏诚朴　和合超卓"的校风和"自强不息　与时俱进"的精神,为国家输送了三万余名优秀人才,其中不乏像儿童文学家陈伯吹、文化战士周志常等知名人士和革命志士。

在百年的办学历程中,学校坚持深化教育改革创新,探索"创造教育"等办学模式,促进学校跨越式发展。近年来,学校聚焦特色校本课程建设,创建"篮球文化素养教育",提升特色学校办学水平和办学质量。

⬛ 理性思考篇

一、责任教育的提出

(一) 社会发展的要求

1. 时代、历史的必然

当前,中国正处在世界经济全球化、政治多极化和文化多元化的宏观环境中,中国社会的深刻转型体现在经济、政治、文化和社会发展的方方面面。当代人的生活方式、生存方式和发展方式产生了巨大的变迁,人的主体性和个性、自由的张扬,既使人不断得到解放,也使人的责任范围不断扩大,责任更重。责任教育变得刻不容缓。

2. 学生责任品质现实状况的要求

由于社会环境的不良影响、家庭影响的负面作用、学校教育的失当,当代高中生责任品质的整体状况表现不佳,长期以来,教育在应试教育这根指挥棒的指导下走入误区,社会对"好学生""好孩子"的衡量标准就是学习成绩好,忽视对学生情感、意志、行为的培养,忽视对学生内心世界的塑造,学生责任品质的现实状况与社会发展的要求有一定的距离。实施责任教育,使学生学会负责,是促进学生全面发展的现实需要。

3. 学生终身发展的要求

《中国学生发展核心素养》研究成果于 2016 年 9 月 13 日在京发布。学生发展核心素养指学生应具备的、能够适应终身发展和社会发展需要的必备品格和关键能力。核心素养以培养"全面发展的人"为核心,综合表现为人文底蕴、科学精神、学会学习、健康生活、责任担当、实践创新六大素养。学校提出责任教育,旨在让每个学生身体力行去提高自己的责任感,与核心素养的观点不谋而合。

（二）学校内在的需求

1. 学校百年发展的必然

（1）具有百年历史的宝山中学有着丰厚的文化底蕴和优良的革命传统

学校诞生于 1920 年,校舍原址是宝山古城内的化成祠,即第一次鸦片战争中坚守职责,扼守吴淞,最终以身殉国的江南提督陈化成的祠堂。陈化成的精神激励着一代又一代的宝中人。在陈化成祠堂遗址上,1927 年就建立了中共宝山师范（宝山中学前身）支部,培养了皖南事变中壮烈牺牲的周志常烈士、儿童文学家陈伯吹、作家陈向平等知名人士;涌现了许多有识之士以教育建国立乡的感人事迹。前辈先贤们的德行建树,已浸润学校方方面面,深入宝中人骨血。历史底蕴滋养心灵,激励着师生珍惜当下、奋发图强,沿袭先辈之功业,身负责任和使命不断前进。

（2）陶行知先生"教学做合一"教育理论为学校德育工作提供思路与方法

学校第一任校长管城与陶行知先生关系密切，把陶行知先生的"教学做合一"发展为"做学教合一"，更突出了"做"的重要性。"教学做合一"理论是陶行知先生"生活教育"思想的重要组成部分，它的实质是"生活教育"的方法论：主张把教与学联络起来，以"做"为中心，学生要"在劳力上劳心"，教师要"以教人者教己"。"教学做合一"理论对教师主导作用的发挥、学生主体地位的确立以及德育践行的促进具有重要意义，而第一任校长管城更是将其发挥到极致。在目前的学校德育工作中，教学做脱节现象依然存在，如学生对德育的重要性认识模糊，学习和实践的积极性不高；重理论轻实践；"满堂灌""一言堂"等现象仍然存在。"教学做合一"理论为学校德育工作提供思路与方法。

2. 责任教育是实现学校办学目标的重要途径

新时期，面对上海高中的错位发展要求，学校抓住特色高中创建的机遇，丰富学校原有篮球特色教育的内涵，提出了"循规蹈矩、海阔天空"的办学理念、"聚优秀团队、育全面人才、办优质教育、创特色品牌"的办学目标和"有理想责任、善学习探究、强身心体魄、懂艺术审美、能创新实践"的育人目标。

"循规蹈矩"的核心内涵是遵守规矩，遵从规则，遵循规律，是外化的行动准则。"海阔天空"的核心内涵是勤于思想，勇于探求，善于创造，是内在的精神追求。在行为上循规蹈矩，在思维上海阔天空，学校的责任教育就是要为学生"循规蹈矩、海阔天空"搭建平台，最终使学生成为一个对自己、他人、集体、社会、国家负责的的济世英才，实现教育的真正价值。

二、责任教育概述

所谓责任，是指份内应做的事，是个人或群体组织根据自身社会角色属性所应承担的职责、任务。人类社会中的每一个人都肩负着或多或少、或大或小的责任，它伴随着人类社会的出现而出现，有社会就有责任，责任是身处社会的个体成员必须遵守的规则和条文，带有强制性。

而责任教育则是指通过一定的教育内容、途径和方法，培养责任主体的责任素质，以使其对承担的职责、任务加以确认、承诺并履行的教育。责任是思想教育、政治教育、道德教育、法纪教育和心理教育共有的基础性品德；责任是道德的核心,责任心是道德发展的基础,是人格健全的标志,因而责任品质的培养应作为学校德育的核心目标来看待和实施。

 **德育工作篇**

一、责任教育目标与内容

(一) 目标

建校百年来,学校的办学理念不断更新、深化,近年来,学校根据历史传统,适应时代进步和学校发展的需要,落实立德树人根本任务,把"培养负责任的人"作为德育目标。

(二) 内容

1. 内容诠释

(1) 责任情怀与意识

做一个友好和值得信赖的人。从小懂得对自己、他人、集体、社会和国家承担义务和责任;对身边的事物要友好,知道感恩与回报;懂得用公德和纪律约束自己,有正确的是非观;主动担当,与人合作。

(2) 责任能力与规格

做一个能干和干得漂亮的人。要把责任情怀与意识转化为现实,要学好知识、掌握技能、树立美德、情趣高雅;在人生的任何阶段,都能做最好的自己,不断地充实和提高自己;知道自己的优点和不足,明确努力方向。

(3) 责任策略与方法

做一个聪明和善于选择的人。在负责任的过程中,不仅肯干,还会巧干;在学会的过程中逐步做到会学,用各种方法锻炼、提升自己的能力;善于反思、勤于反思,在多种方案和资源中择优选择;培养科学精神,大胆探索,不断总结。

(4) 责任实践与视野

做一个务实和见多识广的人。不断将自己的知识、能力、想法等放在实践中进行检验,有意识地磨砺自己;热爱劳动,在动手过程中获得基本经验,学习书本上学不到的东西;积累古今中外人文领域的知识成果,开阔视野,增强底蕴。

(5) 责任规划与意志

做一个自信和理想坚定的人。从小学会规划自己,从一天、一周、一月到一学期、一年再到未来;把对自己负责和对他人、集体、社会、国家负责统一起来,目标明确、脚踏实地;在成长过程中正确地评价自己,在执行规划中让自己越来越强大。

2. 分层实施

学校充分考虑高中学段各年级学生的特点和要求,按照"纵向递进、横向连通"的原则,从"对自己负责;对他人负责;对集体负责;对社会负责;对国家负责"5个方面分层实施"责任教育",架构各年级"责任"教育的不同内容,如表22-1所示。

表 22-1 上海市宝山中学责任教育分层实施

年级	侧重点	主 要 内 容
高一年级	"对自己负责"	包括对自己的生命、学习、意志品质负责和未来负责,重点开展生命教育、养成教育和生涯教育之唤醒教育、心理调适教育。
高二年级	"对他人、集体负责"	包括在校园生活中对同学和在家中对家人负责。校园生活中对他人负责主要教育学生对同学、集体负责,重点开展同伴教育和团队教育。在家中对家人负责主要教育学生对父母负责,重点开展感恩教育。
高三年级	"对社会、国家负责"	包括维护国家荣誉和利益、遵守公德和法律、树立生态意识和学会对未来进行选择,重点开展公民教育、生态教育和生涯教育之决策教育。

二、责任教育的途径与方法

(一) 加强队伍管理

1. 加强教师队伍建设

(1) 班主任队伍

班主任是德育工作的骨干力量,为了提高班主任素质,学校切实搞好校本培训,夯实内功。开展班主任论文(案例)评比、德育论坛、班主任工作经验交流会等活动,创新活动内容和形式,不断提高班主任的政治素质、业务素质、科研能力和工作水平。

学校还努力培育班主任名师。送班主任外出培训学习,如参加上海市班主任工作室学习;推荐班主任申报区班主任工作室;重点培养优秀青年班主任,为他们提供发挥才能、展现魅力的机会。

（2）学科教师

学校德育实效的提升离不开教学和课堂。学校做好学科德育的校本培训,提供平台和载体,用科研引领学科德育在学校的推进,以提升教师的育德能力,提高学科德育的效果。

2. 开展青年马克思主义培养工程

"青马工程"是学校党组织领导下,以优秀青年学子为主体,开展思想政治理论学习和实践锻炼相结合的优秀学生培养工程。学校实行导师制,结合校史校情,成立了陈化成研究社和青马学习班,组织学生学习党的基本理论和基本知识,开展理想信念教育和爱国主义教育,打造"青马工程实践教育系列活动"项目品牌,激励宝中学子,努力打造一支爱国、爱乡、爱校,责任扛在肩上的优秀干部队伍。

（二）构建责任教育课程体系

学校德育主要依托专门的德育课如班会课、学科课程渗透和活动实践类课程进行。加强责任教育,就要构建学校德育课程体系,突出责任在学校德育课程中的核心地位,通过课程体系的建设来落实培养学生责任品质的目标和要求。

1. 完善班会课、学科课程渗透的主渠道作用

（1）推进班会课主题化、校本化、序列化研究

德育处立足学校"责任"目标,进一步优化班会课程,设计出有学校特色的、有序列的高中各年级班会课主题。把学校班会课设置成一门成体系的具有学校特色的教育课程,是德育工作新渠道的拓展。

（2）挖掘各门学科教学本身所蕴含的教育因素

各科教学中都蕴涵着丰富的德育资源,可根据教材内容和学生思想实际,确定责任教育的目标、内容。各学科教师充分发挥课堂教学主渠道的作用,恰当选用教法,将教材中或内隐或显露的责任教育因素讲清讲透,达到思想性和科学性的有机统一。

2. 推进以活动实践为主的德育课程的开发和实施

除了课堂上的教育,学生还体验着活动、实践类德育课程。

(1) 篮球特色校本课程

篮球运动与篮球教育一直伴随着宝山中学的发展而发展。篮球运动具有健身性、启智性、益德性等特征,是提高学生综合素质的重要载体。学校充分利用篮球之"圆"与球场之"方",丰富育人视角、挖掘育人素材、开拓育人空间,以"加强规则教育、培养合作意识、激发拼搏进取精神、孕育突破创新能力"为目标,开发篮球文化素养教育课程,提升学生的责任品质。

(2) 成长系列仪式教育活动

学校根据各年级学生的年龄特点,充分整合学校、家庭和社会资源优势,策划、设计出成长系列仪式教育活动,使学生在成长的每一个坐标点上都有明确的努力方向和前进动力,明确自己的责任,全面、健康成长。

(3) 生涯教育课程

高中阶段是人生重要的成长阶段,开展生涯教育对于学生未来发展及成功而言,具有特别重要的意义。学校的生涯教育注重学生的主体地位,从学生的个性特点、兴趣特长和潜能出发,引领学生树立远大志向。针对学业、职业、生活三方面进行全面指导,根据阶段侧重点,组织开展各类生涯活动,指导学生走上科学系统、持续发展的成长道路。

(三) 构建"责任"特色校园环境

校园环境有着强大的凝聚力和明确的指向性,要使校园的一草一木都发挥育人作用,无声地浸润人的情致,濡染人的品格。我校是一所凝聚着历史沉香的百年老校,校舍原址为宝山百姓为纪念抗英名将、民族英雄陈化成而建造的祠堂,陈化成塑像落成其间;校园中至今保留古城墙基础;学校的各幢建筑与建造于1947年的延德堂交相辉映,以"德"命名,有同德楼、盛德楼、崇德楼等;百年古樟树、纪钟亭……校园中的历史古迹都诉说着责任的故事。微信公众号、校园网、广播台、校刊校报、电子屏幕、画廊、灯箱、标牌、班级环境等宣传阵地也充分发挥育人作用,处处彰显"责任"二字。

(四) 三位一体同育人

教育只有在学校和家庭、社会携手并肩形成合力的情况下方能事半功倍。

学校积极挖掘家庭、社会资源,全方位保障教育工作的有序推进。

家庭是立德树人的重要阵地。为此,要充分发挥家庭和家长在教育中的示范引导作用,如学校要求每位家长科学参与孩子未来职业选择,并吸纳部分家长担任学校生涯导师,帮助学生了解职业世界。

学校充分利用淞沪抗战纪念馆等志愿者服务基地,以及上海交通大学等资源,组织开展各类活动,为学生实践搭建平台。学校也积极谋求与校外机构的合作,结合高中生职业体验、研学、志愿服务等渠道,让学生走向广阔的社会,增强体验感。

三、责任教育的管理与保障

(一) 完善学校德育管理体系

学校德育工作必须坚持教职工全员参与的原则,以党支部书记、校长、德育处主任、团委书记、年级组长、班主任等为学校德育管理工作的核心和骨干力量,充分发挥学校各部门和全体教职工的育人作用。学校完善了德育管理体系,如图 22-1 所示。

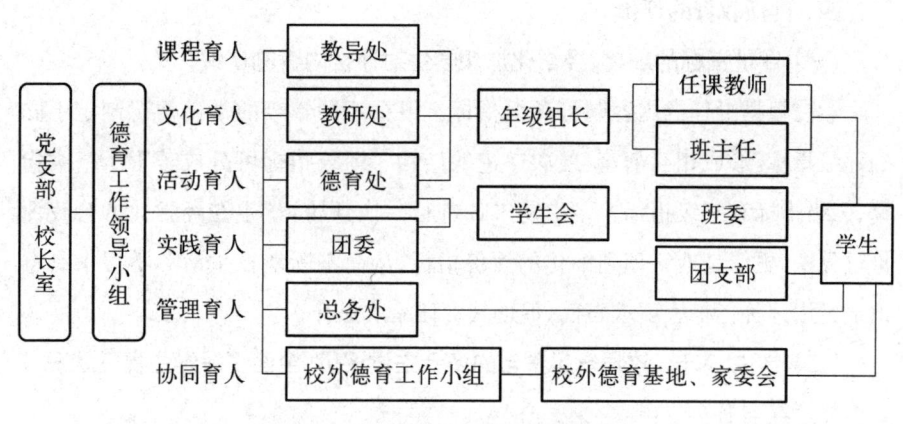

图 22-1 宝山中学德育管理体系图

(二) 责任制度护航

1. 全体教职工责任制度

学校在校园日常管理制度方面推行责任管理,落实责任制度,做到人人有责、个个负责、处处担责、事事尽责。以年级组、教研组为单位,打造责任团队,引导师生增强责任品质培养的主动性和自觉性，让责任理念无处不在。制度护航使"责任教育"成为师生的共同价值观和自觉行为，形成"责任共担、责无旁贷"的良好风气。

2. 实行各级工作例会制度

（1）德育工作领导小组例会制度

学校德育工作领导小组由德育副校长任组长，由德育处、团委、年级组长任组员，每月召开一次会议，商讨德育工作，并对学生实施全方位、全过程、全员的德育管理。

（2）德育处、团委、年级组长例会制度

德育处、团委、年级组长对全校德育工作进行统一安排和管理，全体成员于每周一召开例会，汇报总结上周工作，计论安排本周工作。

（3）班主任例会

班主任是学校德育工作的基础队伍，班主任会议每两周举行一次。根据德育处、团委、年级组长例会内容，布置任务或研究解决德育工作中的具体问题。

四、责任教育的评价

（一）评价指标的细化、经常化加深学生对评价内容的认识

学校根据责任的内容制订评级指标。根据不同年级的学生情况制定不同的评级指标，形成相互衔接、层次递进的结构。评级指标可分成若干个一级指标、二级指标和三级指标。期中期末各进行一次评价，学生在经常化的自我评价过程中，更清楚地认识到细化的评价指标，从而不断地在生活和学习中有意识地运用评价指标去要求自己，促进其责任品质提升。

（二）学生、家长、教师一起参与的多元主体评价，全面了解学生责任状况

1. 学生自评

自评将评价的权利还给学生，学生根据评价指标，对自己的责任品质进行文字描述。通过自评可以促进学生自我反思，不断激发潜能，优化自我，在学习、生活中，变他律为自律，加强自我管理，最终达到提高自我的目的。

2. 家长评价

学生在学校和家庭两个环境中的表现往往会不一致，在家庭生活中，学生

更放松,更容易表现出自己某种一贯的、综合的品德行为方式,而这些方式也只有家长更清楚,因此,家长更容易对学生进行真实的评价。

3. 教师评价

教师在学生德育评价中,是良师,也是益友。评价的最终目的是帮助评价对象及时弥补自己的不足,调整自己的思想行为,改正缺点,完善自己,因此,班主任老师综合学生的自评、家长的评价,对学生的责任品质进行全面评价,着重提出对学生今后发展的希望,从而使学生清楚地认识到自身的发展方向,并为之而努力。

 特色德育篇

方圆之间　成长之道
——上海市宝山中学篮球文化素养教育课程

一、从篮球运动到篮球素养文化教育

篮球运动在宝山中学有着悠久的历史,篮球运动与篮球教育一直伴随着学校的发展而发展。1980—2000 年为从篮球运动项目到篮球特色项目阶段。2001—2011 年为从篮球特色项目到篮球文化教育阶段。从 2012 年起,学校以"加强规则教育、培养合作意识、激发拼搏进取精神、孕育突破创新能力"为目标,把"篮球文化教育"发展为"篮球文化素养教育",朝着特色办学的方向发展。2016 年入选第二批市特色普通高中项目学校。

二、对篮球文化素养教育的思考

(一) 优化特色育人顶层设计

学校梳理篮球教育基础,厘清篮球文化素养的内涵,开发课程门类,形成学校特色育人课程体系,建立教师、资源和管理相互匹配的实施体系和保障体系。

(二) 深入挖掘篮球文化的育人功能

篮球文化素养指个体关于篮球的态度认知、知识储备、价值理解和运动技能。学校以"方圆之间,成长之道"为篮球文化素养教育策略,开发和培养学生篮球文化素养潜能,从认识、欣赏、参与、运动、益智、陶冶品行等角度促进学生健康快乐成长。

篮球与身心:"方"喻指"篮球场","圆"喻指"篮球",让每一个学生在这对"方圆"之间享受运动、收获健康、体验快乐;

篮球与做人:"方"喻指"规则","圆"喻指"融通",篮球在合乎规则下才能自由运动,人只有在遵守和利用规则时才能纵横驰骋、自由行动;

篮球与做事:"方"喻指"方向目标","圆"喻指"结果达成",篮球只有沿着正确的方向轨道才能顺利进入篮筐,做事只有树立科学合理的目标、选准道路才有望收获圆满结果。

三、课程开发

学校开发篮球文化素养教育专门课程、渗透性课程、活动课程等课程门类,形成涵盖基础型、拓展型和研究型课程的学校特色育人课程体系。

基础型课程。在高一、高二开设,在体育活动课中增加一节篮球专门课,让学生了解篮球的简要发展历史和运动规则,掌握基本的篮球技术及比赛要领,能够初步学会打篮球,并懂得如何欣赏篮球比赛。

拓展型课程(一)。丰富校园篮球文化节,举办学校篮球嘉年华,内容包括篮球专题讲座、表演比赛、篮球征文、篮球摄影、篮球动漫、篮球板报等,限定每个学生必须参加一项。举办校园篮球联赛,每个班级派出男女代表队参加比赛。基本上做到周周有比赛或活动,让全体学生享受篮球运动所带来的健康和快乐。

拓展型课程(二)。充分挖掘学科课程中与篮球运动有关的学习内容,在语文、数学、外语、物理、历史、音乐、体育和美术等课程中,开发有关的短课程。

研究型课程(一)。选拔有兴趣特长的学生进入到学校篮球队(俱乐部),进行专门的训练,并代表学校参加区、市中学生的篮球比赛。在寒暑假举办夏令营和冬令营,邀请国内外篮球专家指导训练。

研究型课程(二)。以篮球文化素养教育为核心,由篮球运动拓展到篮球技战术的研究、篮球文化的研究和篮球文化素养教育的研究,以学生社团研究课题的形式进行。

四、实施策略

(一) 课堂教学和课外活动相衔接

依据课程计划开启计划内科目,保证课程时间,提升课堂教学效果;强化课外练习和科学锻炼指导,成立篮球运动相关的各式各样的社团,指导开展多样化的社团活动;调动家庭、社区和社会组织的积极性,形成学校、家庭和社会无缝衔接的篮球运动网络。

(二) 全面推进和分类指导相结合

强化学校责任,统一基本标准,合理设置篮球相关课程,做好学科渗透,加强整体培育。因班因年级制宜,积极稳妥推进,鼓励依据班级学生特长和兴趣,积极探索创新,不断拓宽学校篮球项目载体、丰富篮球文化内涵、挖掘篮球与育人的结合点,为促进每一个学生健康快乐成长奠基。

宝山中学与篮球的关系愈来愈紧密,学校把篮球运动作为育人的载体,把篮球文化素养作为教育的抓手,促进学生的成长、成人、成才。篮球已经成为学校的品牌与名片,篮球文化素养教育正在助推学校成为特色普通高级中学。

专家点评

教育作为"系统工程"这一内涵已经越来越成为大家的共识,但是在学校教育中,特别是在学校德育工作中真正能落实的却不多,育德育分两张皮的现象比比皆是。然而,本文却从基层学校工作的一个视角让我们看到一所学校领导和教师在开展学校德育中的智慧和热情。

　　本文从学校为什么要实施责任教育入手，系统地论述了学校德育工作的特点和优势，厘清开展责任教育的缘由和机遇，着重强调通过德育顶层设计，比较好地聚焦学生发展需求、传承学校文化、凝聚全校合力，构建一个全面贯彻党的教育方针，努力培育与践行社会主义核心价值观的学校德育格局，把立德树人工作落实到学生发展的全过程。

　　文章反映了该校精心构架学校责任教育，把责任教育与学生发展各个维度紧密相连，按照教育规律与当代学生成长规律，分年级分层次确立教育目标和任务，通过架设良好的教育途径与平台，优化学校德育机制，关注教师引领、家长参与，形成学生自主参与、积极向上的育人氛围，取得显著成效。学校重视评价在责任教育中的积极作用，努力创设学生、家长、教师共同参与的评价制度，创设多样化的评价渠道，让学生在学习与评价中感受责任、在实践中践行责任、在评价中充盈责任，真正使责任教育成为学生成长的助推剂。

　　学校在创设责任教育过程中重视运用陶行知先生的生活教育思想，重视在教育中落实"做学教合一"的理念，逐步改变目前教育中教与学脱节、重教学少实践的现象，让责任教育回归生活，使之真正成为学生发展成长的载体。

　　学校以"加强规则教育、培养合作意识、激发拼搏进取精神、孕育突破创新能力"为目标，把"篮球文化教育"发展为"篮球文化素养教育"，创设学校特色，并在这一过程中深挖篮球文化的育人功能，使之成为学校德育的重要抓手和特色亮点，具有独特的育人价值。

（点评专家：上海市宝山区教育学院德研室主任　张　雯）

学友课堂体系建构

上海市市北中学德育顶层设计　文/舒　适

⭕ 学校简介

上海市市北中学创办于 1915 年,1954 年被首批确定为上海市重点中学,2005 年被首批命名为上海市实验性示范性高中以来,坚持弘扬学校百年办学传统,在"创造人文生态的高中生活"办学理念引领下,注重学校文化建设,凸显有利于师生共同发展的人文传统主线,为学生提供合适的成长环境,提升学校教育质量。

学校坚持开展"学友文化"理论研究和实践探索,形成《市北中学学友论》《培育学友文化　锻造专业团队》等研究成果,为"学友文化"建设奠定了基础;创办"35 岁学友团",着力转变教师教育观念,提升师德修养和专业水平,成为促进中青年教师发展的学习型组织。"学友文化"优化了教师之间、学生之间、师生之间的关系,成为学校发展的重要保障。

学校重视教学管理制度建设,持续开展"深入班级、体验班风——公开课教学循环研究活动",干部、教师全员参与,常态化推进,把课堂观察和评价的重心放在对学生学习的充分研究和班级良好学风的建设上,形成了学习交流、反思改进、共同提高的教研文化,成为"学友文化"背景下的教师文化生活方式,促进了教师专业发展。

学校努力为学生全面而有个性的发展创设条件,尊重学生、为学生健康成长提供优质服务成为教师的自觉行为;社团活动在发展学生个性特长、提升自主学习能力方面发挥了作用,深受学生欢迎。

▣ 理性思考篇

一、德育现状思考

(一) 高中阶段的德育分析

教育现实表明不少学生的美好内心向往有待进一步强化,尽管教师反复强调学习方法和思维创新,但是不少学生以为找方法就是找捷径,崇拜创新之乐,怕吃创新之苦;课程门类虽然丰富多彩,但是不少学生并没有从内心里认识到这些课程确实是其人生需要;课程建构越来越逻辑化,但是不少学生没有建立今天的学习与明天的人生的内在逻辑。在教育教学活动中的角角落落里,时常窥见师师之间、师生之间、生生之间,隔膜似乎没有淡化,生疏似乎没有淡化,冷漠似乎没有淡化。本校学生生源相对来说学习习惯和能力是优良的,因此,他们对社会同一性认知比较早,敏锐度也比较高,也正因如此,社会普遍存在的负面因素对他们心理破坏力往往也更强。总之,真实的成功的人生究竟是怎样的? 这是许多优秀学生内心的追问。但教育的外在改革与师生内心的开放缺少融合。

教育的目的原本是美化心灵、解放心灵,但现在教育内容与手段的任务化反而抑制了心灵的自由成长。总体看来,高中生由学业压力带来的心理健康问题尤为突出,而且随年级增长呈现递增趋势。本校目前心理课程需加强与提升。另外,目前学生参与志愿者服务的平台数量偏少、质量偏低。生涯教育主要是大学教授来开设生涯指导讲座,或开展以生涯规划为主题的班会活动,尚未形成系统课程体系和普及生涯导师制。因此,德育活动设计需细化、德育体验平台需增加、德育课程需创建、德育成效需增强。

(二) 德育顶层设计的目标

黄向阳在《德育原理》一书中提出学校德育若干发展趋势:(1) 学校德育

的重心从道德知识系统授受和良好行为习惯的训练,转向培养适应当代价值多元特点的道德判断力、道德敏感性、道德行动能力。(2)从重视直接的道德教育转向强调间接的道德教育,只有在其他课程或学科教育中渗透道德影响,学校德育才有前途。(3)从封闭的学科性教材转向开放的情境性教材,为吸纳教育过程当事人(教师和学生)的个人经验和体会留有余地。(4)从以教师的教导、说服、劝诫为主转向以学生的小组讨论、角色扮演、创作、社会调查、社会实践为主,从方法上保证学生主动参与学校德育。因此,学校的德育应注重高中阶段学生生涯规划、道德思辨、道德行为等方面教育的顶层设计和落实。

二、市北中学"学友课堂"界定

近年来,市北中学教育教学活动重视学生群体之间的积极的伙伴关系的建立,设置同伴群体作为观察者和评价者的身份参与教学全过程,实现群体中的个体成长以及自我成长中的群体发展,尤其培育市北中学学友文化。所谓"学友文化",我们将其定义为以促进不同主体的学习、发展与进步为目标,以人格平等、相互尊重为前提,以情感双向认同和愿景共同驱动为核心,浸润于学校一切人际交互中的教育文化形态。

陈军校长在《学友论》一文中谈到:"我以为'学友关系'至少有这样三个工作点:一是合作关系;二是对话关系;三是比照关系。"教育不仅要促进学生的认知发展,更重要的还要引领学生心理成长;教师要运用多种资源来为学生的发展提供最为恰当的服务。中国梦的实现需要有理想的创新型人才,学校有责任为把学生培养成有理想,对国家、社会、人民有用的人才而竭尽努力,积极利用学友资源教育引导学生。综上,积极创设对话机制,构建德育校本课程是新时代教育对我们提出的要求,因此市北中学"学友课堂"应运而生。学友,指学生的同伴之友关系;可拓宽为学生个体以外的人,譬如说已毕业的校友、学校的教师、学生的家长、专家学者和自己等。学友课堂,指在市北中学学友文化的引领下,以学友和在校学生为主要参与者,以课堂为课程实施主要平台,以立志教育为核心内容,以对话、思辨、体验为主要学习模式的一门综合活动课程。学友课堂的实施地点不局限于教室,可以拓展到多种教育时空。

三、市北中学"学友课堂"开设过程

在 2013 学年第二学期,在当时的高一(9)(10)班进行试点,开设《学友课堂》。每周一次,先后邀请数位学生家长和已毕业校友讲课。同时请来著名专家、学者以及校友为全年级开设学友课堂讲座。如在 2013 年 11 月 19 日下午,我校 75 届校友、著名探险勇士王龙祥为学生带来了精彩的讲座,与学生分享他的"重走长征路""重走抗美援朝路"等人生经历与体验。2014 学年第一学期,《学友课堂》纳入课程体系,面向高一年级全面推开。每个班级请来一位学生家长,为本班学生讲课。听课的人还有班主任和学校教师。在上完课之后,请班主任代表学校向家长颁发了"市北中学学友课堂讲学证书"。通过《学友课堂》的学习,学生有很多的感悟与收获。为此学校面向学生开展了征文活动。以下是学生和家长的评价。

(一)学友课堂交流对话平台使眼界变宽

每星期的学友课堂都使我受益匪浅。它教会了我要拥有更高的眼界。

眼界——一名优秀的高中毕业生需要拥有的条件。

把眼界放宽,我看到了未来——我的未来,世界的未来。

——2015 届高一 9 班　李沁园

(二)学友课堂为人生发展规划提供参考

学友课堂能够帮助我们树立理想,认识未来。这或许就是学友课堂的意义所在:一位位前人的点拨,让我们尽早地认识自己、认识社会、认识我们所希望及所热爱的那个世界。

——2015 届高一 9 班　周桐

(三)学友课堂引导学生树立理想、追逐梦想

学友之光,定以其智慧的光芒照亮我们未来的人生道路,指引我们正确的人生方向,给予我们坚定的人生信念,激励我们尽快成长、早日成才! 让学友之光,照耀我们,飞向梦想!

——2016 届高一 8 班　周琳

让学生认识什么是社会、了解社会;让学生体会到什么是艰苦的历程,知道

承担压力；让学生体会到人生不是一帆风顺，懂得如何让自己心理变得更加强大；讲述父母平日是如何对学生付出，让他们深刻体悟母慈子孝，懂得好好学习，报答父母，回报社会……

——高一1班王俊凡家长

四、市北中学"学友课堂"的德育内涵

(一) 创设对话机制，学生思想交流，和而不同

平日的学习讨论对学生的心理成长与认知发展影响极大，据此，我们将文化知识讨论推广到人生志向确立、人生发展规划等层面进行对话交流，以达到全方位育人。学友课堂可以加强合作、增进心理认知、扭紧情感内核。

(二) 为学生树立远大理想埋下"种子"

高中阶段，正是学生立志的好时期。多数人在考进大学后，缺乏研究和进取精神，最后步入工作岗位业绩平平。如果在他们青少年时期，外界能对他们加强志向方面的引导，就可能使学生将来为社会进步作出更大的贡献。"学友课堂"融入志向教育与兴趣探讨等内容，在学生心里埋下理想的"种子"。

(三) 为学生生涯规划提供方案参考

现实中大多数学生的学习都只为追求分数，在高考前选择志愿时，大多学生也都选择社会上热门的专业。很多学生在进入大学后，成绩平平，缺乏研究能力，后续发展不如人意。在新高考新课改背景下，"学友课堂"引导学生回归兴趣，结合自己所长去选择将来学习发展的方向，也会为学生的人生发展规划出谋划策。

但"学友课堂"还要在以下方面作出设计与实践的努力：

1. 充分发掘"学友课堂"的德育内涵；

2. 结合学校年级发展目标，分类对学生进行学科知识、专业发展、人生规划以及立志的教育；

3. 拓展"学友课堂"的形式、内涵和时空。

德育工作篇

···

市北中学学友文化引领下的"学友课堂"体系建构

一、工作目标与内容

(一) 学校育人目标及内容

高中生正处于"人生的第二次诞生"关键期,这个"关键期"的做人教养与品德形成的关键重在增强博大、友善、宽容、求真的社会意识。从哲学层面上来讲,它的内涵是:与天地为友:在天地自然运行中受到启发,增长精神;与社会为友;向社会学习,担当社会责任;与自我为友:注重自我教育,自己做自己的导师,勤于自省,敢于自讼,不断自我更新。从教育学层面上讲:它的内涵是师生平等,互为学友;追求真理,知识尺度;诚直友善,博大宽容。因此,提倡并践行"三友"成为学校德育工作目标,具体内容分解如下:

1. 提倡"友直",即友正直之人,做诤友

我们强调"诤友",关键就是"诤",直言规谏。诤友是指能够直言规劝的朋友,勇于当面指出缺点错误,敢于为"头脑发热"的朋友"泼冷水"的人,直言相告,坦诚相见。具体包括班规班训,家校互访,师生谈心,先进示范,自管自律。

2. 提倡"友谅",即友诚信之人,做信友

倡导诚信就是要诚实、诚恳、守信、有信,反对隐瞒欺诈、反对伪劣假冒、反对弄虚作假。具体包括学校正面强化的工作,如考风考纪,板报橱窗,主题班会,失物招领,心路引导。

3. 提倡"友多闻",即友见闻广博的人,做智友

多闻,指学问广博,见识丰富渊博;友多闻,指与见多识广的人交朋友。结交一个智友无疑是让我们登上巨人的肩膀,扩大自身视野,增益自身见闻,增加己长的一个最佳途径。"友多闻"具体包括校友对话,社会访学,前沿学术,社团平台,劳育美育。

（二）分年级目标及教育重点内容

表 23-1　年级分层教育目标及主要内容

年级	目标要素	教育内涵	主　要　内　容
高一	规范教育	适应高中生活，行为规范养成	做好初高中衔接，引导学生适应高中生活，养成良好的行为习惯；思想上树立远大志向，培养志趣；全面认识自我，进行生涯规划等。
高二	养成教育	努力学习体验，注重身心健康	开展德育活动，保障学生心理健康；引导学生适应走班上课，加强自我管理；开拓视野，导师引领发展。
高三	成才教育	追寻自我理想，发展知识能力	注重家校合作，合理引导学生学业发展；教师情感关心，营造相互学习、情感共建的学习共同体；引导学生学习与志趣相结合，生成成长动力源泉。

（三）德育课程设计操作原则

全面性原则：德育课程设计注重学生的德智体美劳全面发展，培养对社会有益的人。

适切性原则：德育课程设计与学生的心理状态、个人成长阶段紧密结合。

可操作原则：德育课程设计注重与学校文化、年级发展目标结合，及时发掘可操作、新颖的典型个案，并加以推广。

二、德育途径与方法

为了实现学校德育工作目标，构建以学友思想为基点，以对话、思辨、体验为主要学习形式，构建点、线、面的"学友课堂"德育活动（课程）体系。

（一）丰富德育课程形式与内容，打造"亮点"德育课程

表 23-2　学校德育课程

课　程　名　称	主　要　形　式	教　育　目　的
每天一节的"学友课程"	市北晨会	落实全员导师制
每月一次的"学友课堂"活动	家长、学友讲人生经历，讲个人追求	激励、立志

续 表

课 程 名 称	主 要 形 式	教 育 目 的
高一年级平台搭建	"班班有歌声"等	团结协作精神培育
高二年级平台搭建	"班班有舞蹈"等	团结协作精神培育
学生社团	学生自愿组团、自我申报占90%	学生个性发展
生涯教育课程	实践体验活动	促进学生生涯规划意识和能力的培育与发展
心理健康教育课程	专家上课	心理问题解疑释惑

(二) 结合学生年级发展目标,构建"准线"德育课程

学校促进学生在每个年级达成年级发展目标,即高一年级"认识自我,扬帆起航",高二年级"发展自我,勇攀高峰"以及高三年级"超越自我,成才成功"。准确贴近学生年级发展目标,设计相关德育课程。

1. 高一德育工作

工作目标:引导学生适应高中生活,认识自我,扬帆起航。

具体实施:

表 23-3 高一德育课程

课程名称	主 要 形 式	教 育 目 的
推荐阅读活动	市北中学区学科带头人等推荐书目给新生,学生阅读书籍并写读书感。	提升知识、人生境界,同时了解市北中学文化。
"我与父母话成长"主题班会	家长从对孩子过去成长进行观察,对升入高中的学习生活与孩子对话。	帮助学生适应高中生活,认识自我。
"我与教师话成长"主题班会	班主任和各学科教师一起围绕高中生活进行设计,与学生对话。	帮助学生适应高中生活,认识自我。
"我与学长话成长"主题班会	学长分享高中生活中的关键点、精彩点,为学生适应高中生活引航。	帮助学生适应高中生活,认识自我。
"立志"主题课程	以"成功"为主题的辩论会。	学生收获了理想信念,分享彼此成长感悟,获得人生进步正能量。

课程名称	主　要　形　式	教　育　目　的
学科特色课程	人文与科学素养讲座、学科特长课程。	发展学科个性特长。
选科指导讲座	大学相关专业讲座、生涯指导讲座、选科指导、专业机构指导。	让学生对高中六选三科目有比较全面清晰的认识,为后面选科提供依据。
"四个一"劳动教育	强化"每天为家里做一件事",开设"劳动美——每天为家里做一件事"主题班会。	贯彻党的教育方针和政策,五育并举,提升劳动能力。

2. 高二德育工作

工作目标:鼓励学生体验高中生活,发展自我,勇攀高峰。

具体实施:

表 23-4　高二德育课程

课程名称	主　要　形　式	教　育　目　的
我与专家话成长	在与专家的对话中,发现自己的志趣所在和精神动力。班主任把典型案例加以集中,请专家进行分析。	发展学生的情感理性,增长自己勇攀高峰的精神动力。
畅谈梦想	结合学生六选三学科和整个高中的学习进程,梳理学业规划,畅谈自己的梦想。	请生涯规划师、班主任教师一起探讨,反思六选三选课后学习阶段的不足之处,完善相关做法。
导师课程	一般是学生的六选三学科,也可以运用多种活动形式,培养学生的综合素质,指导学生生涯规划。	导师是学生的指导者和引领者,指导学生在社会实践、研究性学习、学生会活动中全面发展。
走班管理	将走班管理纳入个人成长综合评价手册。突出为走班教室打扫卫生、关门关窗,强化落实"四个一"传统德育项目。	活动中进行德育。
研学之旅	开展系列研学之旅,以天地为友,读万卷书,行万里路。	在研学中发展自我,增强能力。
道德理性推理	用儒家等学说来引导学生进行道德推理,从而进行道德教育。	教导学生通过思考,有创意地运用这些信念和价值观解决真实发生的问题,提升学生的道德推理能力。

3. 高三德育工作

工作目标：协助学生完善高中生活，超越自我，成才成功。

具体实施：

表 23-5　高三德育课程

课程名称	主要形式	教育目的
"和上届学友对话未来"	由上届校友分享高三这一年的关键事件和时间节点的心态，学习方法和策略。	使学生高三发展最优化。
"和班级学生话心情"	面对高三的学习压力，同学间分享怎样处理好梦想与现实之间的问题。	引导学生的内心达到平静、稳定的状态。
"和心理专家话志向"	专家引导在较大的心理压力之下，做到科学判断、理性认知，不出现无谓的情绪化问题。	使学生更为理性地度过高三生活。
早间学友课堂	学生上台来与大家探讨学科问题或高三遇到的困难或困惑。	生生交流。
大学面试模拟课程	大学教授面试交流。	增强学生思辩、回答问题能力。
薄弱学科学生"手拉手"课程	学科教师个性化学习指导。	增强学生学科学习信心。

（三）搭建活动体验平台，建构"全面"学校德育课程

注重校本德育活动的开展，适应学生个体需求；增加更多的课外活动和体育、艺术课程，锻炼学生的意志品质，培养学生的艺术素养；让每个学生都有技能；学生还通过参与志愿服务、社会实践、党团活动拓展型和研究型课程修习、研究性学习专题报告、发表论文、获得专利、参与文艺、体育活动等多个方面展示自己，力求成长为有着独特个性的全方位成长的人。主要有以下活动：

1. 全校讲话：每周晨会上的国旗下讲话，由学生确立主题自行主讲。

2. 自主创课：利用学友课堂，开展科技探索活动，面向师生作微型学术

报告。

3. 班会策划：各班学生根据学校提出的要求自行设计并主持主题班会。

4. 专题研究：在社团活动或班级教学中，学生对重要问题作进一步探索，理出课题专项，形成长期作业，出版书籍。

5. 学校管理：学生参与学校管理，用对话的方式分析学校工作，提出要求和建议，培养理性的批判思维，促使学生不断增强学校主人意识。

6. 艺术汇演：每学年上半年五月歌会，下半年十月歌会。每个班级每个学生登台合唱。面向全市举办合唱音乐会。

7. 杂志创编：鼓励学生团队在教师指导下主编新闻类报刊《溯光》、文学类词刊《短长亭》、数学学报《简单》、物理论文集《悟理》。

8. 模拟实践：学生的团代会和学代会，模拟国家"两会"，锻炼学生议事能力，培养参政意识；"JA学生公司"模拟经营活动，锻炼推介能力，培养学生社会责任感。

9. 读书会讲：青年教师引导学生阅读并分享阅读体会。

10. 师生共餐：建立学校教师与学生共进午餐制。学生通过与教师的午餐对话，提升思想，倾诉情感。

11. 研学之旅：读万卷书，行万里路。让学生在研学中增长知识，开拓胸襟，感悟哲理。

12. 社会实践：引导学生积极走入社会、感知社会、服务社会、探索社会。

13. 家长学校：加强学校家长学校建设，请有经验的专家和明星班主任来给家长进行培训，共建育人合力。

三、"学友课堂"的机制保障、管理与评价

(一) 机制保障

学校在"创造人文生态的高中生活"的理念下实践"培育学友文化，激发创新潜能"，不断拓宽促进学生全面而有个性发展的路径，引领学生和谐成长，以下因素为"学友课堂"的体系构建提供保障。

1. 德育传统教育"四个一"活动，推进学生自我教育，为"学友课堂"构建打下良好基础。

2. 推进学科德育建设,进一步加强班主任队伍建设和考核,推进班主任论坛研讨交流。积极开展德育课题研究,推动家庭、学校教育合力。进一步发挥党员教师的德育引领模范作用。

3. 注重学生思想政治成长和强化学生一日常规管理教育。围绕年级成长目标,加强学生的人格教育和品德养成教育;进一步强化班级环境建设,大力宣传富有特色的班集体和班主任,推进榜样教育和同伴教育,尤其突出年级自管会工作。

4. 学生心理辅导上注重专业化、全员化。紧紧抓住"学友文化"的思想内涵,倡导师生之间合作、依存、平等、友善。借助专业的心理指导,对学生心理问题结合实际进行分类指导,有针对性地引导学生心理健康。开展学生心理案例分析学习活动,为教师提供学生心理方面的经验借鉴。

5. 进一步探索校园文化建设的创新点。丰富学生社团活动,加强学生社团建设,丰富师生校园文化生活,进一步推进教师和学生的个性化发展。

(二) 管理与评价

1. 成立"学友课堂"体系建构领导小组

学校建立以"校长室——中层处室——年级组——班主任"为核心的"学友课堂"建设及评价管理团队,将"学友课堂"活动(课程)进行项目化管理。

2. 进一步发挥班主任中心组作用

两位年级组长、团委书记、心理教师、德育助理、各年级资深骨干班主任、青年班主任梯队。

3. 建立学生档案袋

每年学生入学后,建立一人一档案制度,收集以下材料,用于评价管理。

(1)每个学期由班主任和导师给每位学生写两份评语。班主任反馈学生一个学期的品德表现、工作情况和获奖证明等。学科导师给出学科水平建议评价,与生涯规划紧密结合。

(2)建立以"学生个人——学校管理员"为核心的双重审核机制,将学生"学友课堂"课程(活动)中获得的各种成果和经历记录下来,进行长效管理。

(3)记录拓展型、研究型课程成果。

(4)记录为家庭、班级、学校服务和社会实践的情况等。

特色德育篇

市北中学思政课

学校在三个年级的政治课上统一设置 300 秒时政讲坛,旨在让学生结合教材知识分析时政热点,学友分享,弘扬正能量,厚植爱国情怀,实现价值性和知识性的统一。

课例:《垃圾分类》。结合既符合环保要求,又能实现资源循环利用和可持续发展的垃圾分类工作的全面铺开,思政教师引导学生进行研究性学习。学生通过调查自己居住小区的垃圾分类状况,用照片或 vlog 记录并进行交流,深切感受良好政策为社会生活带来的改变,体会作为社会成员积极参与社会活动的自豪,自觉提升社会责任感,实现理论性和实践性的统一。

高扬"立德树人"旗帜的市北中学思政课

市北中学有着一支守正创新、严谨自律、积极进取的思政工作者队伍。他们中有校长、书记、政治教师和其他各类学科教师,还有学生家长。他们团结协作、积极担任学生成长的思想导师,通过形式多样的思想政治课落实立德树人的根本任务,他们用中国特色社会主义思想精心引导处于人生"拔节孕穗期"的高中生增强四个自信;他们帮助每一位学生牢牢把握人生的政治方向,给学生心灵埋下真善美的种子,扣好人生的第一粒扣子。为解开新时代、新课改下思想政治课的创新密码,市北中学立足思想政治课堂基础教学,落实教材使用、教学目标、课程设置、教学管理等方面的统一要求,同时开展研究性学习、拓展型学习,从社会实践、学生社团、校本特色学友课等多角度全方位延伸思想政治教育,进行了一系列探索与实践,兼具统一性和多样性。

(一)时政讲坛展示,厚植爱国情。学校在三个年级的政治课上统一设置 300 秒时政讲坛,让学生结合教材知识分析时政热点,弘扬正能量,厚植爱国情怀,实现了价值性和知识性的统一。

（二）积极社会实践，领悟实政精髓。开发《垃圾分类》课例，结合既符合环保要求，又能实现资源循环利用和可持续发展的垃圾分类工作的全面铺开，思政教师引导学生进行研究性学习，通过调查自己居住小区的垃圾分类状况，用照片或 vlog 形式记录并进行交流，深切感受良好政策为社会生活带来的改变，体会作为社会成员积极参与社会活动的自豪，自觉提升社会责任感，实现了理论性和实践性的统一。

（三）社团个性学习，体验思政魅力。学校成立了学生"方向盘"理论学习研究会，校长、书记带头进课堂为学生们宣讲党的基础知识和最新的政策理论，用真理的强大力量引导学生，实现了政治性和学理性的统一。学校通过开设模拟联合国、模拟政协、宪法研学社等社团，在教师的引导下，让学生发现问题、分析问题、思考问题；在师生讨论中，学生水到渠成得出结论，实现了主导性和主体性的统一。

（四）学友思想引领，培育远大志向。学校定期邀请家长、校友为同学们上学友课，用他们的奋斗故事和人生感悟激励大家，实现了显性教育和隐性教育的统一。在市北中学"立德树人"的思政队伍的努力下，涌现了如我校 2014 届毕业生，现就读于国防科技大学的博士研究生张琳彬等一批优秀学生。

专家点评

本文对学校德育工作进行的顶层设计从高中学段的德育工作进行分析，结合学校德育发展的若干趋势进行思考与建构，在市北中学前期开展"学友课堂"系列活动的基础上，紧密围绕学校文化的核心"学友文化"进行设计，从而将相关活动（课程）落实落细，具有扎实的工作基础和一定的可操作性。

高中生正处于"人生的第二次诞生"关键期，这个"关键期"的做人教养与品德形成的重点在于增强博大、友善、宽容、求真的社会意识。从哲学层面上来讲,它的内涵是:与天地为友:在天地自然运行中受到启发,增长精神;与社会为友:向社会学习,担当社会责任;与自我为友:注重自我教育,自己做自己的导师,勤于自省,敢于自讼,不断自我更新。从教育学层面上讲,它的内涵是师生平等,互为学友;追求真理,知识尺度;诚直友善,博大宽容。因此,将"三友"设计成为市北中学德育育人目标是适切的。这就是,一、提倡"友直",即友正直之人,做净友;二、提倡"友谅",即友诚信之人,做信友;三、提倡"友多闻",即友见闻广博的人,做智友。另外,从时间纵轴上,本文又构建了高一"规范教育"、高二"养成教育"、高三"成才教育",为德育工作分阶段开展提供了实施路径。

市北中学学友文化突出伙伴之间的相互学习、示范引领和积极影响,因此就必须设计相关德育活动或课程来匹配其核心内涵并达成育人价值。可以看出,本文在这方面进行了较为全面立体的设计。主要表现在构建以学友思想为基点,以对话、思辨、体验为主要学习形式,构建点、线、面的"学友课堂"德育活动(课程)体系。其中包括丰富德育课程形式与内容,打造"亮点"德育课程;结合学生年级发展目标,构建"准线"德育课程;搭建活动体验平台,构建"全面"学校德育活动。这些活动(课程)构成了纵横交错,既有专项又具融合性的学校德育体系。

当然需要指出的是,文中的德育评价还是从学生的个体发展视角进行设计的,评价体系也相对比较简单,应该再细化设计出德育活动评价或学生学段的德育评价为宜。另外每项德育活动也可采取项目化的方式进行设计,形成一定工作机制,从而保障德育活动的开展成效。以上也为后续工作的开展和不断完善提供了空间,指明了方向。

(点评专家:上海市特级教师、正高级教师,市北中学校长　陈　军)

以"求真 向善 尚美"为核心促进学生成人

上海市罗店中学德育顶层设计 文/汪露溢

⭕ 学校简介

上海市罗店中学创建于 1942 年，冯玉祥将军题写校牌，1998 年成为上海市首批区实验性示范性高中，2007 年挂牌上海师范大学附属罗店中学。学校是上海市花园单位、上海市教育系统先进集体、上海市艺术教育特色学校、上海市中小学生心理健康教育达标校、上海市中学共青团工作特色学校、上海市中小学行为规范示范校、上海市首届文明校园、上海市依法治校示范校。

学校秉承"优质 + 特色"的发展理念，由艺术教育逐步向课程美育、文化美育和活动美育横向拓展、纵向深化。学校以"全人 + 审美力"为育人目标，促进学生德智体美劳全面发展，陶冶美的灵性，温润美的人格，培养具有较高审美能力的社会主义建设者和接班人。

⬛ 理性思考篇

一、"求真 向善 尚美"为核心的德育工作实施背景

（一）顺应学校的办学之路

上世纪四十年代，校长沈同文提出"以美育人"办学思想，叶圣陶、陈伯吹、陈鹤

琴等知名人士到校讲学,把音乐、绘画、壁报、戏剧作为美育内容。1992 年,学校创办管乐团。1999 年,管乐团命名为"上海市学生艺术团罗店中学管乐团"。2004 年,学校以管乐为龙头,兴起美术、书法、舞蹈、健美操、民俗文化等多元艺术教育。

学校逐步确立"艺术见长 尚美成人"的办学思想,提出以美启智、以美怡情、以美培元、以美化行,树立"全人 + 审美力"的新时代罗中人的理念。"求真 向善 尚美"是学校基于办学思想确立的德育工作核心。

(二) 回应时代发展的呼唤

2018 年全国教育大会强调,全面落实立德树人。《普通高中课程方案(2020 年修订版)》指出,进一步提升学生综合素质,着力发展学生核心素养,使学生成为有理想、有本领、有担当的时代新人。

当前,育人工作面临挑战,我们需要:一,注重坚定学生理想信念、提升核心素养,纠正功利化的应试教育。二,关注学生体验、感悟的过程,激发创造意识,改变重结果轻过程的片面教育。三,教育教学活动贴近学生,潜移默化地润泽学生。"求真 向善 尚美"的德育工作核心是学校对时代的回应。

(三) 满足学生成长的需要

随着高考综合改革深入实施,国家提出"培养全面发展的学生"的要求,然而成长环境优越带来的却是学生存在身心素质下降、责任心缺失、集体荣誉感淡薄、沉溺电子产品等情况。同时,学生自治意愿和对话诉求强烈,"命令""说教"的效果不佳。

面对现实,学校从学生成长与发展的角度,全员、全程、全方位育人,探索五育并举的途径,助其成为求真、向善的尚美少年。

二、"求真 向善 尚美"为核心的德育工作内涵解读

"求真"是会学习乐创造,兼具人文底蕴和科学精神。求真在于开设渗透美育的课程,将"仁爱大度、诚信公正"的人生哲学和"永不言败、实事求是"的科学精神植根于学生心间,引导他们做求真知、懂真理的人。

"向善"是个人成长的垫脚石,是社会"和谐"的基石。"向善"的人具备强烈的社会责任感和国家认同感,乐实践敢创新。"向善"在于创设浸润式活动,引导学生自我约束和习惯养成,自觉践行社会主义核心价值观,做有道德的人。

"尚美"是道德纯洁的强大源泉。美的元素浸润校园的每处时空,让生命个体得到心灵舒展,迸发智慧火花,涵育高雅情趣。"尚美"在于创设真实情境,学生体验美、追求美、展示美和创造美,成为全面发展的人。

德育工作篇

一、"求真 向善 尚美"为核心的德育工作目标与内容

(一)德育总体目标

培养学生自主、合作、尚美、创新的健康人格,兼具人文情怀与科学素养,成为一名道德品质高尚、审美情趣高雅的新时代社会主义建设者和接班人。

(二)分年级目标及内容

高一年级目标:适应自主管理,夯实习惯基础,提升归属感。认识自我,促进人际交往,规范言行,同伴间互相学习,夯实知识技能基础,融入高中生活,思想道德水平提升。

高二年级目标:提升问题解决能力,涵育审美素养,促健康人格。关心他人、关心社会,敢于展现自我,勇于承担责任,培养创新思维、实践能力和审美素养,社会主义核心价值观入心随行。

高三年级目标:厘清生涯路径,充盈自我效能,立报国之志。规划未来升学与职业发展之路,培育核心素养、创新精神和实践能力,关心时代发展变迁,坚定为国为民服务的信念。

二、"求真 向善 尚美"为核心的德育工作途径与方法

(一)课程育人

构建"尚美·成人"课程体系,发挥课堂教学主渠道作用,将德育内容落实到学科教学中,渗透三年教育教学全过程。

1. 发挥学科课程育人功能

突出学科德育,教师将"求真 向善 尚美"的德育工作核心落脚在育人全

过程,激发协作育人意识,以鲜明的价值导向引领学生。尤其要上好语文课、思政课、历史课,围绕课程目标,设计教学内容,挖掘德育资源。

2. 统筹规划德育校本课程

建立与办学思想相适应、针对性强、选择面广的德育课程,包括:多元艺术课程、"尚美 向善"课程、"尚美 求真"课程、活动美育课程。学生欣赏美、感悟美,通过自我教育、同辈教育和榜样教育,将美内化于心,外显于行。

表 24‑1 上海市罗店中学德育校本课程

课程模块	课 程 系 列	课 程 目 标	学科
"多元艺术"课程	管乐合奏系列教程	1. 艺术知识—艺术技能—艺术方法—艺术表达—艺术创意—艺术理解—艺术尊重—审美情趣 2. 乐学善学—勤于反思—信息意识—学会学习	管乐
	素描 速写 涂色 版画进阶训练		美术
	书法欣赏与创作		书法
	创作性心理戏剧		戏剧
	罗店彩灯研创		民俗
	篆刻		篆刻
	慧心慧手		劳技
"尚美 向善"文科课程群	春风化雨 美文欣赏	1. 人文积淀—人文情怀—审美情趣—人文底蕴 2. 国家认同—国际理解—责任担当—社会参与 3. 乐学善学—勤于反思—信息意识—学会学习	语文
	课本里的人生		英语
	美丽世界 英语为伴		地理
	踏寻美的足迹 地理实地探究		
	传统文化		历史
"尚美 求真"理科课程群	生活中的物理	1. 理性思维—批判质疑—勇于探究—科学精神 2. 劳动意识—问题解决—技术应用—实践创新 3. 乐学善学—勤于反思—信息意识—学会学习	物理
	魅力化学		化学
	生命和谐之美		生物
	气象物语		气象

续 表

课程模块	课程系列	课程目标	学科
"尚美求真"理科课程群	算法与生活		信息
	思维与训练		数学
	未来问题挑战		科技
活动美育课程	青年团校	1. 乐学善学—勤于反思—信息意识—学会学习 2. 社会责任—国家认同—国际理解—责任担当 3. 珍爱生命—健全人格—自我管理—健康生活	主题活动
	纪念日教育		
	仪式教育		
	古风新韵		
	民防 国防 学农		社会实践
	春秋季社会实践		
	寒暑期团日活动		
	志愿服务		
	安全体验		专题教育
	禁毒教育		
	法治教育		

(二) 文化育人

逐步升级校园环境,打造魅力社团,发挥校园文化的育人功能,美的气息扑面而来。

1. 建筑景观是落地石

"人人可艺术 处处皆美育"的艺美校园包括一个枯山水园林互动区,三大主题雕塑"美的唤醒""乐舞""无限",三处植被景观是紫色瀑布、粉色烂漫、金色梦想,"美的唤醒"四大主题文化长廊展厅分别体现阳刚之美、诗性之美、仁爱之美、创造之美。

通过"一册二讲三创造"将校园文化活化为隐性美育课程。"一册"即《新生入学手册》,介绍校史、场馆、学习生活。"二讲"即校长讲和学生讲,校长文化讲坛介绍校园文化,高二讲解员向高一新生宣讲。"三创造"即枯山水创造区、书法美术创作区和音乐展演区。

2. 社团活动是助推器

每周一次艺术展演,每月一次音乐会,每年一次艺术节。社团章程规范,教师定期指导。社团种类包括:音乐剧赏析、英语演讲、超轻彩泥、足球、羽毛球、花样跳绳、乒乓、篮球、桥牌、防身术、六合拳、辩论、木工、舞龙、篆刻、沪剧。

(三) 活动育人

1. 传统品牌活动

做好文化艺术周、入学教育、国防教育、民防教育、开学典礼、运动会、足球杯、篮球杯、成人仪式、毕业典礼、高考誓师、千人读万本书、心理活动月等活动品牌。"古风新韵"活动体验元宵、清明、端午、中秋、重阳等传统节日。重大节庆日活动开展理想信念教育和社会主义核心价值观教育,如三八"致敬每个她"、五一"最美劳动者"、五四"淬炼青春"、六一"童心绘青春"、教师节"赞歌献给你"、十一"带着国旗旅行"和推普周"我爱祖国语言美"。

2. 创新德育活动

(1)"青声说辩论赛"聚焦生活德育。关注经历,引导学生评价美丑、辨别真伪,提高语言表达能力与逻辑思辨能力,加强对社会主义核心价值观的认同。

(2)"美丽手账"聚焦创意物化。用视觉语言记录假期学习、旅行、美食、健身、采访、调研等,以漫画、涂鸦、胶带粘贴等艺术形式,引领向上的生活态度。

(3)"进馆有益"促进自主发展。提供"菜单式"寻访场馆清单,学生观摩展品,撰写小结,制作海报。提供活动评价表,涵盖活动准备、活动实施、活动评价三个阶段。

(4)"一季一主题"促进成长成人。秋音乐季分每周一次艺术展演、每月一次音乐会、季末文化艺术节。冬民俗季分非遗传人讲坛、罗溪民俗庙会。春戏剧季分戏剧观演、戏剧讲坛、戏剧大赛。夏研学季分高一找个古镇看看、高二找个学长聊聊。

(四) 实践育人

秉承"扎根学生生活场域,符合学生成长需求"的宗旨,确立"寻志 寻梦 寻根 寻美"的行走主题。

1. 循罗溪足迹，爱国寻志

依托旧校址内的红十字烈士纪念碑，打造"纪罗溪英魂、演峥嵘岁月、行红色道路、诵爱国精神"四大活动，引领学生循迹抗战历程，坚定理想信念，树立报国志。

2. 走访古镇人，职业寻梦

"古镇职业探觅"访谈让学生走进社会，开展间接、高效的职业体验。策划活动方案，召开预备会，提供访谈提纲。学生走进古镇，走访古镇人，走近古镇职业，完成职业人物访谈报告，拍摄职业访谈现场照片，参与生涯报告分享会。

3. 走进非遗馆，文化寻根

"寻访绚烂诗篇　传承人文薪火"寻访让学生步入非遗展馆，看听寻访自由行，用镜头和文字记录见闻。依托社区文化中心，编织一张学生愿意走进的非遗资源网。推荐主题展馆，提供菜单式护照，设计寻访任务单，举行成果展示。

4. 走心双城记，城市寻美

"魔都 VS 古都·城市竞技"让学生在实地考察的基础上开展城市研究。通过"文献研究""问卷调查""访谈法"开展沪宁两地对比研究，撰写研究报告，体验走心双城记。每次考察记录行为表现，如活动参与度、研究方法、交往礼仪、公共素养。

(五) 管理育人

注重养成教育，促进自主发展，实施内化于心、外显于行的美德教育。结合《中小学生守则(2015 年修订)》，以教室和宿舍为自治区，规范学生行为。

1. "温馨教室"规范言行举止

自主设计班名、班训、班徽、口号。一是显性元素创造美。公告栏、学习园地、读书角成为美的载体，干净整洁、励志向善。二是隐性元素传播美。展示德美、智美、体美、劳美，同辈教育引共鸣，学生自觉服从刚性规范，弘扬社会主义核心价值观。三是评价反馈展示美。"建设个性化""评比制度化"，美的环境规范学生言行。

2. "星级班级"提升公共美德

制定《星级班级评比条例》《班主任指导下的班级自管会》，在此基础上制定班级公约，引导学生认同公约。学生自荐或他荐担任一个劳动岗位。班主任细化岗位职责、明晰行为标准，督促、指导、评价学生的劳动行为。班级自管会在统一构架基础上,根据班情增设、调整、细化岗位。每个学生都有岗位,在自己的岗位上服务集体、发现问题、改进问题。

3."星级宿舍"促进生活习惯

在《宿舍管理条例》基础上制定《星级宿舍评比办法》,细化评分项目与标准,每日评价,每周反馈,每月表彰,每学期奖励。劳动成为每日生活必修课,促进学生有效时间管理,有序生活作息,养成良好生活习惯,人际交往向善。

（六）协同育人

落实"育心"工程,引导学生善待生命,完善人格,管理情绪,健康成长,是家长、学校和社会的共同责任。

1."序列式"家长学校

高一重"家长如何说",高二重"家长如何做",高三重"接纳　尊重"。指导家长养成"十大好习惯":终身学习;宽严有度;言教、身教、心教结合;诚实守信;乐观快乐;尊重成长规律;赞扬孩子的美好;鼓励孩子承担责任;关心、引导孩子学习;沟通第一。指导家长避免"四不要":不过度焦虑、不急于求成、不求全责备、不委曲求全。

2."菜单式"主题教育课

主题教育课模块呈序列,包括"热爱生活　尊重生命""规划未来　多元选择""人际互助　携手成长""悦纳自我　蓬勃人生"。主题教育课设计含教育背景、教育目标、教育主题、教育准备、教育过程、预期成效、学生感悟、教育反思、评价量表。

3."做嫁衣"社会实践基地

对接校外实践基地,重视岗前培训,织就志愿服务资源网。凝聚家庭、学校、社会实践基地三方智慧,按地域特色和资源创设岗位,按兴趣与能力分配志愿者岗位,按调研结果与学生诉求定制岗位。

三、"求真　向善　尚美"为核心的德育工作管理与评价机制

（一）德育工作管理激发实效

1. 教师定期培训,争做魅力园丁

定期开展教师培训。师德高尚、学识高深的教师引领学生朝"谦逊敦厚、温

文尔雅"的目标努力。仪表美指穿着得体,避免不修边幅或浓妆艳抹。教态美指表情生动,手势自然,善用目光交流。语言美指吐字清晰、抑扬顿挫,根据情境恰当组织语言,以理服人,以情感人。

2. 用好班主任会议,抓实育人队伍

（1）"任务布置传达＋专业培训"的班主任例会

丰富班主任例会功能,实施不同主题、契合实情的微技能培训。灵活安排会议时长,按需科学划分会议结构比例,时间主要用于解决问题的素养类、知识类和技能类德育微讲座。

（2）"期初期末工作＋主题研讨"的德育研讨会

期初或期末举行德育研讨会。条目式表格列清期初或期末工作。主题研讨关注文件精神,聚焦学期德育工作重点,确定难点,立足点小,聚焦性强。邀请一线班主任讲经验,摆问题,议举措,谈效果。

（3）建好班主任工作室

育人队伍建设重心是帮助年轻班主任走上专业发展道路。区二星级"蔷薇"班主任室指导理念学习,聚焦班级自管会建设、班会课、主题教育课、家庭教育指导、案例撰写。

（二）德育工作评价激发效能

1. 学生多维评价

依据《学生成长记录手册》,结合综评系统撰写个人典型事例,辅以"自评、互评、师评、家评"。推选校级优秀学生等荣誉称号。活动评价量表包括自我检验、合作评价和对自己有帮助或感兴趣的环节。评价指标描述分为"很满意、较满意、一般、不太满意、不满意""优秀、良好、一般、需努力"等,涵盖问题、困惑、收获、帮助、尚需提高等方面。

2. 班集体综合评价

结合星级班级和星级宿舍评比,实施班集体综合评价。将班务日常管理纳入考核,每日评价、每周反馈、每学期奖励。依据区优集体评比条目,结合民主评议,每年推选优秀班集体。

3. 班主任激励评价

每年召开美育论坛表彰贡献突出的班主任。推荐优秀班主任参加市、区高中优秀班主任培训班、市骨干班主任培训班。推荐成熟型班主任参与区班主任基本功大赛、区优秀班主任评比,鼓励年轻班主任上主题教育课,撰写教育案例。推优评先,同等情况下班主任优先。

 特色德育篇

演绎古风新韵　传承人文薪火
——上海市罗店中学《古风新韵》德育校本课程案例

一泓罗溪水,孕育特色鲜明的古镇,非物质文化遗产彩灯、龙船闻名遐迩,手工匠人在创造民俗文化的过程中执着不懈。七百年古镇荟萃厚重的文化积淀,保留特有的民风民俗,为莘莘学子提供丰厚的精神养料。

一、课程背景

党中央提出关于完善中华优秀传统文化教育的精神,落实立德树人根本任务,对加强新形势下中华优秀传统文化教育提出了要求。罗店中学挖掘所在地"金罗店"的丰厚底蕴,实施一系列中华传统文化进驻校园活动,逐步构建《古风新韵》传统文化课程群。亦古亦今、动静皆宜的课程开辟了一条陶冶学生道德情操、丰富学生文化生活的新途径。学生在潜移默化中感受传统文化的韵味,自觉弘扬民族精神,向善尚美,提高思想道德水平。

二、课程结构

将"中华传统文化育人"作为尚美育人的重要举措,营造氛围,创设途径,使学生掌握前人积累的文化成果,创立新知,力所能及地传播传承,促进学生践行社会主义核心价值观。

(一)课程目标

搭建实践平台,创设真实情境,系统科学地指导学生了解民俗起源,在做中学,体验民俗技能,感悟前人的匠心追求,激发传承优秀民俗文化的使命感,培养家国情怀。

(二)课程内容

依据所在地域的民俗特色,找准传统文化内涵的切入点,设计形式各异的人文活动课程。"文化体验""文化寻根""文化传承"三大课程涵养学生对古镇今夕与传统民俗的理性认识,弘扬古镇民俗,挖掘民族精神内涵,培养对中华传统文化的高度认同感和民族自豪感。

表 24-2 上海市罗店中学《古风新韵》德育校本课程

课程板块	课程名称	课 程 内 容	课程类别
文化体验	《民俗节日秀》	《欢天喜地年味浓·元宵对联》	民俗体验
		《欢天喜地年味浓·元宵灯谜》	民俗体验
		《欢天喜地年味浓·元宵包汤圆》	民俗技能
		《"敬先贤 忆故人"·清明祭扫》	民俗体验
		《"祭先烈 敬先贤 忆故人"·清明起源》	主题教育
		《爱国求索·端午包粽子》	民俗技能
		《爱国求索·端午舞龙》	民俗体验
		《孝行天下·重阳起源》	主题教育
		《孝行天下·重阳敬老》	社会实践
		《赛象棋》	传统技艺
		《绘国画》	传统技艺
文化寻根	《寻访灿烂诗篇》	《罗溪漫步》	海报绘制
		《罗店镇志》	文献检索
		《罗溪电子地图》	学习探究
		《我的祖辈》	人物访谈
		《改革开放那些年》	人物访谈

课程板块	课程名称	课 程 内 容	课程类别
文化传承	《我和罗溪有约》	《罗溪庙会》	民俗体验
		《非遗花灯》	民俗技艺
		《魅力龙船》	民俗技艺 场馆寻访
		《古镇职业探觅》	生涯实践
		《生涯访谈报告会》	成果展示

（三）课程实施

1. 学校与社区互通，体验民俗节日

"文化体验"课程组织学生探究元宵、清明、端午、重阳等节日起源，体验民俗活动。课程立足罗店地域特色，以民俗实践体验为主，以民俗认知教育为辅，形成"学校外延至社区"的育人模式。

校外实践体验紧扣民俗节日。春节对联送进高龄老人家；元宵节进社区猜灯谜；清明节祭扫红十字纪念碑；端午节进社区舞龙，包粽子；重阳节制电子贺卡，走访敬老院。

2. 地理与人文互融，寻访灿烂诗篇

"文化寻根"课程指导学生在"看听寻访"中加深对古镇地理与人文的认识。查阅《罗店县志》，探究古镇往昔；倾听古镇亲历者口述，重回当年民俗盛事，直面城市化进程；寻觅古镇遗迹，开发电子地图，保护古镇非遗。

一本浓缩今夕的文献。学生以文献资料中的"龙船节"文化为突破口，查阅历史文献和当代著作，搜集历史建筑物的遗址及信息。搜集古镇地理、水文、经济、工业、交通、社会事业、文化艺术等信息，形成调研报告。

一张能说会道的地图。寻找《罗店镇志》所绘地图中主要建筑物的空间位置，挖掘罗店镇主要的历史文化信息。用 ArcGIS 软件制作清朝罗店镇地图，以寺庙文化为辅线，以古宅院落为支线，用软件加载文字、图片、视频等历史文化信息，成为动态、直观的"电子文化地图"。

一趟发现罗溪的漫步。古桥、古庙、古宅等文化遗迹遭到破坏,学生用画笔表达保护文化的愿景。罗店大居建设日益完善,闻道园锦鲤活泼,宝山寺人来人往,美兰湖游人如织,学生用画笔勾勒古镇繁荣的第三产业。

一次古镇见证者的访谈。2005版《罗店镇志》主编杨造和老先生与罗店彩灯非遗传人朱玲宝作为访谈人选,再现古镇当年盛事。提倡学生将祖辈作为访谈对象,以"家庭收入""职业变迁""交通规划""市政建设"为访谈主题,组织学生走进村委会,了解改革开放以来古镇翻天覆地的变化。

3. 古镇与生涯互辅,我与古镇有约

"文化传承"课程创设环境,以"罗溪庙会""罗店非遗""古镇职业访谈"为载体,倡导高中生走进古镇,走近古镇职业人,体验古镇职业,感悟匠人匠心,谱写生涯文化。

创罗溪庙会,设古镇作坊。复刻古镇庙会情境,展示"看、玩、吃"特色体验项目。特色鲜明的作坊应运而生,小荷染坊、四联书院等。

制花灯龙船,促文化传承。花灯传人朱玲宝带领学生体验非遗制作,寻访罗店龙船文化馆,观赏赛龙舟、制作龙船模型。

探古镇职业,悟匠人匠心。学生成立职业探访小队开展职业访谈。预备会议上,指导学生学会规划交通线路、锁定访谈对象、拟定访谈提纲、撰写访谈报告。

(四)课程评价

课堂活动评价表包括学生自评、同伴互评和教师评价,涵盖所学知识与技能等客观信息,也有教师的形成性评价。

表 24-3　上海市罗店中学课堂活动评价表

(1)自我检验

活动单元主题			
活动前预习:	(5—1分)	活动后复习:	(5—1分)
参与小组活动:	(5—1分)	活动中回答问题:	(5—1分)

续　表

所学知识：	
所学技能：	
存在问题或困惑：	
还需提高的方面：	

注：5 分：很满意　4 分：较满意　3 分：一般　2 分：不太满意　1 分：不满意

(2) 活动评价与合作学习评价

讨论话题		自　评			互　评		
		A	B	C	A	B	C
评价内容	组内互动表现，参与热情						
	作品/成果质量						
	代表小组发言						
	提供的资料/材料						

注：A：好　　B：一般　C：需努力

(3) 说说感兴趣的 1 至 3 项环节，谈谈有何帮助，邀请老师评价。

活动环节	哪些帮助	教师评价
1.		
2.		
3.		

专家点评

    学校把"课程育人、文化育人、活动育人、管理育人、实践育人、协同育人"作为育德树人工作的主要途径,全方位落实育人工作,创设良好环境,有效运用德育资源,认真构架德育工作顶层设计,令人耳目一新。

    学校德育顶层设计结合学生实际需求,把学生发展有机融入"六育人"全过程,形成一套行之有效的工作体系和方法。重视育人机制优化、教育资源整合、校园文化培养和教师队伍提升。根据高中生特点,创设灵活的评价机制,学生是评价主体,班级是集体评价的摇篮,评价是学生自我管理、自我教育、自我发展的载体。

    学校探索特色化办学与学校德育相融,倡导"以美启智、以美怡情、以美培元、以美化行",让课程成为涵养心灵的摇篮。德育特色课程《演绎古风新韵 传承人文薪火》借助古镇特色和非遗文化创设实践平台。合理的课程安排、丰富的实践活动、知行合一的学习目标,为莘莘学子提供了丰厚的成长养料。

            (点评专家:上海市宝山区教育学院德研室主任 张 雯)

培养"忠信勤勇"的社会中坚

上海市继光高级中学　文/朱　琦

⬤　学校简介

　　上海市继光高级中学是一所有着一百二十余年历史的老校,其前身是英国教会伦敦会于 1898 年创办的麦伦书院。1953 年,为纪念志愿军特级英雄黄继光,又寓有"继承学校光荣革命传统"之意,更名为继光中学。2003 年学校更名为继光高级中学。

　　继光(麦伦)具有悠久的爱国主义教育传统。1931 年,第二任华人校长沈体兰先生提出"赋予教育以时代责任感、集体主义的、为大众服务的德育内涵"的育人思想,学校积极支持中共地下党和爱国民主人士的革命斗争,从 1933 年起麦伦就是上海中学生运动中的一支重要力量,学校成为沪上有名的"民主堡垒、学运先锋"。1995 年,学校被命名为"虹口区爱国主义教育基地",校史陈列馆和黄继光广场是虹口区第一批区级学生社会实践基地。

　　学校具有丰富的校史资源和人文底蕴,走进校门,呈现在眼前的是校训石,上面镌刻着蔡元培先生撰写的"忠信勤勇"四个大字,提醒每个继光学子要做"忠于义、信于实、勤于思、勇于行"的"继光人"。走在学校中央的林荫大道上,会依次看到校史陈列馆、"强国之基"奠基石、沈体兰校长雕像和黄继光广场等历史实物,是学校的核心景观区,这一馆、一石、一像、一场,无不折射出学校的历史底蕴和文化传统。

■ 理性思考篇

基于《国家中长期教育改革和发展规划纲要(2010—2020年)》《国务院关于深化考试招生制度改革的实施意见》《中国学生发展核心素养》等重要文件精神,结合学校办学历史和现状,学校在五年发展规划(2011—2016)中提出:以蔡元培先生题写的麦伦书院校训"忠、信、勤、勇"为基石,以"为了每一个学生的终身发展"为出发点和落脚点,让我们的学生成为未来的社会中坚。

图 25-1 社会中坚的人格特征

学校以培养"忠信勤勇的社会中坚"为育人目标,社会中坚专业理性、踏实肯干、责任心强,充满向上的正能量,是生活水平、资产实力、生活地位均位于社会中等层次的社会阶层,是实现中国梦、完成民族复兴的主体力量,是积极维护社会和谐稳定的基石力量。此育人目标的提出综合考虑了社会需求、历史传承、生源定位及教师愿景等因素,其中"忠信勤勇"乃传承自学校的校训,具体解释为"忠于义""信于实""勤于思""勇于行"。

一、忠于义

忠,即忠诚;义,即天下合宜之理,合乎正义或公益而应该做的;忠于义,即忠诚于合宜之理,信守于合乎正义的事情,尊重人的尊严与价值,关切广大民众的生存发展与幸福。

自1933年至解放,在长达16年的时间里,麦伦师生前赴后继、勇往直前,奔赴战斗一线,成为上海中学生运动中的一支重要力量,被誉为"民主堡垒""学运先锋"。解放后,在抗美援朝战争中,奋不顾身用胸膛堵枪眼的战斗英雄黄继光,同样用自己的生命和热血诠释了什么是忠于民族和国家的大义。

"忠于义"要求学生做出符合国家及民族利益的选择与行为,有法治意识,遵纪守法;有社会责任意识,积极主动参加公益活动、志愿服务,自觉承担社会责任;尊重父母长辈,懂得感恩;有生命意识,认真对待并珍爱自己的生命,对于自己进入社会后要扮演何种社会角色、选择何种生活方式有初步的思考与结论,形成适合自身情况的发展设想。

二、信于实

信,即守信、诚信;实,即符合客观现实情况的真实信息。信于实,即处事,以客观规律、常识、事实为行事依据,脚踏实地;处人,诚信相待。

从 1931 年到 1951 年,沈体兰老校长主持麦伦校务二十年。二十年中,他始终以培养青少年,造就救国、建国人才为己任,把一所外国教会办的旧麦伦,一手改造为进步的革命的新麦伦,在他身上充分体现了"信于实"之精神。

"信于实"要求学生理解国家的国情,体认国家当前的发展阶段、发展目标、面临的主要问题;理解参与社会活动的必要性与意义,在课余时间积极参与社会事务;面对、接纳已有的家庭情况,努力奋斗;乐于学习,坦诚地面对自己,建立起基于自知之明的自信,为自己的言论负责,不随意谈论他人的隐私与是非,不主动传播未经确认真伪的信息。

三、勤于思

勤,即勤劳,能够经常、持久、有耐力地做事;思,其一是思考、琢磨,其二是反思自省。

新中国成立后,继光培养了一批又一批的社会栋梁之才,他们中有院士、科学家、工程师、企业家,更多的是普通的社会主义事业的建设者。在对不同时代校友的采访中,他们共同感恩母校培养了他们的阅读习惯、健身习惯。正是这种勤于学习,勤于思考,勤于健身的良好习惯,使他们在今后的社会生活中受益匪浅。

"勤于思"要求学生关注国家发展的机遇与挑战,面对复杂多变的国际、国内环境,能够明辨是非,具备一定的独立思考能力;在学业上克服惰性,不满足于做考试机器或知识转录机,勤于动脑,把知识内化为自己解决问题的工具;主动了解、学习小家庭以及大家族的历史故事,挖掘、总结小家庭以及大家族的成功经验,传承家族中优秀的习惯、做事风格等;养成自省、复盘的习惯,不断提高自己判读、决策、解决问题的能力。

四、勇于行

勇,即勇敢、勇毅、果敢;行,即践行、采取行动。勇于行对学生提出了两个场景下的两个要求,分别是:知行合一与勇于探究。

在继光(麦伦)发展的历史过程中,无论是抗日战争、解放战争、抗美援朝战争时期,还是新中国建设时期,继光(麦伦)学子无不以自己的实际行动践行着"忠信勤勇"之精神。要成为新时代社会主义事业的建设者和接班人,更是需要培养学生的创新精神、实践能力和自主发展能力。

"勇于行"要求学生践行社会主义核心价值观,捍卫国家利益,维护国家尊严,热爱祖国,树立民族自尊心、自信心;积极承担社会责任,参与志愿服务;积极参与家庭事务,包括家务劳动;有效管理自己的学习和生活,认识和发现自我价值,发掘自身潜力,有效应对复杂多变的环境,包括养成健康的生活方式,培养良好的运动习惯,有效管理自己的时间,积极培养自己动手解决问题的能力等。

德育工作篇

一、目标和内容

早在 89 年前,继光(麦伦)中学就以"养成新国家公民　造就新人格青年"为己任,确定了"忠诚　信义　勤劳　勇敢"的学生操行标准。如今学校以"忠、信、勤、勇"校训为基石,注重学生良好行为习惯和心理素养的培养,努力把学生培养成为仪容仪表端庄、待人接物大方、行为举止文明、身心素质健康、忠于义、信于实、勤于思、勇于行的未来社会中坚。

近年来,学校整合德育资源,构建"走近梦想"和"青春约见"系列课程。一是校与校之间的衔接,帮助学生顺利适应、安然度过从"初中—高中—大学"的求学之路;二是学校、家庭、社区之间的衔接,帮助学生对个人角色、未来职业、社会责任多一点理解,鼓励学生学以致用、奉献社会、报效国家,全面提升学生综合素养。

表 25-1　分年段德育目标和内容

年级	阶段目标	具体实施
高一年级	通过训练养成,使学生认同继光精神和文化,做合格的继光人。	① 通过入学教育课程,使学生明确校园规范要求,了解并认同继光精神和文化。 ② 通过"21天习惯养成训练",使学生形成良好的行为规范和学习规范。 ③ 通过绿舟学军课程,使学生学会时间管理、团队协作和自我保护。 ④ 通过志愿服务课程,使学生了解志愿者和志愿精神,掌握服务技能,树立为他人和社会服务的理念。
高二年级	通过活动体验,使学生践行继光精神和文化,做典范的继光人。	① 通过校训课程,使学生探讨校训内涵,联系实际生活和学习,践行继光精神和文化。 ② 通过走近大学课程,使学生学会收集信息,树立目标,学会坚持。 ③ 通过学农实践课程,使学生树立正确的劳动观念,并且学以致用,将学科学习和实践活动相结合,撰写社会调查报告。 ④ 通过走近家长课程,使学生从家长身上学习和传承好家风和家庭美德,孝亲尊师善待人。
高三年级	通过实践巩固,使学生传播继光精神和文化,做优秀的继光人。	① 通过走近校友课程,让学生采访不同年龄层次的校友,学习他人成功的经验,传承和发扬继光精神和文化。 ② 通过高三起航仪式、十八岁成人仪式、百日誓师大会,提高责任意识、感恩意识,做有社会责任感的合格毕业生。 ③ 通过职场实践,使学生了解与未来职业相关的大学专业、入职条件、职业素养和职业规范,明确专业志向,自主学习、自我管理、自信竞争。 ④ 回顾自我成长历程,再读《学生发展指南》,不断完善自我。

二、途径和方法

教育部《中小学德育工作指南》指出,做好德育工作主要有课程育人、文化育人、活动育人、实践育人、管理育人和协同育人六大途径。在长期实践中,学校摸索总结出文化熏陶、榜样引领、实践体验等方法。

（一）运用"文化熏陶法"，打造校园文化，优化德育环境

学校注重校园文化建设,坚持文化立校,文化育人,以优美雅致的校园环境和百年校史的文化积淀影响和熏陶学生,促进德行养成。学校教育教学是以班级为单位开展的,德育更是在集体中进行的,是通过集体来影响个体的教育。学校要求班集体建设以"规范＋特色"为目标,规范包括"一班一格言""一班一公约""一班一文化"。班级格言是班级发展的最高目标,提倡、希望学生去追求,能够起到激励作用。班级公约则是对学生行为的具体要求,能够起到约束作用。而文化是一种价值观念,是一种行为方式,对人的影响是巨大的。班级就是一个文化环境,优化班级育人环境能够培育学生的核心价值观,挖掘学生潜能,张扬其个性,培养学生综合能力和素质。

（二）运用"榜样引领法"，寻找身边的榜样，树立良好德行典范

1. 学高为师、身正为范

教师是学生成长的重要他人,学校实施"全员导师制",让每位学生都有自己的导师,制定《导师制管理办法》统一工作要求,每位导师明确职责,从心理、学习、生活、社会实践等方面对学生行规进行全面指导。

2. 校友引路、助力成长

百年老校具有丰富校友资源,学校开展《青春约见·走近校友》访谈活动,激发主动学习、赢得未来的学习动力,传承热爱祖国、奉献社会的优良品质。

3. 家校携手、同频共振

为做好家庭教育指导工作,学校开发《家长手册》,指导家长树立正确的育儿观,形成合力,助力学生的成长。

4. 同伴互助、自我教育

学校德育室、团委和班主任高度重视班干部的选拔和培养,编写《学生干部工作指导手册》,每两周一次对学生干部进行思想引领或实务培训。

（三）运用"实践体验法"，丰富实践体验，激发成长的内驱力

学校把志愿服务作为德行教育的重要体验途径。有目的、有计划、有组织的志愿服务活动为提高学生德行提供了内容丰富、形式多样的活动载体与实践机会。在活动中,需要学生们动手动脑,运用自己所学的知识去解决问题;需要学生们关注自身文明礼仪,学会和不同的人打交道;需要学生们善于观察、学会透过现象看本质,在关注社会的过程中提升社会责任感和综合素养。为春考已被录取的高三学生开设"走近职场"体验活动,指导学生提前体验职场生活,感受职场要求。活动使这部分学生在高考录取后很快又找到前进的动力,为大学学习明确了努力方向;也使学生深刻感受到职场的德行规范,深受学生欢迎和家长肯定。

三、管理与评价

(一) 学校德育管理和评价体系

学校不断完善德育管理机制,成立由校长任组长、分管德育副校长任副组长的德育领导小组,形成德育网络体系,统筹校内外资源,协调一致、合力开展学生德育。

表 25-2　学校立体化管理育人网络

德　育	德育分管领导——德育处——年级组——班主任——学生
教　学	教学分管领导——教导处——教研组——教师——学生
党　团	党总支——团委——团委、学生会——学生
家　校	德育工作领导小组——家委会——家长——学生

表 25-3　学校常规工作例会制度

学　校	校务会议——部门主管例会——行政例会
德　育	德育领导小组会议——班主任培训——年级组
教　学	教学领导小组会议——教研组长例会——教研组
科　研	教育教学研讨年会
家　长	德育领导小组会议——家委会——家长会
学　生	双代会——学生自律委员会培训——班干部培训

德育日常管理在职责分工的基础上,又采取"首问负责制"工作法,优化工作流程,提高管理效率。管理人员发现问题不推诿、不上交,敢于负责、高效务实。将德育落实到学校各项工作之中,做到"人人有事管,事事有人管";落实到每学期,做到"学期有重点,开学有计划,过程有监督,期末有总结,学年有研讨"。落实到每项活动,做到"目标明确,重点突出,注重细节,以学生发展为本"。

(二) 学生自主管理和评价体系

学校建立健全校级和班级两级学生自主管理体系,开展自主管理。校级层面以团委、学生会为主要机构,下设组织部、宣传部、活动部、学习部、纪检部、实践部等,分别管理团员教育、组织发展以及各类学生活动。班级层面以班委会和团支部相互配合,做好班级日常管理。

行为规范"五星"班集体评选制度是学校德行管理的重要制度,也是学生自主管理的重要制度。"五星"分别从礼仪、守时、两操、卫生、活动五个方面对班级常规进行管理和评价。由行政、教师和值周学生共同组成检查小组,负责每天的检查和反馈。

校园值周是学生自主管理的重头戏,学生自律委员会(纪检部)是学生开展自主管理的主要部门,每个班级、每位学生都要参与校园值周工作。值周前学生自主报名,参加纪检部培训,值周期间认真履行岗位职责,值周后由纪检部对学生值周表现进行考核,并在升旗仪式上对值周情况进行认真点评,检查结果计入班级常规管理量化评价以及行为规范"五星"班集体评比中。整个过程体现学生管理学生、学生引领学生的自主管理理念。

学校定期召开双代会,民主选举和评议学生干部,征集学生提案,学校分管部门都一一反馈和落实。近年来,学生代表更是参与到学校"五年发展规划"年度达成度的审议工作中,真正成为学校的"小主人"。

特色德育篇

一、研发系列校本习材,课程化实施德育活动

围绕学校的育人目标,德育团队在原先《学生发展指南》的基础之上,陆续开发了《新生入学手册》《绿舟学军手册》《志愿服务活动手册》《走近大学活动导航手册》《学农活动指导手册》《走近校友活动手册》《走近家长活动导航手册》(学生版和家长版)等德育系列校本习材,实现德育活动的课程化实施,形成学校德育的品牌特色。

(一)《新生入学手册》

为做好初高中教育的衔接,使高一新生了解学校文化,养成良好的德行习惯,强化纪律意识,增强集体观念,树立正确的价值观,学校每年都对高一新生进行入学教育。组织学生参观校史陈列馆,学唱校歌,学习校纪校规、生涯理念,介绍学校课程和学习方法,分享学长学姐的成长经历,帮助学生实现从初中到高中的成功跨越。

图 25-2 《新生入学手册》

(二)《绿舟学军手册》

东方绿舟国防素质教育活动实施的是半军事化管理,因此遵守时间显得尤为重要。《绿舟学军手册》从时间管理入手,有意识地训练学生守时的习惯。对学生提出增强自我保护的意识,提升自主管理的能力,妥善处理个人和集体、过程和结果、活动与日常这三对关系。此外,学校还为学生提供了不同层面的目标选项,鼓励学生尝试给自己定个"小目标",并努力实现它。

图 25‐3 《绿舟学军手册》

(三)《志愿服务活动手册》

"志愿服务"是服务他人、快乐自己的一项有意义的活动,也是促进学生主动走出校园、走向社会,增进公民意识、承担社会责任的重要平台,更是强化学生参与社会实践,增强人生体验的重要途径。为此,学校编写《志愿服务活动手册》,从培训、实践、创新和管理四个维度,帮助学生提升志愿服务的品质,让每一个学生通过学习与实践的过程达到"回报社会,成就自己"的教育目的。

图 25‐4 《志愿服务活动手册》

(四)《走近大学活动导航手册》

以理想教育为目标,依托走近大学系列活动和《活动导航手册》,给学生创造了解和体验大学校园生活的机会,使学生初步感知大学生活,明确自身与大学招生要求之间的距离,从而激发学习内驱力,有意识地改变自己的不良行为习惯和学习习惯。

图 25-5 《走近大学活动导航手册》

(五)《学农活动指导手册》

《学农活动指导手册》尝试与学科相结合,政治、历史、地理、生物、语文和英语学科教师参与手册的编撰,丰富了农村社会实践内容,鼓励学生结合所学知识主动观察和关心身边的世界,撰写社会实践报告和研究性学习报告。让学生更好地体验活动的过程,并将活动的感悟和收获内化为自己未来发展的动力。

图 25-6 《学农活动指导手册》

(六)《走近校友活动手册》

我校是一所历史悠久的百年老校,具有丰富的校史资源和人文底蕴。学校以"走近校友"为切入点,借助校友资源,助力学生成长。编写《走近校友活动手册》,通过礼仪、沟通、活动、写作等培训模块,形成了"上岗培训—过程指导—总结反思"的校友访谈活动三环节,荣获"2015 年上海市中学生暑期社会实践活动优秀团队奖"。

图 25-7 《走近校友活动手册》

(七)《走近家长活动导航手册》

为助力家长和孩子的亲子沟通,学校开展走近家长系列活动,并编写《活动导航手册》。内容主要分为约见家族成员、跟随爸妈去上班、我与家长共构生涯规划三大板块。"走近家长"活动课程,是一个学生和家长双主体的课程。从学校设计的实践活动来看,是以学生为主体的,但是从学生实践活动生成的成果来看,却是在无形中对家庭教育起到了推进作用。

图 25-8 《走近家长活动导航手册》

二、借助各类研修平台，提升专业化育德能力

(一) 借助区校合作提升

当前，班主任队伍不稳定、青年班主任居多、班主任工作多凭经验、缺乏专业性等情况，无不促使学校要加强"班主任专业成长"的校本培训。2019年学校申报并立项了《班主任专业成长校本培训之实践研究》的区校合作项目。在一年的实践研究过程中，对班主任培训作了系统梳理，并编写了《班主任专业成长手册》，其中包含德育课程篇、班级建设篇、学生管理篇、高考政策篇和专业成长篇五个篇目。如今该手册已投入实际使用，该项目也被考核评定为优秀。

图 25‑9 《班主任专业成长手册》

(二) 借助主题教研提升

班主任工作有自己的"点线面"。所谓点就是个别教育，线就是学生干部的培养，而面则是学生的集体教育。因此我们将"如何上好主题教育课"作为班主任教师专业成长的切入点，和学校教学公开展示相结合，推出了"发现……之美"的德育主题教育展示课作为试点，并开展主题教研，取得良好成果。在此基础之上，拟形成校本系列德育主题教育的"课程标准"，作为今后继续努力的方向。

（三）借助教育论坛提升

近两年，学校以"了解学生·师生双赢""统整资源，优化设计，构建家校合育桥梁"等为主题，开展教育论坛。论坛内容由主题解读、主旨发言、访谈等环节构成。引导教师了解学生，关注学生的需求，尤其是心理需求。希望全体教师借助论坛，思考学生行为背后的原因，给予他们更多成功的机会。就家校合育的话题开展交流研讨，提升班主任工作的专业性和学科教师育德的意识和能力；从家长视角看家校合育，使教师了解家长对家校合育的期盼，提升家长开展家庭教育的意识和能力；家校形成合力，促进学生的健康成长和全面发展。

专家点评

面对新形势下教育改革和发展的需要，学校认清自己的责任和使命，把立德树人作为教育的根本任务，不断增强德育工作的实效性，这是一个需要认真完成和深入探索的问题。

上海市继光高级中学是一所有着丰厚文化底蕴的百年老校，学校充分发挥长期积淀的德育传统，以"为每一个学生的终身发展"为出发点，对学校德育进行顶层设计，整体构建学校德育工作体系，具有鲜明的校本特色。

文章分三个部分介绍学校德育的顶层设计及其实施路径，从理论到实践为我们提供了思考启发和经验借鉴。

"理论思考篇"立足校情，从字面含义、历史沿革和现实育人需求三个层面，对校训"忠信勤勇"进行阐述，赋予古老校训以新的时代意蕴，以此确立学校的育人目标。其核心理念充分体现了学校的育人价值观，凸显了学校办学的最高境界和育人目标的精准定位。

　　"德育工作篇"从目标和内容、途径和方法、管理与评价三个方面具体阐明了学校着力构建的方向正确、内容完善、学段衔接、载体丰富、常态开展的德育工作体系。其中途径和方法部分亮点突出。学校在文化育人、实践育人、管理育人和协同育人过程中，摸索总结出文化熏陶法、榜样引领法、实践体验法和"333"工作法，让学生在文化的潜移默化、熏陶浸染中，在身边各类榜样的引领激励下，在自身的经历、体悟中，在与时间、对象、场所的互动中实现道德的成长。这些方法基于科学的理论，在实践中具有很强的操作性，是值得推广、可资借鉴的经验。

　　"特色德育篇"重点阐述了学校德育活动的课题化实施。学校遵循德育规律，针对不同年级学生成长的需求，把活动与课程结合起来，精心设计系列校本习材，活动主题明确、模块丰富、形式多样、记录详实，力求在"小、近、实、效"上下功夫。此举彰显了学校德育活动管理的特色，对学生而言，也是一笔宝贵的精神财富——这里有他们青春的回忆，成长的足迹。

　　　　　　　（点评专家：上海市民办新北郊初级中学校长　张小敏）

后　记

苏霍姆林斯基说:"道德是照亮全面发展的一切方面的光源。"

但是长期以来,当我们冷静审视和思考学校德育工作的时候,很多教育管理者都会觉得德育工作呈现出"满天星"的光亮,却没有凝聚为一道"光源"。因为在德育实施的过程中,始终没有像智育那样形成一套科学化、系统化、规范化和相对稳定的教学体系。

当前我们的学校教育主要以课堂教学为基本组织形式的,课堂便是教育的主阵地。但是德育内容却不像学科教学那样形成大中小体系化的教学目标、内容、方法、评价等体系,也没有固定的课时、专职教师予以保障。诸如爱国主义教育、民族精神教育、国防教育、环境教育、生命健康教育等很多的内容多在学校团队工作、班会课、课外活动、社会实践活动来实施。虽然小学有道德与法治课、中学有思想政治课、大学有马克思主义理论课等,但是这些课程并不能涵盖德育全部内容;虽然中小学有班主任队伍,但是德育仍然是他们的"兼职"工作;虽然德育工作也有评价,但是育人成效是无法即时、量化地显性呈现的。

因此大中小学校的德育内容不同程度地存在着"脱节""倒挂""简单重复""过频变动"等问题,由此产生了脱离学生身心特点和认知水平的实际,脱离社会生活实际的现象。所以,我们不得不承认,在学校德育管理实际工作中还存在着目标"过高""过大"教育内容脱离学生实际"过空""过远"的问题。因此,不少人认为,德育是务虚工作,不好抓、抓不好、抓不着、无处抓的困难。

古人云"凡事预则立,不预则废。"

学校德育是一项系统性工程,整体构建学校德育体系是每一个教育工作者特别是校长必须面对和解决的课题。2018年,第五期上海市德育管理实训基地中学德育管理与研究实训基地的成立,在基地主持人周凤林校长的带领下,邀请沪上诸多德育名家,指导 25 名基地学员基于所在学校德育工作特点,着力顶层设计并整体构建学校德育体系,增强学校德育实效性。

历时四年,基地学员们秉持"设计—实践—再设计—再实践"的研究机制,在基地导师团专家的指导下,从学校德育顶层设计原则、要素、内容以及方法、评价等维度,定期开展研究交流和实践评估,提炼并形成以下的实践经验:

一、学校德育顶层设计的概念

所谓"学校德育的顶层设计"即依据党和国家的教育方针,学校基于办学理念和培养目标,系统考虑德育各环节和各要素的关系及作用,注入育人价值,整体设计德育体系的管理方式。

二、学校德育顶层设计的原则

1. 价值性原则。教育的根本是"育人",是学校德育顶层设计的核心价值。学校德育的各环节和各要素要与学校的办学理念及培养目标相关联、相匹配、相衔接,要注入育人的价值。

2. 主体性原则。学校德育的主体是学生,学校德育应解决、满足、引导和提高学生自我发展的需要。学生为主体,他们在德育实践中主动参与,学会鉴别与正确选择,从而形成自我教育能力。教师为主导,这种主导可以是显性的,也可以是隐性的,它体现在教书育人、管理育人和服务育人之中。

3. 整体性原则。人的发展过程也是一个整体发展的系统,学校的德育应定位于为学生的全面发展和终身发展奠基,应注重德育目标和德育内容的整体性和一致性,全面考虑学校德育的各层次、各环节和各要素之间的关系及作用,以增强学校德育工作的科学性、系统性、针对性、实效性和长效性。

4. 全员性原则。学校德育顶层设计是系统工程,是师生员工广泛参与、符合校情的设计。从设计构想到评议决策,再到实施、管理、评价等整个过程是一个群策群力的合作过程,需要校长、教职工和学生的全员参与。

5. 操作性原则。学校德育顶层设计应是可实施、可操作的,设计思路要清晰明确,设计的基本要求是表述简洁明确,设计成果具备实践可行性。

三、学校德育顶层设计的要素

1. 根据德育内涵要素进行顶层设计

德育是教育者按照一定社会或阶级的要求,有目的、有计划、有组织地对受教育者进行系统的影响,把一定社会的政治准则、思想观点、道德规范、法纪规范和心理需求,转化为受教育者个体的政治素质、思想素质、道德素质、法纪素质和心理素质的教育。德育内涵要素包括"政治教育、思想教育、道德教育、法纪教育和心理教育"五个维度。其五个维度的教育既有自己特定内涵,不能互相取代,又相互联系,相互融合,互为条件,构成了学校德育的统一体。

2. 根据德育主体要素进行顶层设计

德育的主体是学生。学校德育顶层设计要针对学生不同年龄阶段的身心特点和认知水平,在德育内容、途径和方法的、管理与评价方式的确定过程中,要由浅入深,由低到高,由感性到理性,由具体到抽象,逐步提高,螺旋式上升,以保证各个教育阶段德育工作的层次性和渐进性。

3. 根据德育实施要素进行顶层设计

德育实施要素包括:"目标与内容""途径与方法""管理与评价"六个方面。

其一,德育目标是教育目标在人的政治、思想、道德等方面的总体规格要求,是预期的德育结果。设计过程中应遵循价值性与人本性相统一的原则、继承性与时代性相结合原则以及预见性与超越性相一致的原则。

其二,德育内容顶层设计要遵循学生品德发展的特点和规律,根据不同年龄阶段的学生达到的不同水平,由浅入深、由低级到高级安排德育内容。注重客观性与主体性相结合原则、整体性与层次性相结合原则以及稳定性与灵活性相结合原则。

其三,德育途径的顶层设计强调各途径分工合作形成合力,贯彻教育影响一致性原则,建立全员育人和全程育人的德育工作格局。因此需遵循教师主导性原则、学生主体性原则以及"家校社"三位一体原则。

其四,学校德育方法的顶层设计应遵循适应与引导相结合原则、疏与堵相结合原则、理与情相结合原则对学生要晓之以理,动之以情。

其五,学校德育管理的顶层设计要应遵循方向性原则,即坚持正确的政治方向;整体性原则,即作为学校管理的子系统,要着眼于全局,遵循德育规律、科学管理规律及师生发展规律;民主性原则,即发挥师生的自觉性和积极性;开放性原则,即面向社会、面向家长,面向世界、面向未来,向生活化、个性化转型。

其六,学校德育评价的顶层设计要关注目的性与一致性相结合原则,针对长期、中期和近期目的采取一致的评价标准;关注科学性与人文性相结合原则,在德育评价中根据实际情况作出科学全面的准确分析,形成德育工作导向;坚持过程性与结果性相结合原则,以覆盖整个德育过程的多样化评价展现一个阶段德育工作成效。

上述理念的提炼最终体现在了这本《学校德育"一校一案"精选集》书中,每位基地学员历时4年,在共同的德育顶层设计理念指引下,开展具有鲜明学段特色、校本特色的学校德育顶层设计的整体构架与实践验证。个中探索的成败得失皆为过往,唯愿这份或许尚不完美的案例集引发更多德育管理之路上一同在孜孜以求的同仁们一些批评与指正,共襄德育管理新思路、新举措!

特别感谢四年来给予基地学员们成长帮助的各位专家、学者们,也期待未来的德育探索之路能够聆听您更多的真知灼见!

2022 年 12 月 31 日

于上海嘉定